全国财经专业(新课程标准)精品教材

成本会计

CHENGBEN KUAIJI

主　编　付光富　黄文源
副主编　刘莉莉　高继梅

浙江工商大学出版社
ZHEJIANG GONGSHANG UNIVERSITY PRESS

图书在版编目(CIP)数据

成本会计 / 付光富，黄文源主编. — 杭州：浙江工商大学出版社，2016.6

ISBN 978-7-5178-1639-3

Ⅰ. ①成… Ⅱ. ①付… ②黄… Ⅲ. ①成本会计 Ⅳ. ①F234.2

中国版本图书馆 CIP 数据核字(2016)第 099077 号

成本会计

主　编　付光富　黄文源

责任编辑　李相玲
封面设计　宣是设计
出版发行　浙江工商大学出版社
(杭州市教工路 198 号　邮政编码 310012)
(E-mail:zjgsupress@163.com)
(网址:http://www.zjgsupress.com)
电话:0571-88904980,88831806(传真)
排　　版　奥创工作室
印　　刷　北京文良精锐印刷有限公司
开　　本　787mm×1092mm　1/16
印　　张　16.25
字　　数　416 千
版 印 次　2016 年 6 月第 1 版　2016 年 6 月第 1 次印刷
书　　号　ISBN 978-7-5178-1639-3
定　　价　38.00 元

浙江工商大学出版社营销部邮购电话　0571-88904970

前 言

成本会计课程是继基础会计、财务会计之后会计专业的另外一门重要的专业课，随着社会经济和管理等学科的发展，成本会计的理论性和实务性都在飞速提升。

本书系统地介绍了各种比较成熟的成本会计理论和方法，同时还积极引入国内外最新的、具有一定前瞻性的学术成果，通过具体的例题和业务展示各种方法的具体应用，目的是让读者能够更好地了解成本会计的基本理论及主要方法，帮助读者提升看问题的深度和高度。本书主要内容包括：成本会计总论、成本核算概述、直接生产要素费用的归集和分配、间接生产要素费用的归集和分配、生产费用在完工产品与在产品之间的归集和分配、产品成本核算的基本方法、产品成本核算的辅助方法、新经济环境下的成本会计、成本报表和成本分析。

编者立足现实，发挥优势，励精图变，力求写出一本立意新颖、内容丰富、方法精准、体系完整、语言通俗易懂的成本管理教材，并在编写过程中遵循以下基本原则：第一，注意各门学科的联系和区别，详略得当，避免课程之间的重复；第二，突出成本会计的理论体系，详细阐述成本会计的基本理论且贯穿于全书的各个章节；第三，注重理论联系实际，结合我国企业的实际情况，对每部分内容尽可能通过例题来加以说明；第四，在编写时注意学生的习惯，深入浅出，讲解详细；第五，根据国内外成本会计理论和实务的最新研究成果进行归纳和总结，介绍了一些新的研究内容；第六，密切跟踪企业会计准则的变化，使本书的内容及时适应企业会计准则的要求。

本书具体编写分工为：第一章至第四章由付光富（曲靖师范学院）编写（统计约 15 万余字）；第八章、第九章由黄文源（武威职业学院）编写（统计约 10 万余字）；第五章、第六章由高继梅（黑龙江农垦科技职业学院）编写（统计约 9 万余字）；第七章、第十章由刘莉莉（黑龙江农业职业技术学院）编写（统计约 6 万余字）。

随着成本会计理论和实务的发展以及相关学科的逐步完善，本书增加了许多新的理论和方法。由于编写时间仓促，书中难免有不当之处，欢迎广大读者批评指正，以便对本书进行修改补充。

本书在编写过程中参考和借鉴了大量的相关书籍和专家们的观点，在此表示感谢。

编 者

目录

Contents

第一章 成本会计总论

学习目标

1. 理解成本的概念、分类及其作用,掌握降低产品成本的意义及其途径;
2. 了解成本会计发展历程,理解成本会计的学科定位;
3. 了解成本会计的对象和分类方法;
4. 掌握成本会计的机构、会计人员的职责和职业道德以及成本会计的制度。

第一节 成本概述

一、成本的概念

在马克思的《资本论》中,成本是商品经济的产物,是一个价值范畴。商品的价值 W 取决于生产该种商品的社会必要劳动量,它由三部分组成,即 $W = f + v + m$。其中:f 是已消耗的生产资料的价值;v 是劳动者为自己劳动创造的价值;m 是劳动者为社会劳动创造的价值。成本是前两部分价值之和,即 $f + v$。这一表述说明了成本的经济实质,但只是一种"理论成本"。

(一)会计学概念

从会计学角度出发,不同的组织对成本给出了不同的定义。英国《标准会计实务公告》(SSAP)将成本定义为:在企业正常经营活动中为使产品或劳务达到现在的位置和状况所发生的各种支出。美国会计学会(AAA)所属的成本概念与标准委员会将成本定义为:为达到某特定目的而发生或应该发生的价值牺牲,它可以用货币单位加以衡量。在企业管理中,成本通常是为取得可为某组织带来当期或未来利益的某种产品或服务而付出的现金或现金等价物。

(二)经济学概念

从经济学角度出发,可将成本定义为:当事人通过给定的交换方式获取某一商品而放弃其他资源的价值。定义中包含了机会成本,它包括货币成本以及不可用货币计量的其他资源牺牲(如时间、机会的放弃等)。制度经济学家将成本的定义进一步扩展,其成本不仅指生产成本,还包括特定的交易成本,如订立契约的费用、执行交易的费用等。在经济学的定义中,成本可划分为有形成本与无形成本、主观认定成本与客观认定成本、货币性成本与非货币性成本。

从以上阐述可以看出,成本是一个发展的概念。随着经济环境的变化,企业管理产生不同的要求,会对成本内涵有不同的阐述和理解。然而,成本概念的内涵始终具有一个重要特征:成本是为实现某一特定目标而发生的牺牲。没有目标的牺牲是一种损失,不能称之为成本,这是成本和损失的本质区别。

二、成本的分类

根据不同的划分标准和方式,可将成本分为不同的类型,目前比较常见的有以下几种。

(一)根据成本与业务量的关系划分

成本性态反映成本与业务量之间的依存关系。根据成本与业务量之间的依存关系,可将成本划分为固定成本、变动成本和混合成本。

固定成本是指在一定的时间和范围内不随产品产量或商品流转量变动的那部分成本。其特点是总额保持不变,但是单位固定成本随业务量的变动而呈反比例变动。

与固定成本对应,变动成本是指那些成本的总发生额在相关范围内随业务量的变动而呈线性变动的成本。其特点是总额随业务量的变动而呈正比例变动,但单位成本是固定不变的。

混合成本是指其受业务量变动影响,但其变动幅度并不与业务量变动保持严格比例的成本。混合成本兼具固定成本和变动成本的特点。

(二)根据成本可追溯性划分

根据成本对象是否易追溯,可将成本划分为直接成本和间接成本。

直接成本是指成本和受益者之间形成一一对应的关系,易于直接归属于某一特定对象,可直接追溯的成本。

间接成本是指成本与受益者之间形成一对多的关系,无法直接归属于某一对象,不易于直接追溯,由多个对象共同承担,需通过适当标准进行合理分配的成本。

(三)按成本的经济用途或职能分类

成本按其经济用途或职能可划分为制造成本和非制造成本两大类。

1. 制造成本

制造成本(又称生产成本或工厂成本)是指产品在制造过程中所发生的各项成本。由于在产品制造过程中发生的费用的具体用途不同,为了便于进行成本分析和考核,还应将制造成本按其具体的用途划分为若干不同的项目,即成本项目。一般情况下,将制造成本划分为

直接材料、燃料和动力、直接人工和制造费用等成本项目。

(1)直接材料。直接材料是指加工后直接构成产品实体或主要部分的原料、主要材料、外购半成品,以及有助于产品形成的辅助材料等。例如,原棉是生产棉纱构成其实体的原料,木材是制造家具构成其实体的主要材料,染料、漂白粉是印染色布用的辅助材料。但应指出,某些有助于产品形成的材料,如果占产品成本比重较小,为了简化产品成本核算,可将其并入制造费用。例如,制造家具用的胶剂、铁钉等就采用这种处理方式。

(2)燃料和动力。燃料和动力是指直接用于产品生产的燃料和动力。

(3)直接人工。直接人工是指在生产中对材料进行直接加工制成产品所耗用的人工的工资、奖金和各种津贴、提取的福利费等职工薪酬。

(4)制造费用。制造费用是指企业为生产产品和提供劳务而发生的各项间接费用,包括企业生产部门(如生产车间)发生的水电费、固定资产折旧、无形资产摊销、管理人员的职工薪酬、劳动保护费、国家规定的有关环保费用、季节性和修理期间的停工损失等。

由于各企业生产特点不同,因此,企业可根据各项费用支出的比重和成本管理的要求不同,或按照现代企业多维度、多层次的成本管理要求,利用现代信息技术对有关成本项目进行组合,输出有关成本信息。

对生产成本中的上述成本项目按照不同方式进行组合,又可以得到一些不同的成本概念。如直接人工及制造费用之和,称为加工成本,它是指产品加工时所发生的各项成本。直接材料、燃料和动力、直接人工之和称为主要成本,它们通常是成本的主要部分。但是,随着企业制造环境的改变,特别是高科技产品的使用、高新技术的广泛采用,使得企业的产品成本结构产生了重大的变化,有些企业的制造费用占制造成本的比例超过50%。在这种情况下,直接材料、燃料和动力、直接人工之和显然不再是主要成本。此外,在高度自动化的企业中,生产工人往往必须完成多种工作,而且直接人工只占制造成本极小的部分,很难或不值得花很大精力将工资归属到各产品中。所以,这时企业可将直接人工成本与制造费用合并为一个项目,称为加工成本,而直接材料则单独列为一项。

2. 非制造成本

非制造成本(又称非生产成本)是指与产品制造过程没有联系的非生产性成本耗费。它包括销售费用、管理费用和财务费用三类。在制造企业,通常是将制造成本作为产品成本处理,非制造成本则视为期间成本。

成本按经济用途划分,是最基本的分类。按照这种分类,可以了解制造成本中各成本项目的金额,分析各成本项目的金额是否合理,寻求降低成本的途径;可以按照不同成本项目的特点,采用不同的方法将费用在各种产品当中进行分配;确定了非制造成本的类别,由于其直接记入当期损益,所以,对于确定损益具有重要意义。

三、成本的作用

在市场经济条件下,成本在经济管理中具有极其重要的作用。

(一)成本是生产耗费的补偿尺度

为保证企业再生产的正常进行,企业生产中的耗费必须从商品销售收入中得到补偿。整个补偿数额的多少,是以成本作为衡量尺度的。只有按成本数额得到足额补偿,才能保证再生产的正常进行,否则,企业正常生产就会受到威胁。另外,企业除了用收入补偿耗费外,还必须有盈余,这样才能满足企业简单再生产和扩大再生产的需要,进而满足社会的需要。企业盈余的多少,主要取决于成本的高低。在产品销售价格不变的情况下,降低成本,就会使企业的盈利水平上升。因此,成本作为补偿尺度对确定企业经营损益,正确处理企业和国家之间的分配关系,也具有重要的意义。

(二)成本是反映企业工作质量的一个综合指标

由于成本是生产耗费的综合(货币)反映,所以,产品设计得好坏,生产工艺是否合理,企业劳动生产率的高低,固定资产利用得好坏,原材料费用是否充分利用、费用开支的节约和浪费,产品质量的好坏,管理工作和生产组织水平的高低,以及供产销环节是否衔接协调等,也就是说,企业全部工作完成得好坏,最终都会在成本指标的高低上反映出来。因此,成本是衡量企业生产经营活动质量的综合指标。由于成本的高低涉及企业所有部门和全体职工,是一项综合性的经济指标,因此,需要所有部门和全体职工的共同努力,才能使成本水平不断降低。

(三)成本是制定产品价格的重要依据

产品的价格是产品价值的货币表现。产品价格的制定,固然要考虑价格政策和市场供求关系,以制定具有竞争力的价格,但也必须考虑企业实际承受能力,即产品实际成本水平。因为成本是产品价格制定的最低经济界限。如果商品的价格低于它的成本出售,企业生产经营费用,就不能全部由商品销售收入补偿。因此,成本就成为制定产品价格的一个重要依据。

(四)成本是进行经营预测、决策和分析的重要依据

在市场经济条件下,市场竞争异常激烈。企业要在激烈的市场竞争中取胜,就要面向市场,对生产计划的安排、工艺方案的选择、新产品开发等,都采用现代化管理科学的手段进行经营预测,从而做出正确的决策。同时,为了更好地对企业的生产经营活动进行管理和控制,还必须定期与不定期地对企业的生产经营情况进行分析,从而采取有效措施,促使企业完成各项计划任务。只有及时提供准确的成本资料,才能使预测、决策和分析等活动建立在可靠的基础之上。所以,成本指标就成为进行经营预测、决策和分析的重要数据资料。

(五)成本是企业产品进入国际市场、反倾销调查的重要指标

随着中国市场经济的发展,企业要在更加广泛的范围内参与竞争,就要走出国门,加入国际间的竞争,而成本指标是企业融于世界贸易市场的重要指标。如果企业产品的成本较

低，进入国际市场后，就会有较强的竞争力，否则，就会失去竞争的能力。另外，近几年，越来越多的中国产品在一些国家受到反倾销调查，许多产品被征收高额的惩罚性关税。企业在接受反倾销调查时，需要提供产品成本的构成、计算方法等资料。因此，企业设置的成本项目，选择的成本费用的分配方法、成本计算方法等非常重要，如果符合会计准则和国际惯例，则会使企业在反倾销调查中处于有利的地位。因此，企业在选择成本分配的分配方法及产品成本的计算方法时，应根据会计准则的要求，结合本企业的具体情况，使成本费用的分配方法及产品成本计算的方法准确、合理。

四、降低产品成本的意义和途径

(一)降低产品成本的意义

企业不断降低产品成本，具有十分重要的作用，主要表现在如下几个方面。

1. 降低产品成本可以提高企业的经济效益，增加利润

产品成本是抵减利润的一个重要因素，产品成本高，利润相应减少，产品成本低，利润则相应增加。企业利润增加，就可以为国家提供更多的积累。同时，也可以为企业、投资者带来较好的收益，使企业的生产能正常地进行下去，企业的扩大再生产就有了可靠的保证。对于国有企业来说，则可以使国有资产保值增值。

2. 降低产品成本可以节约人力、物力的消耗，可以用最少的人力和物力，生产出较多的产品

生产中使用的材料，特别是一些较为贵重或稀缺的材料，这些材料的节约使用不仅仅是降低产品成本的问题，而是对资源的节约，可以保证企业生产的正常进行，防止由于材料的短缺而影响生产的情况发生。这样不仅可以降低产品成本，而且可以节约资源、保护环境，增强企业的可持续发展能力。

3. 降低产品成本是降低产品价格的重要条件

产品成本是制定产品价格的重要依据，要想不断降低产品价格，使产品销售量增加，提高市场竞争能力，就应不断降低产品成本。只有产品成本降低了，降低产品价格才有保障。在企业所采取的竞争战略中，低成本战略是保持企业竞争优势的重要方法。如果企业的产品成本比竞争对手更低，就会使企业在竞争中处于有利地位，利用价格手段来挤垮竞争对手，是企业在激烈竞争中常用的手段之一。因此，降低成本不仅增加企业的盈利，而且增强了企业的发展后劲和竞争能力。

4. 降低产品成本可使企业生产规模不断扩大

企业产品成本降低的同时，可以使企业有更多的资金用于投资，进而扩大企业的生产规模；在生产规模不断扩大的前提下，又可以使产品成本降低，形成良性循环。

(二)降低产品成本的途径

降低产品成本的途径很多，归纳起来主要有以下几个方面。

1. 提高劳动生产率

提高劳动生产率是降低产品成本的主要途径。劳动生产率提高了,单位产品中的劳动消耗量就减少了,可以使单位产品成本中的工资等费用降低。要提高劳动生产率,就必须采用新技术、新设备,并对生产职工进行必要的培训,提高企业职工的素质。

2. 节约材料的消耗

不断降低产品成本中材料的成本,也是降低产品成本的重要途径。因为在产品成本中,通常是材料成本占有很大的比重,特别是在一些加工行业中更是如此。由于材料的消耗量较大,因此,降低材料消耗的潜力很大。应采取有效的措施,诸如制定各种消耗定额、实行限额发料制度、材料数量差异分批核算等,使材料的消耗不断降低。

3. 控制生产损失的发生

在产品生产过程中,必然要发生一些损失,如废品损失、停工损失等。对于大部分损失,都是列入产品成本的,因而,减少生产损失是降低产品成本的重要途径。应针对企业的具体情况,采取一系列行之有效的措施来控制生产损失的发生,如实施全面质量管理,控制废品损失的发生等。

4. 控制制造费用

制造费用也是产品成本的重要组成部分,制造费用的项目较多,应对每项费用采用不同的控制方法,如对低值易耗品、办公费等,应制定相应的费用定额和开支标准,促其不断降低。为了控制制造费用,应尽可能将生产过程中发生的费用划归为直接费用,减少在不同产品当中分配的比例,可使成本计算更加准确,更有利于制造费用的控制。

5. 采用高新技术

随着科学技术的不断发展,新技术、新设备不断涌现。这些新技术、新设备的使用,极大地提高了企业的劳动生产率,降低了单位产品的成本。同时,减少了废品损失、生产事故等的发生,从另一个角度相对降低了成本。在这里,应当特别强调使用企业自己拥有知识产权的专有技术,可以节省大量的转让费用。在采用高新技术的初期,可能会使企业的成本上升,但随着时间的推移,会在较长的一段时间里使企业的成本下降。

6. 优化企业价值链,实现集团优势

企业应从战略成本管理的角度出发,分析企业价值链中企业所处的优势和劣势,组建企业集团,实行企业分工,从而降低企业整体的成本水平。在组建企业集团时,应特别强调集团化后的管理问题,不能因为组建了企业集团而增加管理成本。

第二节　成本会计的演进发展

一、成本会计的发展历程

在成本管理的初级阶段，主要靠经验管理，随着成本计算逐步趋向成熟，成本会计开始建立。到了科学管理阶段，实行标准成本会计制度，采用各种标准进行管理和控制。再到现代管理阶段，管理方法日益科学化，管理科学的成果得到广泛应用，成本管理建立起完整的体系。

从其在会计学科体系中的地位来看，成本会计是一门研究成本核算与控制的技术性科学，与成本管理密不可分。一方面，它与会计学和管理学中其他各种技术方法的发展创新密切联系；另一方面，它又有着自身发展的内在逻辑和特殊性。从方法、技术体系建立与发展的规律方面考察，可将成本会计的发展历程划分为早期成本会计、近代成本会计和现代成本会计三个阶段。

（一）早期成本会计阶段（18 世纪初—20 世纪 20 年代）

在工场手工业时期，工场主在接受顾客订单时，为了使其在生产活动中的耗费能得到合理补偿，便出现了成本估计，以满足定价的需要。这时候开始了成本资料的记录和积累，用统计的方法来估算成本，但并未真正纳入会计系统。随着工厂取代手工工场，企业规模不断扩大，竞争日趋激烈，生产成本得到了普遍重视。可以说，成本会计是产业革命的产物，早期成本会计也称记录型成本会计。要满足企业管理对成本信息资料的需求，提高成本的准确性已是大势所趋。于是，人们逐渐将成本纳入复式账簿范畴，将成本计算与会计核算结合起来，从而形成了真正意义上的成本会计。

早期成本会计形成以核算为中心的成本会计方法、技术体系，并逐渐由以核算为中心转向核算与控制并重。其主要变化与成就包括：①以复式簿记系统为基础，建立了健全的相关主要成本制度，解决了生产费用归集与分配问题，产品成本核算体系逐渐形成；②找到了解决成本核算中各种特殊问题的适宜方法，如存货管理中的永续盘存制、成本账与财务账的一体化、分批法与分步法的形成、制造费用分配与标准制造费用率的应用等。

（二）近代成本会计阶段（20 世纪 20—40 年代）

随着内外部环境的变化，社会对企业管理水平的要求越来越高，19 世纪末 20 世纪初，以泰勒（Taylor）为代表的科学管理发展起来。在此之前，企业的成本耗费更多的是采用事后计算的方式得出实际成本，并不重视事前的控制。科学管理的精确化和效率化对成本管理提出了新的要求。美国会计师哈里森（G. C. Harrison）发表论文，构建出标准成本理论的基本轮廓。他主张进行科学的事前成本计算，认为标准成本具有刺激生产和衡量生产效率的功能,之后系统地提出了标准成本差异分析的计算公式。在众多工程师和会计师的共同努力下,标准成本制度由理论试验阶段转向实施阶段。美国尼克尔森(J. L. Nicholson)等编著的《成本会计》,进一步完善和发展了成本会计理论与方法。

在吸收多学科成果的基础上,成本会计运用标准成本制度和成本预测,不只是事后计算产品的生产成本和销售成本,还在事前制定标准成本,并进行日常控制。以标准成本会计为基础的近代成本会计的形成,是成本会计的第二次革命。其主要变化与成就包括:①标准成本制度形成,将成本预测引入成本会计领域,奠定了近代成本会计的基础;②成本会计应用范围不断扩大,已应用到企业内部的各个主要部门,尤其是销售等部门。

(三)现代成本会计阶段(20 世纪 40—80 年代)

20 世纪 40 年代以来,欧美国家的经济发展进入了新的阶段。社会资本高度集中,跨国公司大量涌现,企业规模日益扩大;军用技术向民用工业转移,新产品层出不穷,产品更新换代加快,生产经营日趋复杂,市场竞争日益加剧。基于这样的环境,在管理科学、数学、计算机和相关计量科学的影响下,成本会计引入回归分析法、学习曲线、概率论等数量分析技术,丰富了科学体系。

(四)成本会计面临的机遇和挑战(20 世纪 80 年代中期至今)

现今,信息化社会代替了工业化社会,从而改变了人们的生活方式、交流方式,随之而来的是市场运作模式、运行规律以及组织机构的经营方式、管理模式等的变革。在市场浪潮中搏击的企业最先感受到环境变革的冲击。这种冲击动摇了现有企业的管理理论和管理方法以及现行成本会计的理论基础和计量模式,但同时也为成本会计的发展提供了机遇。

近年来,新的管理技术不断涌现,新的技术和管理方法不同于之前批量生产标准产品的相对稳定的管理方式。在新的管理环境下,原有的成本会计理论和计量模式暴露出以下几个方面的问题:一是成本重心前移,使传统的成本信息出现“时滞”。有资料表明,制造业产品 75% 以上的成本在研发阶段已经确定,只注重生产过程核算和控制的成本计量模式容易导致信息失真。二是传统的成本会计过分追求量,而忽略了质,从而对核心竞争力关心不够,与现代管理思想不符。三是传统的成本管理基准点是短期,反映企业短期的成本信息,将固定成本进行短期的期间化处理,淹没了大量战略信息,企业绩效难以真正体现。四是传统的成本会计将间接费用简单化处理,没有揭示出业务活动背后真正的成本动因。因此,成本会计必须进行变革,以适应现代管理的需要,协助管理者在新环境下进行有效的管理控制。环境造就了成本会计的发展,当前随着成本理论和实践的不断深入,涌现出许多新的成本计量方法,如作业成本法、成本企划等。

需要说明的是,尽管近年来许多新的成本会计方法和思想不断涌现,但迄今为止仍未能形成一套公认的行之有效的成本会计体系。创新学派认为传统学派过于守旧,所研究的成本会计远远落后于现实企业的管理需要,而传统学派则批评创新学派缺乏系统理论体系,只是停留在对相关学科成果的“拼凑”性的介绍上,缺乏新的理论成本。因此,建立一个立足于

信息化社会，满足不断发展的现代管理要求的系统的新成本会计理论体系，是当前乃至今后很长一段时间需要面对的紧迫课题。

二、成本会计的学科定位

自从成本会计发展成为一个相对完整的理论和方法体系之后，它的学科定位便开始受到关注。成本会计与财务会计和管理会计有着密切的、内在的联系。财务会计中关于资产的计价及其价值耗费的核算是成本核算的基础；反过来，财务会计也要依据成本会计所提供的有关成本费用信息进行存货等资产的计价和利润的计算确定。管理会计是在成本会计的基础上产生和发展起来的，它的诸多方面都与成本有关，成本会计所提供的信息是管理会计所需资料的重要来源。

早期，成本会计主要服务于对外报告所需的销货成本和存货成本等信息，因此主要隶属于财务会计体系。近年来，随着竞争的加剧和企业管理水平的提升，企业内部管理对成本信息的要求越来越高，成本会计越来越多地服务于企业内部管理。因此，成本会计成为既为财务会计服务又为管理会计服务的一个相对独立的学科。而且，由于内部管理的迫切需要，为管理会计服务的成本会计理论和方法获得长足发展，管理会计越来越依赖于丰富、准确的成本信息，因此有人将这部分成本会计的内容与管理会计合称为成本管理会计。综上所述，现代成本会计是会计的总体框架下的一部分相对独立的内容，既服务于财务会计又服务于管理会计，而且有越来越偏重于管理会计的趋势。

第三节 成本会计的职能和任务

一、成本会计的职能

成本会计的职能，是指成本会计作为一种管理经济的活动，在生产经营过程中所能发挥的作用。由于现代成本会计与管理紧密结合，因此，它实际上包括了成本管理的各个环节。现代成本会计的八个主要职能是成本预测、成本决策、成本计划、成本控制、成本核算、成本分析、成本考核和成本反馈。

（一）成本预测

成本预测是根据成本数据和其他资料，运用定量分析和定性分析的方法，对企业未来水平及其变动趋势做出科学的估计。成本预测是确定目标成本和选择达到目标成本最佳途径的重要手段，是进行成本决策和编制成本计划的基础。通过成本预测可以寻求降低产品成本、提高经济效益的途径，减少生产经营管理的盲目性，有利于选择最优方案，挖掘降低成本、费用的潜力。

（二）成本决策

决策是一个过程，它是制定多个备选方案并选出最优方案的过程。成本决策是在成本预测的基础上，根据市场营销和产品功能分析，挖掘潜力，制定降低成本、费用的各种方案，并采用一定的专门方法进行可行性研究和技术经济分析，选择最优方案，以确定目标成本的行为。需要说明的是，成本最低的方案不一定是最佳方案，企业需结合实际情况，进行科学合理的决策。

（三）成本计划

成本计划是指为保证成本决策所确定的目标成本得以实现，必须通过一定的程序和方法，以货币形式规定计划期产品的生产耗费和各种产品的成本水平。成本计划是以书面文件的形式下达各执行单位和部门，作为计划执行和考核依据的行为，一经确定，对企业各个生产单位和职能部门具有约束力。但是，成本计划也会根据外部环境及企业内部经营情况的变化做出适当的调整。

（四）成本控制

成本控制是在产品成本形成的过程中，通过对成本形成过程中发生的各项耗费进行反映和监督的行为。根据成本计划，制定各项消耗定额、费用定额、标准成本等，对各项实际发生和将要发生的成本费用进行审核，及时发现和纠正偏离计划和定额的差异，采取措施将成本费用控制在计划、预算之内，其范围涉及企业生产经营各个环节和各职能部门及生产单位。这是一般意义上的成本控制，即通常意义上的事中成本控制。事实上，为了最大限度地挖掘降低成本的潜力，还应执行事前成本控制。

（五）成本核算

成本核算是指采用与成本计算对象相适应的成本计算方法，按规定的成本项目，通过一系列的生产费用的归集与分配，做出有关的账务处理，正确划分各种费用界限，从而计算出各种产品的实际总成本和单位成本，并编制成本报表，为成本管理提供客观、真实的成本资料。成本核算是会计核算的方法之一。通过核算，既可以反映实际发生的生产经营费用，又可以控制生产经营费用的形成。成本核算是执行成本计划的结果，是对成本计划的事后反映。在实际工作中，务必保证核算的正确性，否则成本管理将失去意义。

（六）成本分析

成本分析是指根据成本核算所提供的信息和其他有关资料，通过本期实际成本与本期计划成本、上年实际成本，以及国内和国外同类产品的实际成本等进行比较，分析成本水平与构成的变动情况；运用一系列专门方法，揭示影响成本费用升降的各种因素及其影响程度、成本超支节约的责任或原因，并提出积极建议，以采取有效措施，进一步挖掘增产节约、降低产品成本的潜力。成本分析通常在期末进行，即事后成本分析。出于纠偏需求，有时也

进行事中成本分析。

(七)成本考核

成本考核是指定期对成本计划及有关指标的实际完成情况进行总结和评价。在成本分析的基础上,以各责任者为对象,以其可控制的成本为界限,并按责任的归属来核算和考核其成本指标的完成情况,检验成本目标是否实现,评价其工作业绩,为奖惩提供依据,通过合理激励提高经营效率。

(八)成本反馈

成本反馈是指在成本考核的基础上,将成本数据向企业管理阶层进行反馈,以便做出更科学的修订、补充和完善,为下一个生产周期做出更符合实际情况的判断。

上述成本会计的各项职能既相互独立又相互联系,构成一个有机的整体。成本核算是最基本的职能,是其他职能的基础;成本预测是成本管理的开端,是成本决策的前提;成本决策是成本会计的重要环节,是成本预测的结果;成本决策是成本计划的依据,成本计划则是成本控制、成本考核和成本分析的依据;成本控制是实现成本决策既定目标的保证;成本分析可用于查明实际成本脱离计划成本的原因;成本分析与成本考核,都是实现成本决策目标的有效手段;成本反馈为下一生产周期提供判断依据。

二、成本会计的任务

成本会计的任务同成本会计的职能有着密切联系。一方面,能否承担某一项任务,取决于是否具有完成该项任务的职能;另一方面,职能作用的发挥又受制于任务完成情况的好坏。同时,成本会计的职能和任务又是各有特定含义的独立概念。职能是指成本会计本身所具有的功能,具有客观性、相对稳定性以及普遍适用性的特点,而任务是指发挥其职能作用所要达到的目的和要求,具有主观性、不稳定性以及与社会环境紧密联系的特点。所以,成本会计的任务不仅取决于其职能作用,还取决于一定时期社会环境的要求和企业的中心任务。

根据我国现代经济发展的客观要求,成本会计的根本任务是在保证产品质量的前提下,促进企业尽可能节约产品生产经营过程中的物化劳动和活劳动消耗,不断提高经济效益。成本会计的具体任务包括以下几个方面。

(一)正确计算产品成本,及时提供成本信息

进行产品成本计算,是成本会计的基础。企业只有正确计算产品成本,及时提供成本信息,才能保证盈亏计算和存货计价的正确性,有效地考核成本计划的完成情况,为成本的预测、决策和成本目标的规划,以及财务报表的编制提供成本信息。为此,企业要严格遵守成本开支范围规定,依据会计准则、企业会计制度和成本管理规定的有关要求,根据企业生产特点采用相应的成本计算方法,正确、及时地计算产品成本,这也是做好成本会计工作的最基本要求。

（二）开展成本预测，进行成本决策

做好成本预测和决策工作，是成本会计适应社会生产发展而承担的新任务。成本预测和成本决策有着密切联系，加强成本预测是优化成本决策的前提，而优化成本决策是加强成本预测的结果。把二者有机地结合起来，可为企业挖掘降低成本的潜力、提高经济效益指明方向。

开展成本预测，不仅要在生产过程中进行成本预测，而且要在产品投产前进行预测；要充分占有资料，并采用科学的计算方法，提高成本预测的准确程度。

进行成本决策，要收集有关信息资料，通过经济评价，合理判断，做出正确决策。决策的结果必须是经济上合理，技术上先进，资源上充足，并有具体行动规划做保证。

（三）制定目标成本，加强成本控制

目标成本是企业在一定时期内为保证实现目标利润而制定的成本控制指标。目标成本制定得正确与否，直接影响着成本控制的有效性。因此，目标成本的制定，必须以可靠的数据为依据，必须切实可行，既能激发职工的积极性，又是经过主观努力可以实现的。这样制定的目标成本才能真正起到成本控制的作用。

成本控制是在目标成本分解的基础上进行的，是目标成本的实施过程。加强成本控制，必须对目标成本的分指标进行归口分级控制，以产品成本形成的全过程为对象，结合生产经营各阶段的特点进行有效控制，从人力、物力和财力的使用效果出发，立足于成本效益的提高。

（四）做好成本分析，进行成本考核

成本分析是在成本核算的基础上进行的。将实际成本与计划成本、上期实际成本、本企业的历史先进成本水平等进行对比，可以确定差异，分析原因，以便采取措施，消灭不利差异，扩大有利差异，保证成本目标实现。

现代企业应建立成本责任制，把成本责任指标分解落实到各部门、各层次和各相关人员，实行责权利相结合，以提高全体职工降低成本的责任心和积极性，从而增强企业活力。成本考核是成本责任制顺利进行的保证，通过考核，可以分清责任，正确评价各责任单位的工作成绩，起到鼓励先进、鞭策落后的作用。只有通过成本考核，把成本管理的好坏同每个人的切身利益紧密结合起来，才能促使企业全员改进工作，努力降低成本，不断增加效益。

第四节　成本会计的对象和分类

一、成本会计的对象

成本会计的对象是指成本会计反映和监督的内容。明确成本会计的对象，对于确定成本会计的任务，研究和运用成本会计的方法，更好地发挥成本会计在经济管理中的作用有着重要的意义。

从理论上讲，成本所包括的内容也就是成本会计应该反映和监督的内容。但为了更加详细、具体地了解成本会计的对象，还必须结合企业的具体生产经营过程和现行企业会计制度的有关规定加以说明。下面以工业企业为例，说明成本会计应反映和监督的内容。

工业企业的基本生产经营活动是生产和销售工业产品。在产品的直接生产过程中，即从原材料投入生产到产成品制成的过程中，一方面制造出产品来，另一方面要发生各种各样的生产耗费。这一过程中的生产耗费，概括地讲，包括劳动资料与劳动对象等物化劳动耗费和活劳动耗费两大部分。其中房屋、机器设备等作为固定资产的劳动资料，在生产过程中长期发挥作用直至报废而不改变其实物形态，但其价值则随着固定资产的磨损，通过计提折旧的方式，逐渐地、部分地转移到所制造的产品中去，构成产品生产成本的一部分。原材料等劳动对象，在生产过程中或者被消耗掉，或者改变其实物形态，其价值也随之一次性转移到新产品中去，也构成产品生产成本的一部分。生产过程是劳动者借助劳动工具对劳动对象进行加工、制造产品的过程，只有通过劳动者对劳动对象的加工，才能改变原有劳动对象的使用价值，并且创造出新的价值。其中劳动者为自己劳动所创造的那部分价值，则以工资形式支付给劳动者，用于个人消费，因此这部分工资也构成产品生产成本的一部分。具体来说，在产品的制造过程中发生的各种生产耗费，主要包括原材料及主要材料、辅助材料、燃料等的支出，生产单位（如分厂、车间）固定资产的折旧，直接生产人员及生产单位管理人员的薪酬以及其他一些货币性支出等。所有这些支出，构成了企业在产品制造过程中的全部生产费用。而为生产一定种类、一定数量的产品而发生的各种生产费用支出的总和则构成了产品的生产成本。上述产品制造过程中各种生产费用的支出和产品生产成本的形成，是成本会计应反映和监督的主要内容。

在产品的销售过程中，企业为销售产品也会发生各种各样的费用支出。例如，应由企业负担的运输费、装卸费、包装费、保险费、展览费、差旅费、广告费，以及为销售本企业商品而专设销售机构的职工薪酬、类似工资性质的费用、业务费等。所有这些为销售本企业产品而发生的费用，构成了企业的销售费用。销售费用也是企业在生产经营过程中所发生的一项重要费用，它的支出及归集过程，也应该成为成本会计所反映和监督的内容。

企业的行政管理部门为组织和管理生产经营活动，也会发生各种各样的费用。例如，企业行政管理部门人员的薪酬、固定资产折旧、工会经费、业务招待费等。这些费用统称为管理费用。企业的管理费用,也是企业在生产经营过程中所发生的一项重要费用,其支出及归集过程,也应该成为成本会计所反映和监督的内容。

此外,企业为筹集生产经营所需资金也会发生一些费用。例如,利息净支出、汇兑净损失、金融机构的手续费等。这些费用统称为财务费用。财务费用亦是企业在生产经营过程中发生的费用,它的支出及归集过程也应该属于成本会计所反映和监督的内容。

上述销售费用、管理费用和财务费用,与产品生产没有直接联系,而是按发生的时间进行归集,直接计入当期损益,因此,它们构成了企业的期间费用。

综上所述,按照工业企业会计制度的有关规定,可以把工业企业成本会计的对象概括为:工业企业生产经营过程中发生的产品生产成本与期间费用。

商品流通企业、交通运输企业、施工企业、农业企业等其他行业企业的生产经营过程虽然各有其特点,但按照现行企业会计制度的有关规定,从总体上看,它们在生产经营过程中所发生的各种费用,同样是部分地形成了企业的生产经营业务成本,部分作为期间费用直接计入当期损益。因此,从现行企业会计制度的有关规定出发,可以把成本会计的对象概括为:企业生产经营过程中发生的生产经营业务成本和期间费用。

以上按照现行企业会计制度的有关规定,对成本会计的对象进行了概括性的阐述。但成本会计不仅应该按照现行企业会计制度的有关规定为企业正确确定利润和进行成本管理提供可靠的生产经营业务成本和期间费用信息,而且应该从企业内部经营管理的需要出发,提供多方面的成本信息。例如,为了进行短期生产经营的预测和决策,应计算变动成本、固定成本、机会成本和差别成本等;为了加强企业内部的成本控制和考核,应计算可控成本和不可控成本;为了进一步提高成本信息的决策相关性,还可以计算作业成本,等等。上述按照现行企业会计制度的有关规定所计算的成本(包括生产经营业务成本和期间费用),称为财务成本;为企业内部经营管理的需要所计算的成本,称为管理成本。因此,成本会计的对象,总括地说应该包括各行业企业的财务成本和管理成本。

二、成本会计的分类

(一)按成本会计制度分类

按成本会计制度分类,成本会计可分为实际成本制度、估计成本制度和标准成本制度。

1. 实际成本制度

实际成本制度,是根据企业实际发生的各项支出计算成本的一种成本会计制度。通过实际成本制度获得的成本资料都是事后的成本资料,也是历史成本资料,所以实际成本会计制度也称为历史成本会计制度。采用实际成本会计制度进行成本核算时,产品成本是在实际费用的基础上进行计算的,即强调“实际费用”作为成本计算的基础。具体进行成本计算时,在数量方面,要求采用实际消耗量;在价格方面,可以采用实际价格,也可以采用预定价

格，但要调整预定价格与实际价格的差异，并进行适当处理，以适应这种成本计算制度在“实际费用”基础上进行成本计算的要求。比如，有的企业在进行成本计算时，存货可能采用计划成本计算，产品成本也可采用定额成本进行计算，但在最后，计划成本或定额成本都必须要调整为实际成本。通过这种方式计算出来的产品实际成本，可为企业正确计算存货成本及当期损益提供重要资料，适应了存货估价和计算损益的要求，并可为编制财务会计报表提供资料依据，而且，通过将本期产品实际成本与前期相同产品实际成本的对比，可以分析企业成本变动的情况。

2. 估计成本制度

估计成本制度，是在产品生产前预先估算单位产品成本，据以确定售价，然后将计算的实际产量估计成本与账面实际成本进行比较，据以修改估计成本的一种成本会计制度。估计成本制度是历史上曾采用过的一种不是十分完整的成本会计制度。修改后的估计成本可在以后用来确定产品售价。

在估计成本制度下，估计成本与实际成本的差异，可作为当期的损益项目列示，也可以在在产品、产成品和销售成本之间分摊。

估计成本制度是一种不完整的成本会计制度，采用估计成本会计制度的原因主要有以下两个方面：其一，有些企业往往需要在产品生产之前先行确定售价，而要确定售价必须要了解并估计可能发生的成本，并以估计成本作为定价的基础；其二，估计成本会计制度可以减轻会计核算的工作量。

3. 标准成本制度

标准成本制度，是以预先制定的产品标准成本为基础，用实际产量的标准成本与其实际成本相比较，记录并分析成本差异的一种成本会计制度。

采用标准成本制度时，应根据产品的标准数量和标准单价制定产品的标准成本。至于标准成本与实际成本之间的差异，需要分别按产品成本项目进行计算和分析，并将成本差异按其产生原因分别记入特定的成本差异账户中，会计期末时，再将成本差异全部记入当期损益或在各种产品的在产品、产成品和已销产品之间进行分配。标准成本制度在西方国家企业中应用比较普遍，它是成本计算和成本控制相结合的一种方法，是进行成本控制、衡量企业生产效率高低的一种成本会计制度。

需要说明的是，尽管标准成本制度中的标准成本与估计成本制度中的估计成本同属于预计成本，二者的制定方法和会计处理有相似之处，但二者的观念与作用是不同的，表现在以下方面。

（1）估计成本要随着实际成本的变化进行修改，但标准成本并不随着实际成本的变化进行修改。在估计成本制度下，成本的估计是为了尽量接近实际，当二者有差异时总是修改估计成本以使其接近实际成本。而在标准成本制度下，由于标准成本与实际成本之间一定会有差距，所以，标准成本并不随着实际成本的变化进行修订。

(2)实际成本应以标准成本为目标,而估计成本要以实际成本为调整依据。标准成本是企业努力的目标,实际成本应以标准成本为目标,通过成本控制,使实际成本接近标准成本。当实际成本与标准成本产生差异时,成本分析的重点在于实际成本为什么同标准成本产生差异,其目的在于用标准成本来控制实际成本,使实际成本达到或低于标准成本。在估计成本制度下,当实际成本与估计成本产生差异时,分析的重点在于为什么估计成本与实际成本发生差异,其目的在于用实际成本来修改估计成本,以使估计成本接近实际成本。

(3)标准成本制度下要分析成本差异产生的原因,而估计成本制度则无须进行分析。标准成本制度下的产品成本差异要分别以各成本项目具体分析成本差异产生的原因,以查明责任归属,而在估计成本会计制度下,由于缺少详细的成本记录资料,因而无法深入分析成本差异产生的原因。

(4)标准成本制度下既要分析不利的成本差异,也要分析有利的成本差异。在估计成本制度下,实际成本低于估计成本时,一般不再查找原因,而在标准成本制度下,不仅要分析不利的成本差异,也要分析有利的成本差异,以便采取相应措施。比如,如果产生有利成本差异的原因是由于标准成本定得过宽,则要降低标准成本水平。

(二)按成本计算模式分类

按成本计算模式分类,成本会计分为全额成本计算模式和变动成本计算模式。

1. 全额成本计算模式

全额成本计算模式,也称"吸收成本"计算模式。它是指在计算产品成本时,将包含变动成本和固定成本在内的所有制造成本都吸收到产品成本中,以此来对存货进行估价和确定已销商品成本的一种成本计算模式。

采用全额成本计算模式时,所发生的各项固定成本应由库存产成品、在产品和销售成本三者分摊,当期收益只负担销售成本中的固定成本。在西方企业中,按全额成本计算模式计算的产品成本,包括直接材料、直接人工和制造费用,不包括销售费用和一般管理费用。我国过去按这种成本计算模式计算产品成本时,将属于期间费用的一般管理费用和财务费用也计入产品成本中。1993 年,我国进行会计制度改革时,参照国际惯例,严格划分了"生产成本"与"期间成本"的界限,规定管理费用和财务费用不再计入产品生产成本,而是作为期间费用,直接列入当期损益。为了同过去的成本计算方式相区别,我们将改革后的成本计算方式称为制造成本法。

2. 变动成本计算模式

变动成本计算模式,是指产品成本只按变动成本计算而不包括固定成本的一种成本计算模式。采用变动成本计算模式计算产品成本时,需将生产过程中发生的生产费用,区分为固定费用和变动费用。在计算产品成本时,只将变动费用列入产品成本中,产品成本只包括变动费用,即包括直接材料、直接人工和变动制造费用,而将本期发生的固定制造费用列入

当期损益中。由于变动成本往往都是直接成本，所以，变动成本计算模式也称为直接成本计算模式。但是，严格来讲，直接成本并不都是变动成本，有些固定成本也应计入产品成本中。在变动成本计算模式下，如果当期生产量大于当期销售量，由于将固定费用全部列入当期损益，就使得当期利润相应地减少，从而影响国家的财政收入，而且，变动成本计算模式不符合公认会计原则要求，不能以此为依据来编制财务会计报表。变动成本计算模式，通常主要用于企业内部生产经营管理，如用于企业内部进行成本分析和成本考核，为成本预测和决策提供信息。

第五节 成本会计工作的组织

为了有效地进行成本会计工作，充分发挥其应有的作用，必须加强成本会计工作的组织，也就是要建立健全成本会计机构，配备必要的成本会计人员，制定和推行合理的成本会计制度。产品成本水平高低受到企业各部门和全体职工工作的影响，因此，需要把企业各部门很好地组织起来，分解成本指标，具体落实成本责任，充分调动职工积极性，使所有部门单位和人员都重视成本，才能达到提高经济效益的目的。

一、成本会计的机构

建立成本会计的组织机构，必须要与企业体制、企业组织机构和会计工作组织形式相适应；必须与企业的业务特点和规模相协调；必须体现精简高效的原则；要适应成本会计工作的内容和目的，贯彻落实经济责任制，做到技术与经济相结合，有利于群众性成本工作的开展。

（一）成本工作的领导机构

根据技术与经济相结合的原则，一般企业成本工作的领导核心应由厂长或经理、总会计师、总工程师和总经济师组成。厂长是成本工作组织的领导者，并对本单位的成本负完全责任；总会计师、总工程师、总经济师应从经济、技术以及两者的结合上组织企业成本工作，并采取有效措施降低成本。一长三师应融为一体，分工合作，负责组织全厂的成本工作，具体工作内容如下：

（1）制定企业成本会计工作的基本方针和政策，批准成本会计制度；

（2）建立健全工厂成本工作的组织机构，协调各部门在成本工作中出现的问题和矛盾；

（3）审定工厂的目标利润和目标成本，批准工厂成本计划和费用预算，综合研究和决定各项重大降低成本的方案；

（4）组织和领导各项重大的特殊成本调查和分析，进行成本决策；

（5）动员全厂各部门、各层次和全体职工管理成本。

(二)成本会计的职能机构

成本会计的职能机构,在大中型企业单设成本处或成本科,也有的企业在会计机构中成立成本组;在规模较小的企业里,一般是在会计部门中指定一些人专门负责成本会计工作。

厂部成本会计职能机构是成本会计的综合部门,组织成本的集中统一管理,为企业领导提供各种成本信息;进行成本预测和决策,编制企业成本计划,并分解下达各部门和车间;实行成本控制,监督生产费用支出,正确核算全厂的产品成本;检查和考核工厂成本计划执行情况,开展成本综合分析;组织车间成本核算和管理,加强对班组经济核算的指导和帮助;制定全厂成本会计制度,不断总结和推广成本管理、降低成本方面的先进经验。

成本会计工作在厂部成本职能部门和企业内部各单位之间,可以采用集中核算和非集中核算两种不同的组织形式。以工业企业为例,在集中核算的形式下,企业的一切成本会计业务,都集中在厂部成本职能部门进行,其他职能部门、车间,一般只负责提供原始资料。这种核算形式可以使成本核算资料集中在厂部成本部门,减少核算层次,精简工作人员,但是不便于企业内部其他部门掌握和控制其成本费用支出。在非集中核算的形式下,车间成本或部门费用支出的计划、核算和分析等,一般由这些单位的成本核算员或负责成本工作的人员承担,厂部成本部门主要负责成本数据的汇总,处理不便于分散到各单位去进行的成本工作,以及对各单位成本会计工作进行业务上的监督和指导。采用非集中核算组织形式,可以使成本工作更好地与各部门、车间的生产经营管理结合起来,使各部门、车间能及时了解本单位的成本水平及其超降情况,更加直接有效地指导生产。但是,这种组织形式增加了成本会计工作层次和工作人员。企业应采用哪一种核算组织形式,要从有利于更好地完成成本会计任务出发,并根据企业的规模大小和经营管理水平等条件来决定。

(三)成本归口管理部门

根据成本责任制,企业的其他职能部门也都应对成本承担一定的责任。

1. 生产部门

生产部门负责制定生产资金定额和控制外部加工费用,编制和落实生产、作业进度计划,组织均衡生产,提高工时利用率,保证完成产量、品种等计划指标,对计划指标进行分析,力求缩短生产周期,减少在产品、半成品的资金占用。

2. 技术工艺部门

技术工艺部门负责制定物资消耗定额,从产品设计和工艺技术上保证产品质量优、成本低、适销对路,减少原材料等各种物资消耗,节约工时,讲求经济效益。

3. 质量检验部门

质量检验部门负责全面质量管理,提高优级品率,减少不合格产品和废品损失,并按期提出质量成本分析报告。

4. 物资供应、储运部门

物资供应、储运部门负责制定物资储备定额,控制物资的消耗,合理组织物资的采购、运输,节约物资的采购和保管费用。

5. 销售部门

销售部门负责编制产成品销售计划,合理组织产成品的销售,编制并控制销售费用预算。

6. 设备管理部门

设备管理部门负责制定设备利用定额,提高设备完好率和利用率,降低设备修理成本,减少维护保养费用。

7. 动力部门

动力部门负责水、电、气消耗定额的制定和管理,在保证生产需要的前提下,努力控制能源消耗。

8. 人力资源部门

负责劳动力的合理组织,制定定员和工时定额,提高工时利用率和劳动生产率,控制工资、福利和奖金的支出,合理节约劳动保护费用开支。

9. 总务行政部门

总务行政部门负责有关管理费用预算的编制、日常控制和定期分析等工作。

10. 其他部门

其他部门负责与其本身责任有关的成本工作,提高工作效率,减少费用开支。

在上述职能部门管理和控制的指标中,有的直接与成本相联系,属于成本指标;也有些指标,如产量、品种、废品率、劳动生产率、工时利用率和设备利用率等,其本身不是成本指标,但这些指标完成得好坏,必然引起成本水平的升降。所以,管理和控制成本不应局限于几个成本指标,而必须同时从技术与经济、创收与节约等不同方面着手,去抓好成本工作,才能全面提高经济效益。

(四)班组经济核算

生产班组是最基层的生产单位,产品生产过程中的各种消耗,大多是在生产班组中发生的。所以,生产班组对成本控制如何,直接影响成本的高低。我国一些企业根据班组的大小,配备专职核算员,或由工人兼职班组核算员,把班组成本控制和班组核算结合起来。其内容包括:将消耗指标分解落实到个人;核算和控制班组、个人生产消耗;检查分析定额和费用指标的执行情况,并采取措施,保证定额和费用指标的实现。开展班组经济核算是组织工人参加成本管理工作的一种好形式，也是具有中国特色的责任会计的一种形式，在降低成本方面发挥着重要作用。

二、成本会计人员

在企业配备必要的能胜任成本工作的会计人员，是顺利进行成本会计工作，发挥成本会计职能作用的关键。

（一）成本会计人员的职责

随着社会主义市场经济的建立，企业已成为独立的商品生产经营者，企业应面向市场，行动于市场。成本会计工作也要更新，以适应社会主义市场经济的要求。因此，成本会计人员要放眼市场，树立强烈的经营意识、竞争意识、技术进步意识和效益意识，积极参与各项经营活动，在维护全局利益的基础上把成本降下来，有效地保证企业经济效益的提高。

《中华人民共和国会计法》（以下简称《会计法》）第三十八条规定："从事会计工作的人员，必须取得会计从业资格证书。担任单位会计机构负责人（会计主管人员）的，除取得会计从业资格证书外，还应当具备会计师以上专业技术职务资格或者从事会计工作三年以上经历。"《会计基础工作规范》第十四条规定："会计人员应当具备必要的专业知识和专业技术，熟悉国家有关法律、法规、规章和国家统一会计制度，遵守职业道德。"这些都是对会计人员任职资格的具体规定，这些规定同样适用于成本会计人员。成本会计人员的职责具体包括以下几项内容。

1. 进行会计核算

成本会计人员必须根据实际发生的经济业务事项进行会计核算，要认真填制和审核原始凭证，编制记账凭证，登记会计账簿，正确计算各项支出、成本、费用。按期结算，核对账目，进行财产清查，在保证账证相符、账账相符、账实相符的基础上，按照手续完备、数字真实、内容完整的要求编制成本会计报告。

2. 实行会计监督

实行会计监督，即通过会计工作，对本单位的各项经济业务和会计手续的合法性、合理性进行监督。对不真实、不合法的原始凭证不予受理；对账簿记录与实物、款项不符的问题，应按有关规定进行处理或及时向本单位领导人报告；对违反国家统一的财务制度规定的支出不予受理。

3. 编制成本计划及费用预算，并考核、分析其执行情况

成本会计人员应遵守各项收支制度、费用开支范围和开支标准，合理使用资金，考核资金使用效果等。

4. 制定本单位办理会计事项的具体办法

会计主管人员应根据国家的有关会计法规、准则及其他相关规定，结合本单位具体情

况，制定本单位办理会计事项的具体办法，包括会计人员岗位责任制度、财产清查制度、成本计算办法、会计政策的选择以及会计档案的保管制度等。

（二）成本会计人员的职业道德要求

1. 我国会计人员职业道德

成本会计工作要求从事该项业务的人员具备一定的职业道德。我国对于会计人员职业道德的研究仍处于起步阶段，未形成独立、完善的会计职业道德准则。除了约束注册会计师的《中国注册会计师职业道德基本准则》和《中国注册会计师职业道德规范指导意见》外，约束其他会计人员的职业道德规范散见于各相关会计法规当中。

我国的《会计法》和财政部制定的《会计基础工作规范》中对会计人员职业道德做出了明确规定。我国会计人员职业道德的内容可以概括为爱岗敬业、诚实守信、廉洁自律、客观公正、坚持准则、提高技能、参与管理和强化服务。其具体内容包括以下几项。

（1）爱岗敬业。爱岗就是热爱自己的工作岗位，热爱本职工作。敬业就是用一种严肃的态度对待自己的工作，勤勤恳恳，兢兢业业，忠于职守，尽职尽责。爱岗敬业是会计人员干好本职工作的基础和条件，是其应具备的基本道德素质。在具体行动上，会计人员要有安心会计工作、献身会计事业的工作热情，严肃认真的工作态度，勤学苦练的钻研精神，忠于职守的工作作风。

（2）诚实守信。诚实，就是忠诚老实，不讲假话。守信，就是信守诺言，说话算数，讲信誉，重信用，履行自己应承担的义务。市场经济越发达，道德信誉就越重要。市场经济是“信用经济”“契约经济”，注重的就是“诚实守信”。诚实守信要求会计人员应当做到：第一，做老实人，说老实话，办老实事，不弄虚作假，如实反映和披露单位经济业务事项；第二，执业谨慎，信誉至上；第三，保密守信，不为利益所诱惑。

（3）廉洁自律。在会计职业中，廉洁要求会计从业人员公私分明、不贪不占、遵纪守法，经得起金钱、权利、美色的考验，不贪污挪用、不监守自盗。自律是指会计人员按照一定的具体标准作为具体行为或言行的参照物，进行自我约束、自我控制，使具体的行为或言论达到至善至美的过程。廉洁自律的基本要求可以概括为：第一，公私分明，不贪不占；第二，遵纪守法，抵制行业不正之风；第三，重视会计职业声望。

（4）客观公正。客观是指按事物的本来面目去反映，不掺杂个人的主观意愿，也不为他人意见所左右，既不夸大，也不缩小。公正就是公平正直，没有偏失，但不是中庸。客观，要求会计人员在处理经济业务时必须以实际发生的交易或事项为依据，如实反映企业的经济业务情况；公正，要求在履行会计职能时，摒弃单位、个人私利，不偏不倚地对待有关利益各方。客观公正的基本要求是：端正态度，依法办事，实事求是，不偏不倚，保持独立。

（5）坚持准则。坚持准则，要求会计人员在处理业务过程中，严格按照会计法律制度办事，不为主观或他人意志左右。这里所指的“准则”不仅指会计准则，而且包括会计法律、会计行政法规、国家统一的会计制度以及与会计工作相关的法律制度。坚持准则的基本要求是：熟悉准则，坚持准则。

(6)提高技能。会计是一门专业性很强的学科。近年来，随着市场经济体制的日益完善和经济全球化进程的加快，会计专业性和技术性日趋复杂，对会计人员所应具备的职业技能要求也越来越高。提高技能的基本要求是：第一，增强提高专业技能的自觉性和紧迫感；第二，勤学苦练，刻苦钻研。会计理论不断创新，新的会计学科分支不断出现，要求会计人员不断地学习与探索。

(7)参与管理。参与管理就是为管理者当参谋。会计人员要树立参与管理的意识，应积极主动做好以下工作：第一，在做好本职工作的同时，努力钻研相关业务；第二，全面熟悉本单位经营活动和业务流程，主动提出合理化建议，协助领导进行决策，积极参与管理。

(8)强化服务。强化服务要求会计人员树立服务意识、提高服务质量、努力维护和提升会计职业的良好社会形象。强化服务的基本要求是：第一，树立服务意识；第二，提高服务质量；第三，努力维护和提升会计职业的良好社会形象。

2. 管理会计师职业道德规范

应该说，会计法规中的职业道德规范只是约束会计人员的最低下限，无法替代独立的职业道德准则。在此，我们概括介绍美国全国会计师协会(NAA)于1982年发布的《管理会计师道德行为准则》(The Standards of Ethical Conduct for Management Accountants)。管理会计师对于他们所服务的机构、职业组织、公众和他们自己，具有遵循道德行为标准的义务。为了确认管理会计师的义务，会计师协会发布了该道德行为准则，将15项义务汇总于能力、保密、廉正、客观四个主题之下。具体说明如下：

(1)能力(管理会计师有责任)

①通过持续地发展本身的知识技能，以保持胜任的职业能力；

②按照相关的法规和技术规范履行他们的职责；

③在恰当地分析相关和可依赖的信息后，编制完整和清晰的报告和建议书并提出建议。

(2)保密(管理会计师有责任)

①除非官方法律要求，非经核准不能披露工作过程获得的保密信息；

②告诫下属严守工作中获取的信息的保密性，并且监督他们的活动以确保严格保密；

③禁止使用或变向使用由工作中所获得的保密信息，为个人或第三者换取不道德的或非法的利益。

(3)廉正(管理会计师有责任)

①避免介入实际或表面的利益冲突，并向任何有利益冲突的各方提出劝告；

②避免参与任何可能会损害职业道德的活动；

③拒绝会影响或看来将影响其行为的任何礼物、纪念品或招待；

④禁止主动地或被动地破坏组织的合法的和道德的目标的实现；

⑤了解并沟通会妨碍公正判断或有效执行职业活动的限制或其他约束；

⑥公布有利或不利的信息以及专业判断或意见;

⑦禁止参与或支持任何有损于职业声誉的活动。

(4)客观性(管理会计人员有责任)

①公正和客观地表达信息;

②充分反映信息,帮助使用者对各项报告、评论和建议获得正确的理解。

我们认为,以上职业道德也适用于成本会计人员。职业道德行为准则在"能力"主题中,指出管理会计师应通过持续地发展本身的知识技能,以保持适应的职业能力。对于成本会计人员来说,不仅要懂会计和财务管理,还要懂经营管理,特别要熟悉生产技术。由于影响产品成本的因素,既有经济因素,又有技术因素,在一定程度上技术因素起决定性作用,所以,成本会计人员也要努力学习生产技术,学会运用价值工程、成本最优化的理论和方法,才能在成本会计工作中坚持技术与经济相结合,在经济型成本会计转变为经济与技术结合型成本会计的过程中充分发挥其作用。

现代成本会计工作不仅限于计划、核算和考核,同时还要进行成本技术经济分析和成本效益分析,尤其是要把预测和决策放在重要地位。所以,成本会计人员要熟悉掌握现代成本会计的理论和方法,学会分析、预测、决策,具备过硬的岗位本领;跳出过去只管记账、算账的狭窄圈子,使成本会计工作在企业发展中起参谋作用。

现代会计广泛使用电子计算机,电算化是成本会计发展的必然趋势。企业成本会计工作以电子计算机为手段,可以大大加快信息反馈速度,增强了业务处理能力,对于及时、准确地进行成本预测、决策和核算,有效地实施成本控制,全面地考核、分析成本,都有重要意义。这就要求成本会计人员能够使用电子计算机进行信息处理,以适应经济发展对成本会计越来越高的要求。

根据成本人员职责的要求,目前我国有些企业在成本岗位上配备了成本工程师,从而有利于成本工作的技术与经济相结合,充分发挥成本会计职能作用,更好地完成成本会计任务。

三、成本会计制度

成本会计制度是成本会计工作的规范,是会计法规和制度的重要组成部分。企业应遵循国家有关法律、法规和制度,如《中华人民共和国会计法》《企业会计准则》等有关规定,并适应企业生产经营的特点和管理的要求,制定企业内部成本会计制度,作为企业进行成本会计工作具体和直接的依据。

各行业企业由于生产经营的特点和管理的要求不同,所制定的成本会计制度有所不同。就工业企业来说,成本会计制度一般应包括以下几个方面的内容。

(1)关于成本预测和决策的制度。

(2)关于成本定额的制度和成本计划编制的制度。

(3)关于成本控制的制度。

(4)关于成本核算规定和流程的制度。包括成本计算对象和成本计算方法的确定;成本项目的设置;各项费用分配和归集的程序和方法;完工产品和在产品之间的费用分配方法等。

(5)关于责任成本的制度。

(6)关于企业内部结算价格和内部结算办法的制度。

(7)关于成本报表的制度。

(8)其他有关成本会计的制度。

成本会计制度是开展成本会计工作的依据和行为规范,其是否科学、合理直接影响成本会计工作的成效。因此,制定成本会计制度,是一项复杂而细致的工作。在成本会计制度的制定过程中,有关人员不仅应熟悉国家有关法规、制度等的规定,而且应深入基层做广泛、深入的调查和研究工作,在反复试点、具备充分依据的基础上进行成本会计制度的制定工作。成本会计制度一经确定,就应认真贯彻执行。但随着时间的推移,实际情况往往会发生变化,若出现新的情况,应根据情况变化,对成本会计制度进行修订和完善,以保证成本会计制度的科学性和先进性。

思考题

1. 如何从会计学和经济学两个方面理解成本的概念?
2. 试述成本会计演进发展的历程和成本会计的学科定位。
3. 试述成本会计的对象和分类。
4. 如何理解成本会计的职业道德?
5. 工业企业成本会计制度一般包括哪几个方面的内容?

第二章 成本核算概述

学习目标

1. 了解成本核算的意义及其原则；
2. 理解成本核算的要求；
3. 掌握产品成本核算程序的两个方面的内容。

第一节 成本核算的意义和原则

一、成本核算的意义

产品成本是企业在生产某种产品过程中发生的各种费用总和。企业通过生产费用的汇集和分配，将生产费用在完工产品和在产品之间进行分配之后，即可计算出各种完工产品成本。

企业正确组织产品成本核算工作，具有非常重要的意义，主要表现在如下几个方面：

(1)通过成本核算，计算出产品实际成本，可以作为生产耗费的补偿尺度，也是确定企业盈利的依据；同时，产品实际成本又是有关部门制定产品价格和企业编制财务成本报表的依据。

(2)通过产品成本核算，反映和监督各项消耗定额及成本计划的执行情况，可以控制生产过程中人力、物力和财力的耗费，从而做到增产节约、增收节支。同时，利用成本核算资料，开展对比分析，还可以查明企业生产经营的成绩和缺点，从而采取措施，改善经营管理，促使企业进一步降低成本。

(3)通过在产品成本的核算，还可以反映和监督在产品占用资金的增减变动和结存情况，为加强在产品资金的管理、提高资金周转速度和节约有效地使用资金提供资料。

(4)通过产品成本的核算计算出的产品实际成本资料，可与产品的计划成本、定额成本或标准成本等指标进行对比，除可对产品成本升降的原因进行分析外，还可据此对产品的计划成本、定额成本或标准成本进行适当的修改，使其更加接近实际。

(5)通过成本核算取得的实际成本资料，是进行成本管理(包括成本预测、决策等)的重要数据,为企业管理部门及经营管理者服务。

二、成本核算的原则

企业由于生产类型的特点和管理要求等方面的不同,其成本核算也具有不同的特点。但是,对所有企业来说,成本核算提供的信息应具备相关、及时、准确的特征。相关是指成本核算数据必须满足使用者特定的信息需求;及时是指信息的反馈,能满足成本分析、成本决策和成本考核的需要,为及时制定措施、改进企业生产工作服务,否则过时信息就会失去其价值;准确是相对而言的,因为成本核算中有些因素是预计的,不同核算方法和分配方法求得的结果是不同的。所以,相对准确主要是指成本信息的质量是可靠的,没有人为的任意提高或降低成本。

成本核算提供的信息符合以上特征才能充分发挥其应有作用。为此,企业在进行成本核算时,应遵循以下成本核算的基本原则。这些原则是从成本核算实践中提炼和归纳出来,把感性认识上升到理性认识而逐渐形成的。它对于成本会计人员合理地、恰当地处理成本核算业务,提供相关、及时和准确的成本信息,具有重要指导作用。这些基本原则主要有:

(一)实际成本计价原则

实际成本计价也称历史成本计价,它包含三个方面的含义。第一,对生产所耗用的原材料、燃料和动力等费用,都是按实际成本计价。具体来说,原材料、燃料和动力在数量方面要按其实际耗用数量计算,其价格方面不一定必须采用实际价格,也可采用计划价格计价。但是在计入产品成本时,对计划价格同实际价格的差异要做调整,将其调整为实际成本。第二,对固定资产折旧必须按其原始价值和规定的使用年限计算。第三,对完工产品要按实际成本计价,但并不排除"库存商品"账户及其明细账也可按计划成本计价。对于实际成本与计划成本之间的差额,另设"产品成本差异"账户登记。按实际成本计价,能正确地计算企业当期的盈利水平,但是它也有局限性。当物价变动较大时,将使历史成本不能确切地反映资产的现值。为此应按国家的规定,根据物价变动的情况,对资产账面价值及损益进行适当的调整。

(二)成本分期原则

企业生产经营活动是连续不断进行的,为了计算一定期间所生产产品的成本,企业就必须将其生产经营活动划分为若干个相等的成本会计期间,分别计算各期产品的成本。成本核算的分期,必须与会计年度的分月、分季、分年相一致。这样有利于各项工作的开展。但需指出,成本核算的分期与产成品(完工产品)成本的计算期不一定一致,不论生产类型如何,成本核算中的费用归集、汇总和分配,都必须按月进行。至于完工产品的成本计算与生产类型有关,可以是定期的,也可以是不定期的。

(三)合法性原则

合法性原则是指计入成本的费用必须符合国家法律、法令和制度等的规定,不符合规定

的费用就不能计入成本。如目前制度规定,凡属于增加固定资产而发生的各项资本性支出,不能直接计入成本;购入无形资产的支出、对外投资支出、被没收的财物、各项罚款性质的支出等不能列入成本开支。又如,管理费用、财务费用和销售费用等作为期间费用处理,不能计入产品成本。

(四)重要性原则

在进行成本核算时,所采用的成本计算步骤、费用分配方法、成本计算方法等,都是根据每一企业的具体情况进行选择的。对于一些主要产品、主要费用,应采用比较复杂、详细的方法进行分配和计算,而对于一些次要的产品、费用,则可采用简化的方法,进行合并计算和分配,而不能不分主次。因此,按照重要性原则进行成本核算,既减轻了成本计算的工作量,也加快了成本核算的速度。

(五)一贯性原则

企业在进行成本计算时,一般应根据企业生产的特点和管理的要求,选择不同的成本计算方法进行成本计算。产品成本计算方法一经确定,没有特殊的情况,一般不应经常变动,以使计算出来的成本资料便于进行比较。如果因情况特殊确需改变原有的成本计算方法,应在有关的会计报告中加以说明,并对原成本计算单中的有关数字进行必要的调整。

(六)权责发生制原则

在进行成本核算时,应遵循权责发生制原则。权责发生制原则是以收入和支出是否在本期已经发生作为确认其应否算作本期的收入和支出的一种方法。权责发生制原则的基本内容是:凡是应计入本期的收入和支出,不论款项是否收到或已付出,都算作本期的收入或支出;凡是不应计入本期的收入和支出,即使款项已经收到或付出,也不算作本期的收入或支出。在成本核算时,对于已经发生的支出,如果其受益期不仅包括本期而且还包括以后各期,就应按其受益期分摊,不能全部列入本期;对于虽未发生的费用,但却应由本期负担的支出,则应先行预提计入本期费用中,待实际支出时,不再列入费用。

第二节　成本核算的要求

成本核算不仅是成本会计的基本任务,同时也是企业经营管理的重要组成部分。因此,为了充分发挥成本核算的作用,在成本核算工作中,应贯彻执行以下各项要求。

一、算管结合,算为管用

所谓“算管结合,算为管用”,就是成本核算应当与加强企业经营管理相结合,所提供的成本信息应当满足企业经营管理和决策的需要。为此,成本核算不仅要对各项费用支出进行事后的核算,提供事后的成本信息,而且必须以国家有关的法规、制度和企业成本计划及相应的消耗定额为依据，加强对各项费用支出的事前、事中的审核和控制，并及时进行信息反馈。也就是说，对于合法、合理、有利于发展生产提高经济效益的开支，要积极予以支持，否则就要坚决加以抵制。当时已经无法制止的，要追究责任，采取措施，防止以后再次发生；对于各项费用的发生情况，以及费用脱离定额（或计划）的差异进行日常的计算和分析，及时进行反馈；对于定额或计划不符合实际的情况，要按规定程序予以修订。

在成本核算中，既要防止片面追求简化，以致不能为管理提供所需资料的做法，也要防止为算而算，脱离管理实际需要的做法。成本核算应该做到分清主次，区别对待，主要从细，次要从简，简而有理，细而有用。

还需要指出的是，为了满足企业经营管理和决策的需要，成本核算不仅要按照国家有关法规、制度提供产品成本和各项期间费用的核算资料，还应当为不同的管理目的提供不同的管理成本信息，如变动成本信息与固定成本信息、作业成本信息、质量成本信息、环境成本信息等。

二、正确划分各种费用界限

为了正确地进行成本核算，正确地计算产品成本和期间费用，必须正确划分以下五个方面的费用界限。

（一）正确划分应否计入产品成本、期间费用的界限

工业企业的经济活动是多方面的，其支出的用途不尽相同。而不同用途的支出，其列支的项目应该不同。例如，企业购建固定资产的支出，应计入固定资产的成本；固定资产盘亏损失、固定资产报废清理净损失等应计入营业外支出。用于产品生产和销售、用于组织和管理生产经营活动，以及为筹集生产经营资金所发生的各种支出，即企业日常生产经营管理活动中的各种耗费，则应计入产品成本或期间费用。企业应按照国家有关成本开支范围的规定，正确地核算产品成本和期间费用。凡不属于企业日常生产经营方面的支出，均不得计入产品成本或期间费用，即不得多计成本；凡属于企业日常生产经营方面的支出，均应全部计入产品成本或期间费用，不得遗漏。多计成本，会减少企业利润和国家财政收入；少计成本，则会虚增利润，使企业成本得不到应有的补偿，从而影响企业生产经营活动的顺利进行。无论多计还是少计成本，都会造成成本不实，从而不利于企业的成本管理。因此，企业必须正确划分应否计入产品成本、期间费用的界限，防止多计成本和少计成本的错误做法。

（二）正确划分生产费用与期间费用的界限

工业企业日常生产经营中所发生的各项耗费，其用途和计入损益的时间是有所不同的。用于产品生产的费用形成产品成本，并在产品销售后作为产品销售成本计入企业损益；由于当月投产的产品不一定当月完工，当月完工的产品也不一定当月销售，因而当月的生产费用往往并不是应计当月损益的产品销售成本。而当月发生的销售费用、管理费用和财务费用，则是作为期间费用，直接计入当月损益。因此，为了正确计算产品成本和期间费用，正确计

算企业各月份的损益，必须正确地划分产品生产费用和各项期间费用的界限。应当防止混淆产品生产费用与期间费用的界限，借以调节各月产品成本和各月损益的错误做法。

（三）正确划分各月份的费用界限

为了按月分析和考核成本计划的执行情况和结果，正确计算各月损益，还必须正确划分各月份的费用界限。本月发生的费用，都应在本月全部入账，不能将其一部分延至下月入账。更重要的是，应该贯彻权责发生制原则，正确地核算跨期摊提费用，即待摊费用和预提费用。本月支付，但属于本月及以后各月受益的费用，应作为待摊费用，在各月间合理分摊计入成本（受益期限超过一年的费用，应记作长期待摊费用，在费用项目的受益期限内，分月摊入成本）。本月虽未支付，但本月已经受益，应由本月负担的费用，应作为预提费用，计入本月的成本。为了简化核算工作，对于数额较小的应跨期摊销和预提的费用，也可以将其全部计入支付月份的成本，而不作为待摊费用和预提费用处理。正确划分各月份的费用界限，是保证成本核算正确的重要环节，应当防止利用待摊和预提的办法人为地调节各月成本、人为地调节各月损益的错误做法。

（四）正确划分各种产品的费用界限

如果企业生产的产品不止一种，那么，为了正确计算各种产品的成本，正确分析和考核各种产品成本计划或定额成本的执行情况，必须将应计入本月产品成本的生产费用在各种产品之间进行正确的划分。凡属于某种产品单独发生，能够直接计入该种产品的费用，均应直接计入该种产品成本；凡属于几种产品共同发生，不能直接计入某种产品的费用，则应采用适当的分配方法，分配计入这几种产品的成本。应该防止在盈利产品与亏损产品之间、可比产品与不可比产品之间任意转移生产费用，借以掩盖成本超支或以盈补亏的错误做法。

（五）正确划分完工产品与在产品的费用界限

月末计算产品成本时，如果某种产品已全部完工，那么，这种产品的各项生产费用之和就是这种产品的完工产品成本；如果某种产品均未完工，那么，这种产品的各项生产费用之和，就是这种产品的月末在产品成本；如果某种产品既有完工产品，又有在产品，则应将这种产品的各项生产费用，采用适当的分配方法在完工产品与月末在产品之间进行分配，分别计算完工产品成本和月末在产品成本。应该防止任意提高或降低月末在产品成本，人为地调节完工产品成本的错误做法。

上述五个方面费用界限的划分过程，也就是产品成本的计算和各项期间费用的归集过程。在这一过程中，应贯彻受益原则，即何者受益何者负担费用，何时受益何时负担费用；负担费用的多少应与受益程度的大小成正比。

三、正确确定财产物资的计价和价值结转方法

工业企业的生产经营过程，同时也是各种劳动的耗费过程。在各种劳动耗费中，财产物资的耗费（即生产资料价值的转移）占有相当的比重。因此，这些财产物资计价和价值结转

方法是否恰当,会对成本计算的正确性产生重要的影响。企业财产物资计价和价值结转方法主要包括:固定资产原值的计算方法,折旧的计提方法、折旧率的选择;固定资产修理费用是否采用待摊或预提方法以及摊提期限的长短;固定资产与低值易耗品的划分标准;材料成本的组成内容,材料按实际成本进行核算时发出材料成本的计算方法,材料按计划成本进行核算时材料成本差异率的种类(个别差异率、分类差异率还是综合差异率,本月差异率还是上月差异率),采用分类差异率时材料类距的大小等;低值易耗品和包装物价值的摊销方法、摊销率的高低及摊销期限的长短等。为了正确地计算成本,对于各种财产物资的计价和价值的结转,都应采用既合理又简便的方法;国家有统一规定的,应采用国家统一规定的方法。各种方法一经确定,应保持相对稳定,不能随意改变,以保证成本信息的可比性。

四、做好各项基础工作

为了加强成本审核、控制,正确、及时地计算成本,企业应做好以下各项基础工作。

(一)做好定额的制定和修订工作

产品的各项消耗定额,既是编制成本计划、分析和考核成本水平的依据,也是审核和控制成本的标准;而且在计算产品成本时,往往要用产品的原材料和工时的定额消耗量或定额费用作为分配实际费用的标准。因此,为了加强生产管理和成本管理,企业必须建立和健全定额管理制度,凡是能够制定定额的各种消耗,都应该制定先进、合理、切实可行的消耗定额,并随着生产的发展、技术的进步、劳动生产率的提高,不断修订消耗定额,以充分发挥其应有的作用。

(二)建立和健全材料物资的计量、收发、领退和盘点制度

成本核算是以价值形式来核算企业生产经营管理中的各项费用的。但价值形式的核算是以实物计量为基础的。因此,为了进行成本管理,正确地计算成本,必须建立和健全材料物资的计量、收发、领退和盘点制度。凡是材料物资的收发、领退,在产品、半成品的内部转移,以及产成品的入库等,均应填制相应的凭证,办理审批手续,并严格进行计量和验收。库存的各种材料物资,车间的在产品、产成品均应按规定进行盘点。只有这样,才能保证账实相符,保证成本计算的正确性。

(三)建立和健全原始记录工作

原始记录是反映生产经营活动的原始资料,是进行成本预测、编制成本计划、进行成本核算、分析消耗定额和成本计划执行情况的依据。因此,工业企业对生产过程中材料的领用、动力与工时的耗费、费用的开支、废品的产生、在产品及半成品的内部转移、产品质量检验及产成品入库等,都要有真实的原始记录。成本核算人员要会同企业的计划统计、生产技术、劳动工资、产品物资供销等有关部门,认真制定既符合成本核算需要,又符合各方面管理需要,既科学又简便易行,讲求实效的原始记录制度;还要组织有关职工认真做好各种原始凭证的登记、传递、审核和保管工作,以便正确、及时地为成本核算和其他有关方面提供资料

和信息。

(四)做好企业内部计划价格的制定和修订工作

在计划管理基础较好的企业中,为了分清企业内部各单位的经济责任,便于分析和考核企业内部各单位成本计划的完成情况和管理业绩,以及加速和简化核算工作,应对原材料、半成品、企业内部各车间相互提供的劳务(如修理、运输等)制定内部计划价格,作为企业内部结算和考核的依据。内部计划价格要尽可能符合实际,保持相对稳定,一般在同一年度内保持不变。在制定了内部计划价格的企业中,各项原材料的耗用、半成品的转移,以及各车间与部门之间相互提供劳务等,都要首先按计划价格计算(这种按实际生产耗用量和计划价格计算的成本,称为计划价格成本)。月末计算产品实际成本时,再在计划价格成本的基础上,采用适当的方法计算各产品应负担的价格差异(如材料成本差异),将产品的计划价格成本调整为实际成本。这样,既可以加速和简化核算工作,又可以分清内部各单位的经济责任。

五、按照生产特点和管理要求,采用适当的成本计算方法

产品成本是在生产过程中形成的,产品的生产工艺过程和生产组织不同,所采用的产品成本计算方法也应该有所不同。计算产品成本是为了加强成本管理,因而还应该根据管理要求的不同,采用不同的产品成本计算方法。因此,企业只有按照产品生产特点和管理要求,选用适当的成本计算方法,才能正确、及时地计算产品成本,为成本管理提供有用的成本信息。

第三节　产品成本核算的程序

产品成本核算包括总分类核算和明细分类核算两个方面。

一、产品成本总分类核算的程序

(一)产品成本总分类核算使用的会计科目

通过设置总分类账户登记生产过程中发生的各种生产费用,以便提供各种产品成本总括资料的过程,称为产品成本的总分类核算。产品成本总分类核算应设置的会计科目主要有以下几种。

1."生产成本"科目

"生产成本"科目属于成本类科目,本科目核算企业进行工业性生产发生的各项生产费用,包括生产各种产品(包括产成品、自制半成品等),自制材料,自制工具,自制设备等。该科目的借方登记生产过程中发生的直接材料、直接人工等直接费用以及分配转入的制造费

用。该科目的贷方登记完工入库的产成品、自制半成品的实际成本以及分配转出的辅助生产费用。该科目的期末余额在借方,为尚未完工的各项在产品成本。“生产成本”科目应设置“基本生产成本”和“辅助生产成本”两个明细科目进行明细核算。在发生各项生产费用时,应按成本核算对象和成本项目分别归集。属于直接材料、直接人工等直接费用,直接记入“基本生产成本明细账”和“辅助生产成本明细账”中。属于企业辅助生产车间为生产产品提供的动力等费用,应在“辅助生产成本明细账”中先行归集,然后再分配转入“基本生产成本明细账”中。其他间接费用先在“制造费用”科目中归集,月末再按一定的分配方法,分配计入各有关的产品成本。企业的辅助生产车间为基本生产车间和行政管理等部门提供的产品和劳务,应于月末,按一定的标准分配给各受益对象,并从“辅助生产成本明细账”中转出。

2.“制造费用”科目

“制造费用”科目属于成本类科目,该科目核算企业生产车间、部门为生产产品和提供劳务而发生的各项间接费用。企业行政管理部门为组织和管理生产经营活动而发生的管理费用,在“管理费用”科目核算。该科目应当按照不同的生产车间、部门和费用项目进行明细核算。企业在发生制造费用时,应记入该科目的借方;制造费用应按企业成本核算办法的规定,分配计入有关的成本核算对象,记入该科目的贷方。除季节性生产或采用累计分配率法、计划分配率法分配制造费用的企业外,本科目月末应无余额。在大中型企业中,根据管理需要,可将“生产成本”科目分为“基本生产成本”和“辅助生产成本”两个明细科目。对于属于辅助生产车间的制造费用,可直接计入“生产成本——辅助生产成本”科目的借方,也可以仍然通过“制造费用”科目,再转入“生产成本——辅助生产成本”科目的借方。另外,在中小型企业中,如果业务比较简单,也可以将“生产成本”和“制造费用”两个科目合并为“生产费用”科目。

(二)产品成本总分类核算的程序

产品成本总分类核算的过程,实际上是完工产品和月末在产品成本的形成过程。通过产品成本的总分类核算,可以反映企业生产过程中发生的各种费用,以及这些费用的归集和分配的程序,最终计算出完工产品和在产品的成本。产品成本总分类核算的程序如下。

1. 要素费用的分配

根据生产过程中发生的各种要素费用,要根据其具体的发生地点和用途,编制各种要素费用分配表,据以编制记账凭证,记入各有关的成本、费用账户中。

2. 分配辅助生产车间的制造费用

若辅助生产车间生产多种产品或提供多种劳务,月末时,应将辅助生产车间归集于“制造费用明细账”中,采用一定的方法,在辅助生产车间各种产品或劳务中进行分配。

3. 分配辅助生产费用

由于辅助生产车间是为基本生产车间和行政管理等部门提供产品或劳务的，所以，辅助生产车间所发生的费用，应根据其提供的劳务数量、发生的费用和各部门耗用产品或劳务的数量，通过编制“辅助生产费用分配表”的方式分配。

4. 分配基本生产车间的制造费用

基本生产车间若生产多种产品，则应将归集于基本生产车间“制造费用明细账”中的金额，采用适当的分配方法，在该车间生产的各种产品当中通过编制“制造费用分配表”的方式进行分配。

5. 计算完工产品和在产品成本

通过上述1至4步骤计算和分配之后，企业所发生的用于产品生产的各种费用，都集中于“生产成本——基本生产成本”科目和各种“产品成本计算单”中。这时，应根据企业的具体情况，如在产品成本的大小、各种费用所占的比重、定额资料是否完整等，确定在产品的成本计算方法，计算出完工产品和在产品的成本，编制“完工产品成本计算表”。

二、产品成本明细分类核算的程序

产品成本的总分类核算，只能提供成本费用的总体情况，为了确定各种产品的实际成本，还应将各项生产费用按每种产品进行汇集和分配，并按成本项目予以归类。产品成本的明细分类核算，就是反映这些费用汇集和分配的详细情况。

产品成本明细分类核算的程序，根据成本核算体制的不同，可分为一级成本核算体制和两级成本核算体制。在选择时，一般是根据企业规模的大小、成本管理的要求及水平等条件进行。

（一）一级成本核算体制

在规模比较小的企业里，各生产车间的规模一般比较小，成本核算不需分车间、部门进行，一般实行一级成本核算体制。一级成本核算体制是指成本的核算工作完全集中在厂部财会部门进行的核算方式。

1. 一级成本核算体制下成本明细账的设置

实行一级成本核算体制时，企业应设置的明细账主要包括：

（1）“基本生产成本明细账”。为了反映企业为生产产品所消耗的直接材料、直接人工和其他各项费用，应在“生产成本”科目下设置“基本生产成本明细账”。“基本生产成本明细账”一般是按成本项目设置专栏的。“基本生产成本明细账”的格式见表2-1。

表 2－1　基本生产成本明细账

20××年×月　　　　单位:元

日期	凭证	摘要	直接材料	燃料和动力	直接人工	制造费用	合计
略	略	月初在产品成本	3 200	7 600	2 100	3 100	16 000
		分配材料费用	80 000				80 000
		分配工资费用			38 000		38 000
		分配辅助生产费用		110 000			110 000
		分配制造费用				48 760	48 760
		本月发生额合计	80 000	110 000	38 000	48 760	276 760
		生产费用累计	83 200	117 600	40 100	51 860	292 760
		结转完工产品成本	59 000	108 000	38 000	46 000	251 000
		月末在产品成本	24 200	9 600	2 100	5 860	41 760

(2)“产品成本计算单”。如果企业生产两种及两种以上的产品,为了计算各种产品的实际成本,还要在“基本生产成本明细账”下,按产品品种设置“产品成本明细账”,通常称为“产品成本计算单”。它的格式要根据成本核算的要求和所采用的成本核算方法来确定。“产品成本计算单”的一般格式见表 2－2。

表 2－2　产品成本计算单

产品名称:×产品　　　　20××年×月　　　　单位:元

<table>
<tr><th>日期</th><th>凭证</th><th colspan="2">摘要</th><th>直接材料</th><th>燃料和动力</th><th>直接人工</th><th>制造费用</th><th>合计</th></tr>
<tr><td>1</td><td></td><td colspan="2">月初在产品成本</td><td>2 000</td><td>4 275</td><td>1 625</td><td>1 250</td><td>9 150</td></tr>
<tr><td>31</td><td>略</td><td colspan="2">分配材料费用</td><td>50 000</td><td></td><td></td><td></td><td>50 000</td></tr>
<tr><td>31</td><td></td><td colspan="2">分配工资费用</td><td></td><td></td><td>22 000</td><td></td><td>22 000</td></tr>
<tr><td>31</td><td></td><td colspan="2">分配辅助生产费用</td><td></td><td>110 000</td><td></td><td></td><td>110 000</td></tr>
<tr><td>31</td><td></td><td colspan="2">分配制造费用</td><td></td><td></td><td></td><td>25 000</td><td>25 000</td></tr>
<tr><td></td><td></td><td colspan="2">本月发生额合计</td><td>50 000</td><td>110 000</td><td>22 000</td><td>25 000</td><td>207 000</td></tr>
<tr><td></td><td></td><td colspan="2">生产费用累计</td><td>52 000</td><td>114 275</td><td>23 625</td><td>26 250</td><td>216 150</td></tr>
<tr><td rowspan="3"></td><td rowspan="3"></td><td rowspan="3">产品产量</td><td>完工产品产量</td><td>150</td><td>150</td><td>150</td><td>150</td><td>—</td></tr>
<tr><td>在产品约当产量</td><td>50</td><td>25</td><td>25</td><td>25</td><td>—</td></tr>
<tr><td>合计</td><td>200</td><td>175</td><td>175</td><td>175</td><td>—</td></tr>
<tr><td></td><td colspan="3">单位成本</td><td>260</td><td>653</td><td>135</td><td>150</td><td>1 198</td></tr>
<tr><td></td><td></td><td colspan="2">结转完工产品成本</td><td>39 000</td><td>97 950</td><td>20 250</td><td>22 500</td><td>179 700</td></tr>
<tr><td></td><td></td><td colspan="2">月末在产品成本</td><td>13 000</td><td>16 325</td><td>3 375</td><td>3 750</td><td>36 450</td></tr>
</table>

(3)“辅助生产成本明细账”。企业辅助生产车间所发生的各项费用,一般应在“生产成本”科目下分别按照辅助生产车间和成本核算对象设置“辅助生产成本明细账”,并按规定的成本项目设置专栏,登记所发生的费用。“辅助生产成本明细账”的格式见表2-3。

表2-3　辅助生产成本明细账

车间:供电间　　　　20××年×月　　　　单位:元

日期	凭证	摘要	工资费用	办公费	电费	折旧费	劳动保护费	其他支出	合计	余额
略	略	分配外购电费			28 000				28 000	
		分配工资	27 000						27 000	
		折旧费				11 000			11 000	
		分配其他费用		9 800				42 000	51 800	
		劳保费用					500		500	
		合计	27 000	9 800	28 000	11 000	500	42 000	118 300	
		本月转出	27 000	9 800	28 000	11 000	500	42 000	118 300	—

(4)“制造费用明细账”。企业为生产产品和提供劳务而发生的制造费用,应设置“制造费用明细账”。“制造费用明细账”的格式,通常采用按费用明细项目分栏的多栏式明细账,其格式见表2-4。

表2-4　制造费用明细账

20××年×月　　　　单位:元

日期	凭证号	摘要	工资费用	办公费	机物料	水电费	折旧费	运输费	劳动保护费	其他支出	小计
略	略	分配材料费用			4 200						4 200
		分配工资费用	12 300								12 300
		折旧费					10 500				10 500
		分配其他费用		4 000		3 800		500	1 980	800	1 080
		分配辅助生产费用				10 780					10 780
		本月合计	12 300	4 000	4 200	14 580	10 500	500	198	800	48 860
		本月转出	12 300	4 000	4 200	14 580	10 500	500	198	800	48 860

在通常情况下,尽管企业采用一级成本核算体制,辅助生产制造费用明细账仍应按不同的车间、部门设置;基本生产制造费用明细账则不分车间设置。假若基本生产各车间制造费用分配率相差较大,也应分车间设置,以保证各产品成本计算的准确性。

2. 一级成本核算体制下企业生产成本明细核算的一般程序

实行一级成本核算体制时，生产成本明细核算的程序是：

(1)凡是用于生产产品的直接材料、直接人工等直接费用，应根据有关凭证或费用分配表记入“基本生产成本明细账”和所属的各种“产品成本计算单”。辅助生产车间所发生的费用，应根据有关凭证或费用分配表登记在“辅助生产成本明细账”上。至于企业为生产产品和提供劳务而发生的各种制造费用，则应根据有关凭证或费用分配表登记在“制造费用明细账”上。

(2)月末时，将辅助生产车间“制造费用明细账”上发生的制造费用进行归集，采用适当的方法，在辅助生产车间各种产品或劳务中进行分配。

(3)月末时，将“辅助生产成本明细账”上所登记的费用进行汇总，按提供劳务(或产品)的数量分配记入“基本生产成本明细账”、基本生产车间“制造费用明细账”和所设置的“管理费用明细账”当中。对于分配给基本生产车间用于生产产品的动力等费用，还应采用一定的标准，在各种产品之间进行分配，记入各种“产品成本计算单”中。

(4)月末时汇总基本生产车间“制造费用明细账”中所登记的费用额，采用适当的分配标准，编制“制造费用分配表”，分别记入“基本生产成本明细账”和各种“产品成本计算单”中。

(5)将各种“产品成本计算单”上所归集的费用进行汇总，对于既有完工产品，又有未完工产品的成本计算单，要采用适当的方法，计算完工产品和未完工产品的成本，并将已完工产品的成本汇总，记入“基本生产成本明细账”中，结转完工产品成本。

(6)根据各种“产品成本计算单”中所归集的完工产品成本资料，汇总编制“完工产品成本汇总计算表”，并据此编制记账凭证，作为产成品入库账务处理的依据。

(二)两级成本核算体制

在大中型企业，由于规模比较大，一般应分车间、部门进行成本核算。同时，成本管理上也要求提供各车间的成本资料。因此，在这样的企业里，应采取两级成本核算体制。所谓两级成本核算体制是指生产费用的核算由厂部和车间两级财会部门分别进行核算的方式。在实行两级成本核算的企业里，主要车间应配备专职成本核算员，计算各车间产品的制造成本，然后，由厂部财会部门进行汇总，计算全厂各种产品的总成本和单位成本。

1. 两级成本核算体制下成本明细账的设置

在两级成本核算体制下应对生产车间和厂部两级分别设置成本费用明细账，进行明细核算。

(1)生产车间成本费用明细账的设置。各基本生产车间应设置“基本生产成本明细账”和“制造费用明细账”。为了计算车间每种产品的成本，还应在“基本生产成本明细账”下，按产品品种设置“产品成本计算单”；各辅助生产车间应设置“辅助生产成本明细账”。各种

明细账的格式同一级成本核算体制下有关明细账的格式基本相同。

（2）厂部成本费用明细账的设置。厂部财会部门应设置“厂部基本生产成本明细账”“厂部辅助生产成本明细账”和“厂部制造费用明细账”等。在账中按车间分设专栏，用以控制生产车间生产费用的发生、内部结转和结余情况。为了汇总全厂完工产品的成本，还应设置“完工产品成本汇总计算单”。“厂部基本生产成本明细账”的格式见表2－5；“厂部辅助生产成本明细账”的格式见表2－6；“厂部制造费用明细账”的格式见表2－7；“厂部完工产品成本计算单”的格式见表2－8。

表2－5　厂部基本生产成本明细账

20××年×月　　单位：元

20××年		凭证号	摘要	一车间	二车间	合计
月	日					
9	1	略	月初在产品成本	20 000	14 000	34 000
10	31	略	分配直接材料费用	210 000	150 000	360 000
10	31	略	分配工资费用	32 000	29 000	61 000
10	31	略	分配制造费用	61 500	43 870	105 370
10	31	略	生产费用累计	323 500	236 870	560 370
10	31	略	结转完工产品成本	179 700	128 400	308 100
10	31	略	月末在产品成本	143 800	108 470	252 270

表2－6　厂部辅助生产成本明细账

20××年×月　　单位：元

20××年		凭证号	摘要	供水车间	供电车间	合计
月	日					
9	1	略	月初在产品成本	—	—	—
10	31	略	分配材料费用	95 000	28 000	123 000
10	31	略	分配工资费用	12 500	13 000	25 500
10	31	略	分配制造费用	27 090	21 430	48 520
10	31	略	生产费用累计	134 590	62 430	197 020
10	31	略	本月转出费用	134 590	62 430	197 020

表 2－7　厂部制造费用明细账

20××年×月　　单位:元

20××年		凭证号	摘要	一车间	二车间	供水车间	供电车间	合计
月	日							
10	31	略	分配工资费用	18 900	17 600	11 100	13 300	60 900
10	31	略	分配办公费用	3 200	990	850	780	5 820
10	31	略	分配材料费用	20 000	2 000	800	900	23 700
10	31	略	分配折旧费用	3 400	11 000	7 000	1 000	22 400
10	31	略	分配差旅费	9 000	6 000	5 000	3 000	23 000
10	31	略	分配低值易耗品	1 400	1 300	950	870	4 520
10	31	略	劳动保护费支出	2 200	1 980	890	980	6 050
10	31	略	其他支出	3 400	3 000	500	600	7 500
10	31	略	生产费用合计	61 500	43 870	27 090	21 430	153 890
10	31	略	本月转出	61 500	43 870	27 090	21 430	153 890

表 2－8　厂部完工产品成本计算单

20××年×月　　单位:元

成本项目	甲产品(产量 150 件)		乙产品(产量 120 件)		总成本
	总成本	单位成本	总成本	单位成本	
直接材料	136 950	913	98 400	820	235 350
直接人工	20 250	135	14 400	120	34 650
制造费用	22 500	150	15 600	130	38 100
成本合计	179 700	1 198	128 400	1 070	308 100

2. 两级成本核算体制下企业成本明细核算的程序

采用两级成本核算体制时,其成本明细核算程序如下。

(1)对于直接用于生产各种产品的直接材料、直接人工等直接费用,应按产品分别归集和分配,在直接记入各车间“基本生产成本明细账”和“产品成本计算单”的同时,还要记入“厂部基本生产成本明细账”;企业为生产产品和提供劳务而发生的各种间接费用,应按费用的用途或发生地点,在记入各车间“制造费用明细账”的同时,还要记入“厂部制造费用明细账”;辅助生产车间发生的费用,应根据有关凭证或费用分配表,在记入各车间“辅助生产成本明细账”的同时,还要记入“厂部辅助生产成本明细账”。

(2)月末时,将辅助生产车间发生的制造费用进行归集,采用适当的分配方法,在辅助生

产车间的各种产品或劳务之间进行分配。

(3)月末，将各辅助生产车间“辅助生产成本明细账”上所登记的费用进行汇总，根据各车间、部门耗用劳务(或产品)的数量，编制“辅助生产成本分配表”分配给各基本生产车间和行政管理等部门，并在“厂部基本生产成本明细账”和“厂部辅助生产成本明细账”中进行登记。分配给基本生产车间的辅助生产费用，要进行再分配。对于那些直接用于生产技术过程的动力费用，应记入基本生产车间的“基本生产成本明细账”和各种“产品成本计算单”中，其余部分记入“制造费用明细账”中。分配给行政管理部门的辅助生产费用，由财会部门记入“管理费用明细账”中。

(4)各基本生产车间要对本车间“制造费用明细账”中所归集的费用汇总，采用适当的方法进行分配，分别记入“基本生产成本明细账”和各种“产品成本计算单”中，并在“厂部基本生产成本明细账”“厂部制造费用明细账”中进行登记。

(5)经过以上处理后，在基本生产车间的“基本生产明细账”和各种“产品成本计算单”中，就归集了应由各种产品成本负担的全部费用。这时，应采用适当的方法，将生产费用在完工产品和在产品之间进行分配，计算出完工产品成本，并在“基本生产成本明细账”和“产品成本计算单”中结转；最后，由厂部财会部门汇总完工产品成本，记入“完工产品成本汇总计算表”中。

(6)根据“完工产品成本汇总计算表”，在厂部“基本生产成本明细账”中结转完工产品成本，进行完工产品的账务处理。

思考题

1. 成本核算的意义有哪些?
2. 成本核算的原则是什么?
3. 在成本核算中如何贯彻“管算结合，算为管用”的要求?
4. 正确计算产品成本应该正确划分哪些费用的界限，防止哪些错误的做法?
5. 一级成本核算体制下的成本核算程序包括哪些?
6. 两级成本核算体制下的成本核算程序包括哪些?

第三章 直接生产要素费用的归集和分配

学习目标

1. 了解生产要素费用分配的一般原则；
2. 熟练掌握各直接生产要素费用的归集和分配方法；
3. 熟练运用各直接生产要素费用归集和分配的计算方法进行成本核算。

第一节 生产要素费用分配概述

成本费用的归集和分配是成本核算程序中的一个重要步骤，其目的是准确及时核算成本对象的成本。成本归集是将生产过程中所发生的各种费用，按一定的对象，如各种产品、作业或各个车间部门等所进行的分类、汇总；分配则是指将归集的成本按照一定的标准分摊给各个成本对象。通过成本费用的归集和分配，可以分别求得各个对象的成本总额，为进一步计算各完工产品的成本提供依据。

一、生产要素费用的归集和分配概述

(1)对于基本生产车间直接用于产品生产，并且专设成本项目的各项费用，即专设成本项目的直接生产费用，如构成产品实体的原材料费用、产品生产工人的薪酬费用等，应记入“基本生产成本”科目，并直接记入或分配记入有关产品成本明细账的相关成本项目。也就是说，凡是能够根据原始凭证直接认定是某种产品消耗的费用，应直接记入该种产品成本明细账的相关成本项目；凡是几种产品共同耗用，不能直接确认为某种产品消耗数额的费用，则应采用适当的方法，在有关产品之间进行分配，根据分配结果登记有关产品的成本明细账的相关成本项目。

(2)对于基本生产车间直接用于产品生产，但没有专设成本项目的各项费用(如机器设备的折旧费用)以及间接用于产品的费用(如车间管理人员的薪酬费用)应先记入“制造费用”科目及其所属明细账有关的费用项目，然后通过一定的分配程序，转入或分配转入“基本生产成本”科目及其所属明细账的相关成本项目。

(3)对于用于辅助生产的费用，应视不同情况分别进行处理：①若辅助生产车间设有

“制造费用”明细账，则其费用的处理可以比照上述基本生产车间费用的处理办法进行；②若辅助生产车间未设“制造费用”明细账，则对于直接或间接用于辅助生产的各项费用，均记入“辅助生产成本”科目及其所属明细账的相关费用项目。对辅助生产费用应按照其用途，采用一定的方法进行分配。

（4）对于上述费用中的各项间接计入费用，应该选择适当的方法进行分配。分配方法适当，是指分配所依据的标准与分配对象有比较密切的联系，因而分配结果比较合理，而且分配标准的资料比较容易取得，计算比较简便。分配间接计入费用的标准主要有：①果类，如产品的重量、体积、产量、产值等；②消耗类，如生产工时、生产工资、机器工时、原材料消耗量或原材料费用等；③定额类，如定额消耗量、定额费用等。分配费用的计算公式可以概括为：

$$费用分配率 = \frac{待分配费用总额}{分配标准总额}$$

$$某分配对象应分配的费用 = 该对象的分配标准额 \times 费用分配率$$

（5）对企业经营管理过程中发生的用于产品销售的费用、行政管理部门的费用，以及为筹集生产经营所需资金等而发生的筹资费用等各项期间费用，不计入产品成本，而应分别记入“销售费用”“管理费用”“财务费用”的总账科目及其所属明细账的相关费用项目，然后转入“本年利润”科目，计入当期损益。

各项要素费用的分配是通过编制各种费用分配表进行的，根据分配表据以登记各种成本、费用科目及其所属明细账。

二、生产要素费用分配的一般原则

产品生产过程中发生的各项生产费用应采用一定的方法进行归集并分配计入产品成本中。费用要素的归集与分配的原则，应按照费用要素的用途和发生的地点，将各种费用要素区分为应计入产品成本的费用要素和不应计入产品成本的费用要素。对于应计入产品成本的各种费用要素，还应按其与产品的关系进行归集和分配。凡是专为某种产品所耗用，并能确认其负担数额的直接费用，应根据原始凭证采取直接计入的方法计入某种产品成本；凡是几种产品共同耗用，不能确认为某种产品所消耗的间接费用，则应先行归集，然后再采取适当的方法分配计入产品成本。因此，费用要素分配的一般原则可概括为：凡是属于直接费用的应直接计入产品成本，属于间接费用的经归集与分配后计入产品成本。在费用要素的分配中，应特别强调直接费用直接计入的问题。凡是能够确认为某种产品所发生的费用，都应尽量采取直接计入的方法。因为若采用一定的标准进行分配，其结果的准确性要差一些，进而影响产品成本的真实性。

在只生产一种产品的企业，应计入产品成本的全部费用，都是直接费用，应直接计入产品成本。

在生产多种产品的企业，应计入产品成本的费用要素，有的是为某种产品所耗用，有的是为几种产品共同耗用。这就要根据实际情况，按照上述费用要素分配的一般原则区别对待。对于能确定为某种产品所耗用的直接费用要直接计入;为几种产品共同耗用的间接费用,要采用一定的方法分配计入。

生产费用要素的归集与分配,是通过编制费用要素分配表来进行的。费用要素分配表的编制,应根据成本核算的体制、凭证的份数以及传递程序等具体条件的不同而有所区别。企业实行一级成本核算体制时,应由财会部门来编制,实行两级成本核算体制时,则是由各车间的成本会计人员来编制。费用要素分配表不论由谁来编制,其编制的要求和基本方法是一样的。财会部门和各车间或部门要合理分工互相配合,认真做好各项费用要素的汇集和分配工作,以便正确计算产品成本。

三、生产要素费用的分配程序

生产要素费用分配的一般程序如下:

(1)根据发生费用的原始凭证或原始凭证汇总表,编制费用分配表或费用汇总分配表,并编制记账凭证;

(2)根据原始凭证或记账凭证登记各种成本明细账;

(3)根据记账凭证登记成本类总账。

在以下各节中,将介绍一级成本核算体制下,各项要素费用的汇总和分配程序。

第二节 材料费用的归集和分配

材料是生产过程中的劳动对象。对于生产过程中发生的材料费用,应首先按其发生的地点和用途进行归集,然后再采用适当的方法进行分配。所以,材料费的核算,包括材料费的归集和分配两个方面。外购材料与企业自制等所取得的材料的分配方法是一样的。

一、材料费用的归集

材料费用的归集是进行材料分配的基础和前提。材料费用的归集主要包括如下几个方面的工作。

(一)材料费用归集的基础工作

材料费用归集的基础工作主要包括如下几个方面。

1. 收入材料成本的确定

正确地确定收入材料的成本,是正确计算产品成本中材料成本的前提。材料费用的计算,因企业对材料日常采用的计价方法的不同而有差别。在一般情况下,如果企业规模较小,材料的品种规格不多且收发不太频繁,材料可按实际成本计价;若企业规模较大,材料品种规格繁多且收发频繁,则材料应按计划成本计价。

2. 领用材料的原始凭证和材料费用的归集

企业生产过程中领用的材料品种、数量很多,为明确各单位的经济责任,便于分配材料费用,以及不断降低材料的消耗,在领用材料时,应办理必要的手续。在领料时,应由专人负责,并经有关人员签字审核后,才能办理领料手续。

领用材料时使用的原始凭证主要包括领料单、限额领料单和领料登记表等。应根据领用材料的具体情况,选择采用某一种领料凭证。

到了月末,将各种领料凭证按车间、部门进行汇总,就能计算出各车间、部门消耗材料的数量和金额,通过编制“材料费用分配表”即可进行材料费用分配的核算。

(二)消耗材料的计量

根据发出材料的有关凭证,可将材料费用列入有关的成本计算对象中。但对于库存材料的计量,则可采用永续盘存制和实地盘存制两种方法进行核算。

(三)发出材料成本的确定

在材料按计划成本计价的情况下,对于发出的材料,应计算发出材料应负担的材料成本差异,把发出材料的计划成本调整为实际成本。对于期末库存材料,应以实际成本反映在资产负债表上。采用实际成本进行材料日常核算的企业,发出材料的实际成本,可采用先进先出法、月末一次加权平均法、移动加权平均法或个别计价法等方法计算确定。对于不同的材料,可以采用不同的计价方法。材料计价方法一经确定,一般不应经常变动。

二、材料费用的分配

(一)材料费用的分配原则

材料费用的分配,是通过编制“材料费用分配表”的方式进行的。因此,各生产车间和部门的“材料费用分配表”应根据各种领料凭证中的记录编制。在按实际成本核算时,根据各种领料凭证中所登记的实际成本汇总编制“材料费用分配表”;在按计划成本核算时,除根据各种领料凭证中所登记的计划成本汇总外,还应根据材料成本差异率计算领用材料应负担的材料成本差异,计算发出材料的实际成本。但在“材料费用分配表”中,还应同时登记材料的计划成本和材料成本差异额,如果多种产品共同耗用某种材料,还应采用适当的方法在各种产品中进行分配,然后登记“材料费用分配表”,在各车间、部门“材料费用分配表”的基础上,汇总编制“材料费用汇总分配表”,据此进行材料费用分配的总分类核算。

不管材料是按实际成本核算还是按计划成本核算,对于发出材料的成本,一般是根据各种发料凭证编制“材料费用分配表”,根据“材料费用分配表”进行材料费用的分配。

在进行材料费分配时,应首先确定材料费用的分配对象。材料费用的分配对象应根据材料的具体用途确定。

1. 生产产品使用材料费用的分配

对于用于产品生产并构成产品主要实体或有助于产品形成的各种材料，其分配原则是直接材料费用直接计入，间接材料费用分配记入各成本计算对象的“直接材料”成本项目中。直接材料费用是指直接为生产某一种产品所耗用的材料，并能直接确定其归属对象，而间接材料费用是指几种产品共同耗用的某种材料，不能直接确定其归属对象，需采用简便合理的方法在几种产品中进行分配。分配方法的简便，是指作为分配标准的资料比较容易取得，并且应尽量采用单一标准，避免采用复合标准；分配方法的合理性，是指所采用的分配方法、分配标准，应同各个成本计算对象负担的费用成正比例的因果关系。例如，当分配铸铁件材料费用时，以铸铁件的重量、定额耗用量等作为分配标准就比较合理，若采用生产工时作为分配标准就不合适了。

2. 生产中一般消耗材料费用的分配

对于生产车间和行政管理部门一般耗用的材料，应分别记入“制造费用”和“管理费用”的相关项目中。在材料费用的分配中，对于直接用于生产各种产品的材料，如果数量较少，金额较小，根据重要性原则，可以采用简化的分配方法，即全部记入“制造费用”中，以省去一些复杂的计算分配工作。

3. 其他材料费用的分配

除了生产过程中使用的材料外，对于发出的其他用途的材料，应根据其发生的具体用途，分别记入“其他业务支出”“在建工程”等相关的会计科目中。

（二）材料费用的分配方法

1. 定额耗用量比例分配法

定额耗用量比例分配法是按各种产品原材料消耗定额比例分配材料费用的一种方法，它一般在各项材料消耗定额健全且比较准确的情况下采用，其计算公式如下：

$$\text{某产品材料定额耗用量}=\text{该产品实际产量}\times\text{该产品单位产品材料定额消耗量}$$

$$\text{材料定额耗用量分配率}=\frac{\text{材料实际总耗用量}}{\text{各种产品材料定额耗用量之和}}$$

$$\text{某产品应分配的实际材料数量}=\text{该产品材料定额耗用量}\times\text{材料定额耗用量分配率}$$

$$\text{某产品应分配的材料费用}=\text{该产品应分配的实际材料数量}\times\text{材料单价}$$

现举例说明按定额耗用量的比例分配材料费用的方法。

[例3－1]某企业生产甲、乙、丙三种产品，共耗用某种原材料1 530千克，每千克3.50元。甲产品实际产量为150件，单位产品材料定额耗用量为3千克；乙产品实际产量为100件，单位产品材料定额耗用量为1.50千克；丙产品实际产量为300件，单位产品材料定额耗用量为4千克，采用定额耗用量比例分配法分配材料费用的结果如下：

甲产品材料定额耗用量 = 150 × 3 = 450（千克）

乙产品材料定额耗用量 = 100 × 1.5 = 150（千克）

丙产品材料定额耗用量 = 300 × 4 = 1 200（千克）

$$材料定额耗用量分配率 = \frac{1\ 530}{450 + 150 + 1\ 200} = 0.85$$

甲产品应分配的材料实际数量 = 450 × 0.85 = 382.50（千克）

乙产品应分配的材料实际数量 = 150 × 0.85 = 127.50（千克）

丙产品应分配的材料实际数量 = 1 200 × 0.85 = 1 020（千克）

甲产品应分配的材料费用 = 382.50 × 3.50 = 1 338.75（元）

乙产品应分配的材料费用 = 127.50 × 3.50 = 446.25（元）

丙产品应分配的材料费用 = 1 020 × 3.50 = 3 570（元）

采用上述方法计算分配材料费用，不仅能计算出每种产品应分配的材料费用，而且还能计算出每种产品耗用材料的实际数量。这样，为考核材料消耗定额的执行情况提供了资料，有利于加强成本的核算和管理，但这样计算比较麻烦。为了简化材料费用的分配工作，对于不需要考核材料实际耗用量的企业，可采用按材料定额耗用量的比例直接分配材料费用的方法，其计算公式如下：

$$材料费用分配率 = \frac{材料实际总耗用量 \times 材料单价}{各种产品材料定额耗用量之和}$$

某产品应分配的材料费用 = 该产品材料定额耗用量 × 材料费用分配率

现仍以上例资料为基础，计算结果如下：

$$材料费用分配率 = \frac{1\ 530 \times 3.50}{450 + 150 + 1\ 200} = 2.975（元/千克）$$

甲产品应分配的材料费用 = 450 × 2.975 = 1 338.75（元）

乙产品应分配的材料费用 = 150 × 2.975 = 446.25（元）

丙产品应分配的材料费用 = 1 200 × 2.975 = 3 570（元）

上述两种计算方法结果相同，企业可根据自身的具体情况选择使用。

2. 产品重量比例分配法

产品重量比例分配法是按照各种产品的重量比例分配材料费用的一种方法。这种方法一般适用于产品所耗用材料的多少与产品重量有着直接联系的情况，其计算公式如下：

$$材料费用分配率 = \frac{材料实际总耗用量 \times 材料单价}{各种产品重量之和}$$

某产品应分配的材料费用 = 该产品的重量 × 材料费用分配率

现举例说明采用产品重量比例分配法的计算。

［例 3－2］某企业生产甲、乙两种产品，共同耗用 A 材料 30 400 千克，每千克 4.50 元。甲产品的重量为 12 000 千克，乙产品的重量为 26 000 千克，采用产品重量比例分配法分配材

料费用的结果如下：

$$\text{材料费用分配率}=\frac{30\ 400\times 4.50}{12\ 000+26\ 000}=3.6(\text{元/千克})$$

甲产品应分配的材料费用 = 12 000 × 3.6 = 43 200（元）

乙产品应分配的材料费用 = 26 000 × 3.6 = 93 600（元）

3. **产品产量比例分配法**

产品产量比例分配法是按产品的产量比例分配材料费用的一种方法。当产品的产量与其所耗用的材料多少有密切联系的情况下，可采用这种方法分配材料费用，其计算公式如下：

$$\text{材料费用分配率}=\frac{\text{材料实际总耗用量}\times\text{材料单价}}{\text{各种产品实际产量之和}}$$

某产品应分配的材料费用 = 该产品实际产量 × 材料费用分配率

现举例说明采用产品产量比例分配法分配材料费用的计算。

[**例** 3－3]某企业生产甲、乙两种产品，共耗用 B 材料 4 032 千克，每千克 6 元，甲产品实际产量为 1 800 件，乙产品实际产量为 2 400 件，采用产品产量比例分配法分配材料费用的结果如下：

$$\text{材料费用分配率}=\frac{4\ 032\times 6}{1\ 800+2\ 400}=5.76(\text{元/件})$$

甲产品应分配的材料费用 = 1 800 × 5.76 = 10 368（元）

乙产品应分配的材料费用 = 2 400 × 5.76 = 13 824（元）

4. **产品材料定额成本比例分配法**

产品材料定额成本比例分配法是按照产品材料定额成本分配材料费用的一种方法。它一般适用于几种产品共同耗用几种材料的情况，其计算公式如下：

某产品材料定额成本 = 该产品实际产量 × 单位产品材料定额成本

$$\text{材料定额成本分配率}=\frac{\text{各种产品实际材料费用总额}}{\text{各种产品材料定额成本之和}}$$

某产品应分配的材料费用 = 该产品材料定额成本 × 材料定额成本分配率

现举例说明采用产品材料定额成本比例分配法分配材料费用的计算。

[**例** 3－4]某企业生产甲、乙两种产品，耗用 A、B 两种材料。耗用 A 材料 591.50 千克，每千克 5 元；耗用 B 材料 4 500 千克，每千克 3.60 元。甲产品实际产量 200 件，单位产品材料定额成本为 20 元，乙产品实际产量 450 件，单位产品材料定额成本为 35 元，采用按产品材料定额成本比例分配法分配材料费用的结果如下：

甲产品材料定额成本 = 200 × 20 = 4 000（元）

乙产品材料定额成本 = 450 × 35 = 15 750（元）

$$材料定额成本分配率=\frac{591.50\times5+4\ 500\times3.60}{4\ 000+15\ 750}=0.97(元)$$

甲产品应分配的材料费用 $=4\ 000\times0.97=3\ 880$(元)

乙产品应分配的材料费用 $=15\ 750\times0.97=15\ 277.50$(元)

三、材料费用分配的账务处理

在实际工作中,材料费用的分配是采取编制“材料费用分配表”的方式进行的,根据“材料费用分配表”进行材料费用的分配。“材料费用分配表”可先按各生产车间和部门分别编制,然后,全厂合并编制一张“材料费用分配表汇总”。

现举例说明“材料费用分配表”的编制及根据“材料费用分配表”所进行的账务处理。

[例3-5]某企业有两个生产车间,一个基本生产车间,一个辅助生产车间,基本生产车间根据各种领料凭证编制的“材料费用分配表”见表3-1。

表3-1　基本生产车间材料费用分配表

20××年×月　　金额单位:元

分配对象	直接计入	分配计入			材料计划成本合计	材料成本差异额	材料的实际成本
		分配标准	分配率	金额			
甲产品	85 600	450		1 338.75	86 938.75	869.39	87 808.14
乙产品	10 000	150		446.25	10 446.25	104.46	10 550.71
丙产品	5 045	1 200		3 570	8 615	86.15	8 701.15
小计	100 645	1 800	2.975	5 355	106 000	1 060	107 060
制造费用	7 000	—	—	—	7 000	70	7 070
合计	107 645	—	—	5 355	113 000	1 130	114 130

辅助生产车间和管理部门的材料费用分配表略。编制的“材料费用分配汇总表”见表3-2。

表3-2　材料费用分配汇总表

20××年×月　　单位:元

分配对象	计划成本	差异额	实际成本
生产成本——基本生产成本	106 000	1 060	107 060
生产成本——辅助生产成本	24 000	240	24 240
制造费用——基本生产车间	7 000	70	7 070
制造费用——辅助生产车间	1 000	10	1 010
管理费用	3 500	35	3 535
合计	141 500	1 415	142 915

根据各车间、部门的“材料费用分配表”,可以登记生产成本明细账、产品成本计算单、制造费用明细账以及管理费用明细账等有关明细账。根据汇总编制的“材料费用分配汇总

表”,作为发料凭证汇总表,编制记账凭证据以记账。

本例中,根据“材料费用分配汇总表”作如下的会计分录:

借:生产成本——基本生产成本	106 000	
——辅助生产成本	24 000	
制造费用——基本生产车间	7 000	
——辅助生产车间	1 000	
管理费用	3 500	
贷:原材料		141 500

结转材料成本差异时,应作如下会计分录:

借:生产成本——基本生产成本	1 060	
——辅助生产成本	240	
制造费用——基本生产车间	70	
——辅助生产车间	10	
管理费用	35	
贷:材料成本差异		1 415

如果材料成本差异为节约差异,则应用红字作上述会计分录。

四、燃料费用的分配

生产过程中使用的燃料,实际上也属于材料。因此,其费用归集与分配的方法与材料费用的归集与分配方法大致相同。

对于生产产品使用的燃料,在燃料使用不多时,可不设置专门的成本项目,而将其列入“制造费用”成本项目中。若燃料耗用的数量较大,则应专门设置“燃料和动力”成本项目,归集生产中使用的燃料费用,以便于对其使用情况进行分析和考核。这时,对于直接用于产品生产的燃料,能分清是由哪种产品耗用的,则应根据有关的原始凭证,直接计入该产品的成本计算单中的“燃料和动力”成本项目中。若企业不设置“燃料和动力”成本项目,则应将其直接计入“制造费用”成本项目中。几种产品共同耗用而分不清哪种产品耗用的燃料费用时,则应采取适当的分配标准,在各种产品当中进行分配。采用的分配标准一般为产品的重量、体积、定额耗用量等。

对于辅助生产车间使用的燃料,应列入“辅助生产成本明细账”中。基本生产车间一般耗用的燃料,则应列入“制造费用明细账”中。管理部门使用的燃料,应列入“管理费用明细账”中。

五、低值易耗品摊销

低值易耗品是指企业能够多次使用,但不符合固定资产定义,不能作为固定资产核算的劳动资料,包括工具、管理用具、玻璃器皿以及在经营过程中周转使用的包装容器等。低值

易耗品的收入、发出、摊销和结存的核算,是通过设立"低值易耗品"总账科目及按其类别、品种、规格设置明细账进行的。低值易耗品的日常核算一般按照实际成本进行,在按计划成本进行核算时,还应在"材料成本差异"总账科目下设置"低值易耗品成本差异"二级科目。

低值易耗品的核算可分为在库和在用两个阶段。在库阶段核算与原材料核算相同。这里主要讲述低值易耗品在用及摊销的核算。在用低值易耗品是指车间、部门从仓库领用,直到报废以前整个使用过程中的低值易耗品。低值易耗品在使用中的实物状态基本不变,其价值应该采用适当的摊销方法计入产品成本或期间费用。但是,低值易耗品摊销额在产品成本中所占比重较小,又没有专设成本项目,因此,用于生产计入产品成本的低值易耗品摊销,应计入制造费用;用于组织和管理企业生产经营活动的低值易耗品摊销,应计入管理费用;用于产品销售的低值易耗品摊销,则应计入销售费用。

低值易耗品的摊销方法通常有一次摊销法、分次摊销法和五五摊销法。

(一)一次摊销法

一次摊销法,即一次转销法或一次计入法。采用这种方法领用时,将其全部价值一次计入当月(领用月份)产品成本、期间费用等,借记"制造费用""管理费用"等科目,贷记"低值易耗品"科目。报废时,将报废的低值易耗品的残料价值作为当月低值易耗品摊销额的减少,冲减有关的成本、费用,借记"原材料"等科目,贷记"制造费用""管理费用"等科目。

[例3-6]某公司基本生产车间领用的低值易耗品采用一次摊销法,某月该车间领用生产工具一批,其实际成本为600元;以前月份领用的另一批生产工具在本月报废,残料验收入库作价30元。

编制会计分录如下:

(1)领用生产工具时

借:制造费用 600

　贷:低值易耗品 600

(2)报废生产工具残料入库时

借:原材料 30

　贷:制造费用 30

一次摊销法的核算比较简便,但由于低值易耗品的使用期一般不止一个月,因而采用这种方法会使各月成本、费用负担不太合理,还会产生账外财产,不便于实行价值监督。这种方法一般适用于单位价值较低、使用期限较短、一次领用数量不多以及容易破损的低值易耗品。

(二)分次摊销法

分次摊销法是将低值易耗品的价值,根据其使用期限的长短,分月平均摊销的方法。在分次摊销法下,应在"低值易耗品"总账科目下分设"在库""在用"和"摊销"三个二级科目。

从仓库领出交使用部门时，借记“低值易耗品——在用”科目，贷记“低值易耗品——在库”科目。各月摊销其价值时，借记“制造费用”“管理费用”等科目，贷记“低值易耗品——摊销”科目。报废低值易耗品时，收回的残料价值可作为冲减有关费用处理，借记“原材料”科目，贷记“制造费用”“管理费用”等科目；同时注销其累计已摊销额，借记“低值易耗品——摊销”科目，贷记“低值易耗品——在用”科目。如果低值易耗品按计划成本进行日常核算，领用时按计划成本计价，月末，应调整分配所领用低值易耗品的成本差异。

[例3-7]某工业企业铸造车间1月领用专用模具一批，其实际成本为48 000元，该批低值易耗品在一年内按月平均摊销(即每月摊销额为48 000÷12=4 000元)；该年12月末该批低值易耗品报废残料入库，价值1 000元。

编制会计分录如下：

(1)领用时

	借方	贷方
借：低值易耗品——在用	48 000	
贷：低值易耗品——在库		48 000

(2)各月(1—12月)摊销低值易耗品价值时

	借方	贷方
借：制造费用	4 000	
贷：低值易耗品——摊销		4 000

(3)12月该批专用模具报废时

	借方	贷方
借：原材料	1 000	
贷：制造费用		1 000
借：低值易耗品——摊销	48 000	
贷：低值易耗品——在用		48 000

采用分次摊销法，各月成本、费用负担的低值易耗品摊销额比较合理，但核算工作量较大。这种方法一般适用于一些单位价值较高、使用期限较长而不易损坏的低值易耗品，如多次反复使用的专用工具等。

(三)五五摊销法

五五摊销法也称“五成法”，是指在领用低值易耗品时，摊销其价值的一半，报废时再摊销其价值的另一半。在这种方法下的低值易耗品二级科目的设置与分次摊销法下的相同。从仓库领出交使用部门时，借记“低值易耗品——在用”科目，贷记“低值易耗品——在库”科目；同时，按其价值的50%计算摊销额，借记“制造费用”“管理费用”等科目，贷记“低值易耗品——摊销”科目。低值易耗品报废时，按入库残料的价值，借记“原材料”科目，按报废低值易耗品原有价值的50%减去残值后的差额，借记“制造费用”“管理费用”等科目，按低值易耗品原有价值的50%，贷记“低值易耗品——摊销”科目。此外，还应将报废低值易耗品的价值及其累计摊销额注销，借记“低值易耗品——摊销”科目，贷记“低值易耗品——在用”科目。如果低值易耗品按计划成本进行日常核算，月末也要调整分配所领用低值易耗品

的计划成本，分配成本差异。

[例3-8]某企业行政管理部门领用管理用具，其计划成本2 800元；报废以前领用的另一批管理用具计划成本1 000元，回收残料计价50元。本月低值易耗品成本差异率为节约3%。

编制会计分录如下：

本月领用低值易耗品的会计分录：

(1)借：低值易耗品——在用　　2 800

　　贷：低值易耗品——在库　　2 800

(2)借：管理费用　　1 400

　　贷：低值易耗品——摊销　　1 400

本月报废以前领用低值易耗品的会计分录：

(1)借：原材料　　50

　　管理费用　　450

　　贷：低值易耗品——摊销　　500

(2)借：低值易耗品——摊销　　1 000

　　贷：低值易耗品——在用　　1 000

月末，调整分配本月所领用管理用具的成本节约差异的会计分录：

借：管理费用(2 800×3%)　　84

　贷：材料成本差异——低值易耗品成本差异　　84

从上述可知，在按计划成本进行低值易耗品日常核算的情况下，"低值易耗品"总账科目的月末余额，就是月末低值易耗品(包括在库和在用)按计划成本反映的摊余价值，再加上或减去"材料成本差异——低值易耗品成本差异"科目的余额，就是月末低值易耗品按实际成本反映的摊余价值。

低值易耗品采用五五摊销法的优点是能够对在用低值易耗品实行价值监督；各月成本、费用负担低值易耗品的摊销额比较合理。但其核算工作量比较大。因此，该种方法适用于各月领用和报废低值易耗品的数量比较均衡、各月摊销额相差不多的低值易耗品。

第三节　外购动力费用的归集和分配

外购动力费用是指企业从外部购买的各种动力，如电力、热力等所支付的费用。外购动力有的直接用于产品生产，如生产工艺用电力；有的间接用于产品生产，如生产单位(车间或分厂)照明用电力；有的则用于经营管理，如企业行政管理部门照明用电力和取暖等。外购动力费用的分配，在企业各车间、部门有计量仪器记录的情况下，应以仪器所示的耗用数量为分配标准进行费用的分配；在没有计量仪器的情况下，要按照一定的标准进行费用的分配。以电力费用为例，企业各车间、部门以及车间的产品动力用电和照明用电一般都分别装有电表，因此，它们之间电费的分配应以用电度数为依据进行分配，而车间的产品动力用电，一般不按产品分别安装电表，因而车间动力用电费用在各种产品之间一般按产品的生产工时比例、机器工时比例、定额耗电量比例或其他比例分配。

动力（以电力为例）费用分配的计算公式如下：

$$\text{电力费用分配率}=\frac{\text{电力费用总额}}{\text{各车间、部门动力和照明用电度数之和}}$$

$$\text{某车间、部门照明用电力费用}=\begin{matrix}\text{该车间、部门}\\\text{照明用电度数}\end{matrix}\times\begin{matrix}\text{电力费用}\\\text{分配率}\end{matrix}$$

$$\text{某车间动力用电力费用}=\text{该车间动力用电度数}\times\text{电力费用分配率}$$

$$\text{某车间动力用电力费用分配率}=\frac{\text{该车间动力用电力费用}}{\text{该车间各种产品生产工时（或机器工时）之和}}$$

$$\text{某产品分配动力用电力费用}=\begin{matrix}\text{该车间某产品生产}\\\text{工时（或机器工时）}\end{matrix}\times\begin{matrix}\text{该车间动力用}\\\text{电力费用分配率}\end{matrix}$$

直接用于产品生产的动力费用，应借记“基本生产成本”科目及所属产品成本明细账“直接燃料和动力”成本项目；直接用于辅助生产又单独设置“直接燃料和动力”成本项目的动力费用，借记“辅助生产成本”科目及所属明细账的“直接燃料和动力”成本项目；用于基本生产车间和辅助生产车间以及行政管理部门、销售部门的照明用电等，应分别借记“制造费用”“辅助生产成本”“管理费用”“销售费用”等科目及其所属明细账的有关项目；如果基本生产和辅助生产不单独设置“直接燃料和动力”成本项目，发生的动力费用应借记“制造费用”科目及其明细账的有关项目，贷记“应付账款”或“银行存款”科目。

［**例**3－9］某公司20××年×月耗电度数合计67 125度，金额26 850元，每度电0.4元。直接用于产品生产耗电42 750度，金额17 100元，没有分产品安装电表，规定按机器工时比例分配。甲产品机器工时为5 550小时，乙产品机器工时为3 000小时。该企业设有“直接燃料和动力”成本项目。

甲、乙产品动力费用分配计算如下：

$$\text{动力费用分配率}=\frac{17\ 100}{5\ 550+3\ 000}=2$$

$$\text{甲产品动力费用}=5\ 550\times2=11\ 100\text{（元）}$$

$$\text{乙产品动力费用}=3\ 000\times2=6\ 000\text{（元）}$$

外购动力费用分配是通过编制外购动力（电力）费用分配表进行的，根据该分配表编制会计分录，据以登记有关总账和明细账。某公司20××年×月的外购动力费用分配表详见表3－3。

表 3-3　外购动力费用分配表

20××年×月

应借科目		成本或费用项目	机器工时（分配率:2）	度数（分配率:0.4）	金额(元)
基本生产成本	甲产品	直接燃料和动力	5 550		11 100
	乙产品	直接燃料和动力	3 000		6 000
	小计		8 550	42 750	17 100
辅助生产成本	供水	直接燃料和动力		7 500	3 000
	运输	直接燃料和动力		5 000	2 000
	小计			12 500	5 000
制造费用	基本生产车间	水电费		5 625	2 250
	供水车间	水电费		3 750	1 500
	运输车间	水电费		2 500	1 000
	小计			11 875	4 750
管理费用		水电费		4 500	1 800
销售费用		水电费		1 500	600
合计		水电费		73 125	29 250

根据外购动力费用分配表编制的会计分录如下：

借：基本生产成本——甲产品　11 100
　　　　　　　　——乙产品　6 000
　　辅助生产成本——供水　3 000
　　　　　　　　——运输　2 000
　　制造费用——基本生产车间　2 250
　　　　　　——供水车间　1 500
　　　　　　——运输车间　1 000
　　管理费用　1 800
　　销售费用　600
　贷：应付账款（或银行存款）　29 250

第四节　职工薪酬费用的分配

直接人工费用是指在生产中对材料进行直接加工和制成产品所耗用人工的工资、奖金、津贴和补贴、职工福利费、非货币性福利、工会经费和职工教育经费、医疗保险费、养老保险费、失业保险费、工伤保险费、生育保险费及住房公积金等。加强人工费用的核算有利于准确衡量职工的劳动数量和质量,调动员工的生产积极性。同时,人工费用又是产品成本的重要组成部分,加强对人工费用的核算,对于不断降低产品成本、提高企业的经济效益,有着十分重要的意义。为正确计算和分配人工费用,企业必须做好人工费用的归集与分配等各项基础工作,包括收集考勤记录、产量和工时记录等原始记录。

一、工资费用的计算

工资费用的计算包括工资总额和相关支出两部分内容,以下主要说明工资总额的计算。

工资总额的计算包括计时工资、计件工资、奖金、津贴和补贴、加班加点工资、特殊情况下支付的工资等六个方面。

(一)计时工资的计算

计时工资是指按计时工资标准和工作时间支付给职工个人的劳动报酬。企业在计算职工计时工资时,可采用月薪制和日薪制两种方法。

1. 月薪制

月薪制是指按职工固定的月标准工资扣除缺勤工资计算其工资的一种方法。采用月薪制时,只要职工出满勤,不论该月份是多少天数,都可以得到固定的月标准工资。如果出现缺勤,则应从月标准工资中将缺勤工资予以扣除。其计算公式如下:

$$\text{应付计时工资} = \text{月标准工资} - \text{缺勤天数} \times \text{日工资}$$

在按小时计算缺勤时间时,上式可写成:

$$\text{应付计时工资} = \text{月标准工资} - \text{缺勤小时数} \times \frac{\text{日工资}}{\text{每班工作小时数}}$$

在上述计算公式中,月标准工资可从职工的工资卡片中记录的职工工资的数额取得,只要职工的标准工资不调整,该数字每个月份的金额都是相同的。缺勤天数或小时可从考勤记录中取得。日工资也称日工资率,指每位职工每日应得的平均工资额。日工资的计算方法有三种,其具体计算方法如下:

(1)按全年平均每月工作日数计算。按全年平均每月工作日数计算日工资,是用月标准工资除以全年平均每月工作日数计算的。其计算公式如下:

$$\text{日工资} = \frac{\text{月标准工资}}{\text{全年平均每月工作日数}}$$

$$全年平均每月工作日数 = \frac{全年工作日数}{全年月份数} = \frac{365 - 104 - 11}{12} = 20.83(天)$$

采用这种方法计算日工资，只要职工的月标准工资不变，计算出的各月份日工资都是相等的。由于星期天和节假日的工资不包括在日工资内，因此，星期天和节假日不付工资。当然，缺勤期间的星期天和节假日也不扣工资。

[例3－10]职工胡某月标准工资为900元，20××年×月份缺勤4天（缺勤期间有星期日2天），该月份有3天节日，8个休息日。其计时工资的计算结果如下：

$$日工资 = \frac{900}{20.83} = 43.21(元)$$

应付计时工资 $= 900 - 2 \times 43.21 = 813.58$（元）

在上述计算应付计时工资时，缺勤天数按2天计算，这是因为采用这种方法计算日工资时，缺勤期间若有星期天或节假日要照付工资，所以，在缺勤期间有星期天或节假日也不扣工资。

采用按全年平均每月工作日数计算日工资的优点是计算方法简单，由于全年平均每月工作日数是不变的，另外，职工的标准工资又不是经常变动的。所以，不需要每月计算每位职工的日工资。同时，由于星期天和节假日不计算工资，能够体现出按劳分配的原则。在此期间缺勤也不扣工资，比较容易理解。因此，这种方法在实际工作中得到了广泛的运用。

（2）按全年平均每月日历日数计算。按全年平均每月日历日数计算日工资，是根据月标准工资除全年平均每月日历日数计算的。其计算公式如下：

$$日工资 = \frac{月标准工资}{全年平均每月日历日数}$$

$$全年平均每月日历日数 = \frac{全年日历日数}{全年月份数} = \frac{365}{12} = 30(天)$$

采用这种方法计算日工资时，只要职工月标准工资不变，各月份日工资也是相等的。但由于日工资中包括有星期天和节假日的工资，即星期天和节假日也付工资，所以，缺勤期间若有星期天和节假日也按缺勤处理，照扣工资。

以例3－10为基础，计算职工胡某的应付计时工资的结果如下：

$$日工资 = \frac{900}{30} = 30(元)$$

应付计时工资 $= 900 - 4 \times 30 = 780$（元）

在本例计算应付计时工资时，缺勤天数按4天计算，这是因为采用这种方式计算日工资时，缺勤期间如果有节假日和星期天也扣工资。

采用按全年平均每月日历日数计算日工资的优点也是比较简便，由于职工的月标准工资不是经常变动，而且全年平均每月日历日数是固定不变的，所以，只要职工的月标准工资不调整，就不需要每月计算职工的日工资。但是由于星期天和节假日计算工资，因此，在星期天和节假日缺勤也扣工资，不便于向职工解释。因此，在实际工作中采用得不多。

(3)按当月满勤日数计算。按当月满勤日数计算日工资是根据月标准工资除以当月满勤日数计算的。其计算公式如下：

$$日工资=\frac{月标准工资}{当月满勤日数}$$

$$当月满勤日数=当月日历日数-当月星期日天数-当月节假日天数$$

采用这种方法计算时，由于每个月份的星期日、节假日天数不相同，所以，每个月份当月满勤日数也不相同。因此，在这种情况下，即使月标准工资不变，在各月份满勤日数不相同的情况下计算出来的各月份的标准工资也不一样。

以例3－10为基础，计算职工胡某的应付计时工资的结果如下：

当月满勤日数 $=31-8-3=20$（天）

日工资 $=\frac{900}{20}=45$（元）

应付计时工资 $=900-2\times45=810$（元）

在本例计算应付计时工资时，缺勤天数按2天计算，是由于在当月满勤日数中，不包括星期天和节假日，即星期天和节假日不计算工资，所以，缺勤期间有星期天和节假日也不扣工资。

采用按当月满勤日数计算日工资的方式的优点是可以准确地计算出每位职工的应付工资金额。但由于每月份的满勤日数不固定，所以，即使职工的月标准工资不变，也需每月计算每位职工的日工资，计算工作比较烦琐。因此，在实际工作中一般较少采用。

采用月薪制计算职工应付计时工资时，由于是采用缺勤扣款的方式进行的，所以，当职工出满勤时，就可以得到全额月标准工资。同时，在企业里，出满勤的职工人数较多，因此，计算起来比较简便。

2. 日薪制

日薪制是指按职工实际出勤日数和日工资计算其应付工资的一种方法，其计算公式如下：

$$应付计时工资=出勤日数\times日工资$$

上式中的日工资可按月薪制下计算日工资三种方法中的第一种方法计算。以例3－10为基础，日工资按全年平均每月工作日数计算。若采用日薪制，职工胡某应付计时工资的计算结果为：

应付计时工资 $=18\times43.21=777.78$（元）

采用日薪制计算职工应付计时工资，有利于正确计算生产工人的工资成本。但是由于每个月份实际工作天数不同、职工出勤的天数不同，所以，每个月份都需要计算，计算工作量较大。

（二）计件工资的计算

计件工资是指根据规定的计件单价和完成合格品数量计算支付的工资。在计算计件工

资时，对于由于材料缺陷等客观原因产生的废品，即料废，应照付计件工资；对于由于工人加工过失等原因而产生的废品，即工废，则不应支付计件工资。计件工资按照支付对象的不同，可分为个人计件工资与集体计件工资两种。

1. 个人计件工资的计算

当职工所从事的工作能分清每个人的经济责任时，可采取个人计件工资的方式。如果工人在月份内仅生产一种产品，其计件工资可按下式计算：

$$应付计件工资=(合格品数量+料废数量)\times计件单价$$

如果工人在月份内生产多种产品，且各种产品计件单价不同，则计件工资按下式计算：

$$应付计件工资=\sum[(某产品合格品数量+该产品料废数量)\times该产品计件单价]$$

上式中的计件单价可按下式计算：

$$计件单价(按产量定额计算)=\frac{某等级工人的工资标准(按日或小时计算)}{产量定额(按日或小时计算)}$$

或

$$\begin{matrix}计件单价\\(按定额工时计算)\end{matrix}=\begin{matrix}制造某种产品\\所需定额工时\end{matrix}\times\begin{matrix}制造该种产品所需某种\\等级工人的小时工资率\end{matrix}$$

[例3－11]职工周某×月份加工甲、乙两种产品，甲产品100件，乙产品85件。验收时发现甲产品料废5个，工废4个。该职工小时工资率为6元，制造甲产品定额工时为1小时，乙产品为2小时。要求：计算周某本月份应得计件工资。

甲产品计件单价＝1×6＝6（元）

乙产品计件单价＝2×6＝12（元）

应付计件工资＝（100－4）×6＋85×12＝1 596（元）

当职工在月份内生产多种计件单价不同的产品时，为简化核算手续，也可将各种产品的产量折合为定额工时，再乘以小时工资率计算，其计算公式如下：

$$应付计件工资=各种产品定额工时总额\times小时工资率$$

以例3－11为基础，计算结果如下：

各种产品定额工时之和＝（100－4）×1＋85×2＝266（小时）

应付计件工资＝266×6＝1 596（元）

2. 集体计件工资的计算

当工人集体从事某项工作且不易分清每个职工的经济责任时，可采取集体计件工资的方式。采用集体计件工资的方式时，应先按集体完成合格品数量乘以计件单价，计算出集体计件工资总额，然后，再采用一定的方法，将集体计件工资总额在集体成员内部进行分配。分配的主要方法有：

（1）按计件工资和计时工资的比例分配。按计件工资和计时工资的比例分配集体计件工资是指在计算计件工资分配率的基础上，按职工计时工资的比例分配计件工资的方法。

它主要适用于集体从事的工作对技术条件要求比较高，并且集体内职工工资等级差别较大的情况。其计算公式如下：

$$某职工应付计件工资=该职工应付计时工资\times计件工资分配率$$

$$某职工应付计时工资=该职工实际工作小时数\times小时工资率$$

$$计件工资分配率=\frac{集体应付计件工资总额}{集体职工应付计时工资之和}$$

$$集体应付计件工资总额=集体完成工作量总和\times计件单价$$

[例3-12]由4名等级不同的工人组成的小组，本月份完成合格品产量200件，计件单价每件18.48元。其余资料见表3-4。

集体应付计件工资 $=200\times18.48=3\ 696$（元）

计件工资分配率 $=\frac{3\ 696}{2\ 464}=1.5$（元/件）

则每位职工应付计件工资的计算结果见表3-4。

表3-4　计件工资分配表

20××年×月　　　　金额单位：元

姓名	等级	小时工资率	实际工作小时	计时工资	分配率	应付计件工资
吴某	4	4	168	672		1 008
郑某	3	3.6	160	576		864
隋某	2	3	152	456		684
胡某	6	5	152	760		1 140
合计	—	—	632	2 464	1.5	3 696

（2）按实际工作天数计算分配。按实际工作天数计算分配集体计件工资，是指将集体计件工资在集体内部平均分配的一种方法。它适用于集体所从事的工作对技术条件要求不高且集体内部职工工资等级差别不大的情况。其计算公式为：

$$每人每天应付计件工资=\frac{集体计件工资总额}{集体职工实际工作天数之和}$$

$$某职工应付计件工资=该职工实际工作天数\times每人每天应付计件工资$$

[例3-13]某单位4名职工本月份共装车皮30个，装一个车皮的计件工资为160元。甲、乙、丙、丁4名职工实际工作天数分别为21天、20天、20天、19天，则每人应付计件工资为：

每人每天应付计件工资 $=\frac{160\times30}{21+20+20+19}=60$（元）

甲应付计件工资 $=21\times60=1\ 260$（元）

乙应付计件工资 $=20\times60=1\ 200$（元）

丙应付计件工资 $=20\times60=1\ 200$（元）

丁应付计件工资 = 19 × 60 = 1140(元)

(三)奖金的计算

奖金是指对职工的超额劳动,在标准工资以外支付给职工的物质奖励性质的劳动报酬。奖金包括生产奖、节约奖、劳动竞赛奖以及其他奖金。奖金应根据国家的有关规定和企业内部的奖励标准进行计算。

(四)津贴和补贴的计算

津贴和补贴是指为了补偿职工特殊或额外的劳动消耗和其他特殊原因支付给职工的津贴,以及为了保证职工工资水平不受物价影响而支付给职工的物价补贴等。津贴和补贴应按国家规定的种类和标准计算。

(五)加班加点工资的计算

加班加点工资是指按规定支付给职工的加班工资和加点工资。加班加点工资应按日工资(或小时工资)乘以加班加点天数(或小时)及国家规定的支付标准(系数)计算。其计算公式如下:

应付加班加点工资 = 加班加点天数 × 日工资 × 规定的支付标准(系数)

在上式中,规定的支付标准(系数)是,在正常工作时间外加班加点应按标准工资的150%计算(系数为1.5),在星期天加班加点应按标准工资的200%计算(系数为2),在节假日加班加点应按标准工资的300%计算(系数为3)。

(六)特殊情况下支付的工资的计算

特殊情况下支付的工资是指根据国家法律法规和政策规定,因职工生病、工伤、产假、婚假、事假、探亲假等原因支付的工资。特殊情况下支付的工资应按国家规定的标准和考勤记录计算。其中,职工因病或非因公负伤连续医疗期间在6个月以内或超过6个月时,有不同的病假支付标准。因此,计算应付病假工资时,应按规定的比例计算。其计算公式为:

应付病假工资 = 病假天数 × 日工资 × 支付工资的百分比

例如,职工吴某本月份病假6天,吴某工龄为5年,日工资为56元。按规定病假工资为本人标准工资的80%,则吴某的病假工资为:

6 × 56 × 80% = 268.80(元)

上述各项目计算出来后,就是应付每位职工的工资,再扣除企业为职工代扣代缴的各种款项,其余额即为实发工资。应付工资和实发工资的计算公式为:

应付工资 = 应付计时工资 + 应付计件工资 + 奖金 + 津贴和补贴 + 加班加点工资 + 特殊情况下支付的工资

实发工资 = 应付工资 − 代扣款项

代扣款项是指企业从职工工资中扣除代为缴纳的各种款项,如代扣代缴的个人所得税、医疗保险、养老保险等费用。代扣款项应根据有关部门转来的扣款通知单等资料进行计算。

在实际工作中，应付工资、代扣款项及实发工资等，是通过编制“职工工资单”的形式进行的。“职工工资单”应按车间、部门进行编制，以便反映每个职工工资的详细情况，并作为企业与职工工资结算的原始记录。“职工工资单”的格式见表 3 -5。

表 3 -5　职工工资单

车间：第二车间生产工人　　20××年×月　　单位：元

职工姓名	月标准工资	日工资	缺勤		应付标准工资	奖金	津贴和补贴		加班加点工资	特殊情况下支付的工资		应付工资	医疗保险	养老保险	小计	实发金额
			天数	金额			岗位津贴	副食补贴		病假	探亲					
甲	1 046	50	2	100	946	500	200	80	300	—	—	2 026	80	210	290	1 736
乙	941.40	45	1	45	896.40	300	150	70	650	45	—	2 066.4	70	180	250	1 816.4
⋮																
合计	28 200	—	—	600	27 600	5 760	2 400	6 000	1 440	520	125	43 845	400	2 100	2 500	41 345

二、工资费用的分配

（一）工资费用分配的依据

企业按规定计算出每个职工的应付工资后，应在规定日期发放给每个职工。为反映企业同职工工资的结算情况，财务部门应根据各车间、部门的职工工资单，汇总编制“工资结算汇总表”作为应付职工工资的依据。“工资结算汇总表”的格式见表 3 -6。

表 3 -6　工资结算汇总表

20××年×月　　单位：元

部门		应付标准工资	奖金	津贴和补贴		加班加点工资	特殊情况下支付的工资		应付工资	代扣款项			实发工资
				岗位津贴	副食补贴		病假	探亲		医疗保险	养老保险	小计	
一车间	生产工人	63 200	13 000	2 600	14 000	3 000	2 400	250	98 450	1 200	3 200	4 400	94 050
	管理人员	15 000	3 500	—	300	—	250	—	19 050	100	640	740	18 310
二车间	生产工人	27 600	5 760	2 400	6 000	1 440	520	125	43 845	400	2 100	2 500	41 345
	管理人员	7 900	2 200	—	400	—	320	—	10 820	120	420	540	10 280
供电车间	生产工人	7 450	800	400	2 000	120	45	—	10 815	40	160	200	10 615
	管理人员	3 250	1 800	900	1 000	180	140	—	7 270	450	850	1 300	5 970
行政管理部门		10 320	8 000	—	2 000	—	400	—	20 720	600	480	1 080	19 640
工程部门		35 000	9 000	—	3 750	—	—	—	47 750	980	1 200	2 180	45 570
合计		169 720	44 060	6 300	29 450	4 740	4 075	375	258 720	3 890	9 050	12 940	245 780

(二)工资费用核算使用的会计科目

工资费用核算使用的会计科目为“应付职工薪酬”科目。该科目属于负债类科目,用来核算企业根据有关规定应付给职工的各种薪酬。外商投资企业按规定从净利润中提取的职工奖励及福利基金,也在本科目中核算。本科目应当按照“工资”“职工福利”“社会保险费”“住房公积金”“工会经费”“职工教育经费”“非货币性福利”“解除职工劳动关系补偿”“股份支付”等项目进行明细核算。

“应付职工薪酬”科目的贷方登记应发放给职工的薪酬金额。另外,因解除与职工的劳动关系给予的补偿,外商投资企业按规定从净利润中提取的职工奖励及福利基金也记入该科目的贷方。“应付职工薪酬”科目的借方登记企业按照有关规定向职工支付工资、奖金、津贴,以及从应付职工薪酬中扣还的各种款项等。企业向职工支付职工福利费,支付工会经费和职工教育经费用于工会运作和职工培训,按照国家有关规定缴纳社会保险费和住房公积金,因解除与职工的劳动关系所给予的补偿也记入该科目的借方。本科目期末贷方余额,反映企业应付职工薪酬的结余。

(三)工资费用的账务处理

工资费用应按其发生的地点和用途进行分配。对于生产车间直接从事产品生产的生产工人工资,应记入“生产成本”科目中的“直接人工”成本项目中;生产车间管理人员的工资,应记入“制造费用”科目;行政管理人员的工资,应记入“管理费用”科目中;固定资产大修理等工程人员的工资,应记入“在建工程”科目中;专设销售机构人员的工资,则应记入“销售费用”中。根据这一分配原则和“工资结算汇总表”提供的资料,即可编制“工资费用分配表”(见表3-7)。

表3-7　工资费用分配表

20××年×月　　　　单位:元

部门	工资总额	职工福利(5%)	医疗保险(10%)	基本养老保险(20%)	住房公积金(10%)	工会经费(2%)	职工教育经费(1.5%)	合计
一车间生产工人	98 450	4 922.50	9 845	19 690	9 845	1 969	1 476.75	146 198.25
二车间生产工人	43 845	2 192.25	4 384.50	8 769	4 384.50	876.90	657.68	65 109.83
一车间管理人员	19 050	952.50	1 905	3 810	1 905	381	285.75	28 289.25
二车间管理人员	10 820	541	1 082	2 164	1 082	216.40	162.30	16 067.70
供电车间生产工人	10 815	540.75	1 081.50	2 163	1 081.50	216.30	162.23	16 060.28
供电车间管理人员	7 270	363.50	727	1 454	727	145.40	109.05	10 795.95
行政管理部门人员	20 720	1 036	2 072	4 144	2 072	414.40	310.80	30 769.20
工程部门人员	47 750	2 387.50	4 775	9 550	4 775	955	716.25	70 908.75
合计	258 720	12 936	25 872	51 744	25 872	5 174.40	3 880.81	384 199.21

根据上述“工资费用分配表”,可编如下会计分录:

借:生产成本　　　　227 368.36
　制造费用　　　　55 152.90
　管理费用　　　　30 769.20
　在建工程　　　　70 908.75
　贷:应付职工薪酬——工资　　　　258 720
　　　　　　　——职工福利　　　　12 936
　　　　　　　——社会保险费　　　　77 616
　　　　　　　——住房公积金　　　　25 872
　　　　　　　——工会经费　　　　5 174.40
　　　　　　　——职工教育经费　　　　3 880.81

对于生产车间发生的直接人工费用在生产一种产品时,可将其全部列入该产品的成本中。如果生产几种产品,则应采用一定的方法分配计入各种产品成本中。直接人工费用的分配方法一般采用按实际工时或定额工时的比例进行分配。其计算公式如下:

$$直接人工费用分配率=\frac{直接人工总额}{各种产品实际(或定额)工时之和}$$

$$某产品应分配的直接人工=该产品实际(或定额)工时\times直接人工分配率$$

[例3-14]一车间生产工人工资(直接人工)146 198.25元是为生产甲、乙、丙三种产品发生的。共发生生产工时40 000小时,其中甲产品20 000小时,乙产品15 000小时,丙产品5 000小时,则每种产品应分配的工资费用可编制成"工资费用分配明细表"(见表3-8)。

表3-8　工资费用分配明细表

20××年×月

分配对象	分配标准	分配率	分配金额(元)
甲产品	20 000		73 099.13
乙产品	15 000		54 824.34
丙产品	5 000		18 724.78
合计	40 000	3.654 956 25	146 648.25

根据上述分配表,将工资费用分别记入各种产品成本计算单中的"直接人工"项目中。

第五节　固定资产折旧费用的归集和分配

一、固定资产折旧费的归集

折旧费的归集是通过编制各车间、部门"折旧计算明细表"而汇总编制全厂的"折旧计算汇总表"进行的。

各车间、部门"折旧计算明细表"应根据月初计提折旧固定资产的有关资料和确定的折旧计算方法编制。根据规定:月份内开始使用的固定资产,当月不提折旧,从下月起计提折

旧;月份内减少或者停用的固定资产,当月仍计提折旧,从下月起停止计提折旧。

除已经提足折旧仍继续使用的固定资产和按规定单独计价作为固定资产入账的土地不计提折旧外,其余所有固定资产均需要计提折旧。

现举例说明固定资产折旧费的核算方法。

[例3-15]某企业各车间、部门根据确定的固定资产折旧方法和计算折旧的有关规定,计算并编制"固定资产折旧计算明细表",其格式见表3-9。

根据各车间、部门编制的"固定资产折旧计算明细表",可汇总编制全厂的"固定资产折旧汇总计算表",其格式见表3-10。

表3-9　固定资产折旧计算明细表

车间:一车间　　20××年×月　　金额单位:元

固定资产类别	月折旧率(平均年限法)	上月折旧	上月增加固定资产原价	上月减少固定资产原价	应增、应减折旧额	本月折旧额
房屋	2‰	3 000	400 000	300 000	+200	3 200
机械设备	4.5‰	4 500	—	20 000	-90	4 410
传导设备	5.6‰	2 800	—	—	—	2 800
动力设备	6‰	1 680	—	—	—	1 680
专用设备	4‰	1 898	40 000	—	+160	2 058
合计	—	13 878	440 000	320 000	+270	14 148

表3-10　全厂固定资产折旧汇总计算表

20××年×月　　单位:元

部门	应借科目	本月折旧额
基本生产车间	制造费用	26 000
辅助生产车间	制造费用	8 800
行政管理部门	管理费用	1 200
销售部门	销售费用	500
合计	—	36 500

二、固定资产折旧费的分配

对于按规定计提的折旧费,应根据固定资产的使用地点和用途进行分配,分别列入不同的科目中。对于生产车间应提的折旧,应记入"制造费用"科目中;行政管理部门应提的折旧费,应记入"管理费用"科目中;租出固定资产应提的折旧费,应列入"其他业务支出"科目中;销售部门应提取的折旧费,应列入"销售费用"科目。根据上述原则,按"全厂固定资产折旧汇总计算表"中的数字,应作如下会计分录:

借:制造费用——基本生产车间　　26 000

　　　　　——辅助生产车间　　8 800

　　管理费用　　1 200

　　销售费用　　500

　贷:累计折旧　　36 500

第六节　其他费用

其他费用是指除上述各项费用以外的其他费用,包括差旅费、邮电费、保险费、劳动保护费、运输费、办公费、水电费、技术转让费、业务招待费等。这些费用有的是产品成本的组成部分,有的则是期间费用等的组成部分,即使是应计入产品成本的,也没有单独设立成本项目,因此,这些费用发生时,根据有关的付款凭证,按照费用的用途进行归类,分别借记"制造费用""辅助生产成本""管理费用""销售费用"等科目,贷记"银行存款"等科目。

[例3-16]某公司以银行存款支付应由6月负担的费用52 522元,其中,基本生产车间的劳保费28 422元,供水车间的劳保费4 000元,运输车间的劳保费4 000元,专设销售机构的广告费3 000元、办公费4 000元,企业行政管理部门的办公费9 000元,支付金融机构的手续费100元。

编制的会计分录如下:

借:制造费用——基本生产车间	28 422	
——供水车间	4 000	
——运输车间	4 000	
管理费用	9 000	
销售费用	7 000	
财务费用	100	
贷:银行存款		52 522

上述费用若其支出数额较大,受益期限较长,为了正确计算各月的成本、费用,应采用待摊或预提的方法进行处理,以体现权责发生制原则对成本核算的要求。

通过对上述各种要素费用的核算、分配,已经将这些费用按照用途分别借记有关总账科目及其所属明细科目,如记入"基本生产成本"科目借方的费用,同时也记入了其所属明细账的"直接材料""直接燃料和动力""直接人工"等成本项目。也就是说,在成本、费用核算中,已经划分了计入产品成本和期间费用与不计入产品成本和期间费用的界限;划分了应计入产品成本还是应计入期间费用的界限。

思考题

1. 生产要素费用分配的一般原则有哪些?
2. 材料费用分配的原则是什么?
3. 如何选择材料费用分配的方法?
4. 低值易耗品的摊销方法有哪些?其优缺点和适用范围如何?
5. 怎样计算员工薪酬费用?

第四章 间接生产要素费用的归集和分配

学习目标

1. 掌握各项要素费用、待摊费用和预提费用分配的方法以及账务处理过程；

2. 掌握辅助生产费用各种分配方法的适用情况及优缺点、具体应用，以及在不同方法下的账务处理过程；

3. 掌握制造费用的特点以及制造费用的各种分配方法；

4. 掌握可修复和不可修复废品损失的核算方法及账务处理过程；

5. 了解停工损失的会计核算过程。

第一节 跨期摊提费用的归集和分配

一、跨期摊提费用概述

跨期摊提费用是指费用的受益期不是或不限于其支付月份，而是跨越若干个月份，因此，需要在各受益月份之间进行摊销或预提的费用。

如前所述，为了正确划分各月份的费用界限，本月支付应由本月和以后各月负担的费用，应当按一定标准分配摊销，计入本月和以后各月；本月尚未支付但应由本月负担的费用，应当预提计入本月。也就是说，凡是受益期和支付期不一致的费用，原则上应采用待摊或预提的方法来处理，以体现权责发生制原则对成本、费用核算的要求。

跨期摊提费用可以分为待摊费用、预提费用以及长期待摊费用等。跨期摊提费用的核算可以视企业的具体情况进行。

(1) 如果企业某项跨期费用的数额很小，不进行逐期摊销或预提，对产品成本或期间费用的影响很小，那么为了简化核算起见，可以直接计入支付月份的成本或费用，而不再进行摊销或预提。

(2) 对于特别重要、需要单独反映的跨期摊提费用，可以按项单独设置科目进行核算，例如，一般来说，企业向金融机构借款的利息费用经常发生，且其在企业经营费用中所占的比重较大，所以重要性强，因此，企业应单独设置“应付利息”科目，对利息的预提和实际支付情况进行核算。

(3)对于相对比较重要的跨期费用可以设置"待摊费用"和"预提费用"科目集中加以核算,即在这两个总账科目下,按跨期费用的性质和用途设置明细科目进行明细核算。

(4)对于长期待摊费用,则可以设置"长期待摊费用"科目进行核算。下面分别讲解待摊费用和预提费用的归集和分配。与此同时,简要介绍长期待摊费用的核算。

二、待摊费用的归集和分配

待摊费用是指本期发生(支付)的,但应由本期和以后各期的产品成本或期间费用共同负担的、摊销期限在一年以内的各项费用。该种费用的特点是先支付、发生,后分期摊入成本、费用。待摊费用包括低值易耗品摊销、预付保险费、预付租入固定资产的租金、预付报刊订阅费,以及一次购买印花税票数额较大需要分月摊销的税金等。待摊费用由于受益期较长(在一年内),因此不应一次全部计入当月产品成本、费用,而应按照费用的受益期限分月摊销。待摊费用的受益期限有的可以明确肯定,有的则不能明确肯定,需要根据具体情况对受益期限正确地加以估计。

待摊费用的归集和分配如果通过"待摊费用"科目进行,则发生(支付)各项待摊费用时,借记该科目,同时贷记"银行存款"等科目;摊销的费用一般没有专设成本项目,按受益期摊销时,贷记该科目,按车间部门和费用用途分别借记"制造费用""辅助生产成本""销售费用""管理费用"等科目;期末为借方余额,表示已经发生(支付)但尚未摊销的费用,属于生产经营过程中占用的资金。"待摊费用"科目按费用的种类设置明细账进行明细核算,分别反映和监督各种待摊费用的发生和摊销情况。

[例4-1]假定某公司20××年7月开出转账支票,预付第二季度保险费27 000元,分3个月摊销。9月各车间、部门应分摊的摊销额为:基本生产车间4 000元,供水车间1 000元,运输车间2 000元,行政管理部门1 000元,专设销售机构1 000元。该企业预付的保险费通过"待摊费用"科目核算。待摊费用明细账及其分配表见表4-1和表4-2。

表4-1 待摊费用明细账

费用种类:保险费 单位:元

20××年		摘要	借方金额	贷方金额	余额	
月	日				借或贷	金额
7	5	预付第二季度保险费	27 000		借	27 000
7	30	根据待摊费用分配表摊销		9 000	借	18 000
8	31	根据待摊费用分配表摊销		9 000	借	9 000
9	30	根据待摊费用分配表摊销		9 000	平	0

表 4－2　待摊费用分配表

20××年9月　　　　单位：元

费用种类	应借科目	金额
保险费	制造费用——基本生产车间	4 000
保险费	制造费用——供水车间	1 000
保险费	制造费用——运输车间	2 000
保险费	管理费用	1 000
保险费	销售费用	1 000

编制会计分录如下：

(1)7 月 5 日预付保险费 27 000 元

借：待摊费用　　27 000

　贷：银行存款　　27 000

(2)7—9 月根据待摊费用分配表摊销待摊费用

借：制造费用——基本生产车间　　4 000

　　　　——供水车间　　1 000

　　　　——运输车间　　2 000

　管理费用　　1 000

　销售费用　　1 000

　贷：待摊费用　　9 000

长期待摊费用是指本期发生（支付）的，应在一年以上的期间分期摊销的各项费用，如以经营租赁方式租入的固定资产发生的改良支出等。

[例 4－2] 某公司 20××年 1 月以经营租赁方式租入一项固定资产为公司管理部门所用，同时为使该项固定资产能正常使用进行了改良工程，发生了改良支出 60 000 元。该项固定资产的租期为 4 年，改良后的耐用期为 5 年。

有关经济业务的会计分录如下：

(1)发生改良支出时

借：长期待摊费用——租入固定资产改良支出　　60 000

　贷：银行存款等　　60 000

(2)每月摊销改良支出时

每月应摊销额＝60 000÷(12×4)＝1 250（元）

借：管理费用　　1 250

　贷：长期待摊费用　　1 250

三、预提费用的归集和分配

预提费用是指预先计入成本、费用，在以后月份才实际支付的费用。预提费用是应付未付的费用，因此，它实质上是企业的一项负债。预提费用的预提期限应根据该费用的受益期限确定。预提费用总额和实际费用总额的差额，一般应在预提期末月份调整计入成本、费用。

如果预提费用通过“预提费用”科目核算，由于预提的各种费用一般没有专设成本项目，预提时按预提费用发生的车间、部门和用途贷记“预提费用”科目及其所属明细账，并分别借记“辅助生产成本”“制造费用”“管理费用”等科目及其所属明细账；实际支付时，借记“预提费用”科目及其所属明细账，贷记“银行存款”等科目；“预提费用”科目期末贷方余额为预提数额大于实际支付的数额，即已经预提而尚未支付的费用，期末借方余额为实际支付数额大于预提的数额，应视为待摊费用，在预提期末以前分月摊销。该科目按预提费用的种类进行明细核算，分别反映和监督各种预提费用的预提和支付情况。

[**例 4－3**]某公司为扩大经营规模，租入办公用房一套，根据合同，租金按季支付(每季末支付本季度的租金)，每季租金为 4 500 元，平均每月应预提房租 1 500 元，6 月实际支付第二季度的租金 4 500 元。预提费用明细账和分配表详见表 4－3 和表 4－4。

表 4－3　预提费用明细账

费用种类：房屋租金　　　　单位：元

20××年		摘要	借方金额	贷方金额	余额	
月	日				借或贷	金额
4		根据预提费用分配表		1 500	贷	1 500
5	31	根据预提费用分配表		1 500	贷	3 000
6	28	根据付款凭证	4 500		借	1 500
6	30	根据预提费用分配表		1 500	平	0
30						

表 4－4　预提费用分配表

20××年 6 月　　　　单位：元

费用种类	应借科目	金额
办公用房租金	管理费用	1 500

编制会计分录如下：

(1)4 月和 5 月预提时

借：管理费用　　1 500

　贷：预提费用　　1 500

(2)6 月预提及实际支付时

借：管理费用　　1 500

　贷：预提费用　　1 500

借：预提费用　　4 500

　贷：银行存款　　4 500

通过待摊费用和预提费用的核算，按照权责发生制原则和受益原则，正确划分各月的成本、费用界限。

第二节 辅助生产费用的归集和分配

一、辅助生产费用概述

辅助生产是指为基本生产车间、企业行政管理部门等单位服务而进行的产品生产和劳务供应，例如，水、电、气的供应，工具、模具、修理用备件的制造，以及机器设备的修理等。辅助生产提供的产品和劳务一般较少对外销售，主要为本企业服务。辅助生产产品和劳务成本的高低，会影响企业产品成本和期间费用的高低，因此，做好辅助生产费用的归集与分配对于企业节约费用、降低成本和正确及时地计算产品成本有着重要的意义。

二、辅助生产费用的归集

辅助生产费用的归集和分配是通过“辅助生产成本”或“生产成本——辅助生产成本”科目进行的。具体做法是按照车间以及产品或劳务的种类设置明细账，账内按照成本项目或费用项目设置专栏进行明细核算。

对于某些辅助生产车间规模较小、发生的间接生产费用较少、也不对外销售产品或提供劳务的企业，可以不单独设置“制造费用——辅助生产车间”明细账，直接记入“辅助生产成本”账户及其明细账的借方。否则，应先记入“制造费用——辅助生产车间”账户进行汇总，月末再按照一定标准分配记入各产品或劳务的“辅助生产成本”账户。

辅助生产成本明细账的格式见表4－5。

表4－5 辅助生产成本明细账

辅助车间：供水　　　　20××年×月　　　　单位：元

摘要	材料	燃料	职工薪酬	折旧费	修理费	其他	合计	转出	余额
领用材料	550						550		
领用燃料		600					600		
职工薪酬			220				220		
计提折旧				200			200		
支付修理费					135		135		
其他						55	55		
合计	550	600	220	200	135	55	1 760	1 760	0

三、辅助生产费用的分配方法

归集在"辅助生产成本"科目及其明细账的辅助生产费用,由于各辅助生产车间所提供的产品和劳务的种类不同,各种费用的结转和分配的程序也不一样。如果辅助生产车间是提供产品的,如制造工具、模具和修理用备件等所发生的费用,应在产品完工入库时从"辅助生产成本"科目的贷方转入"原材料"和"低值易耗品"科目的借方;如果辅助生产车间是提供劳务作业的,如水、电、气的提供以及运输和修理等所发生的费用,应在各受益单位之间按照所耗用数量或其他比例进行分配,再从"辅助生产成本"科目的贷方转入"基本生产成本""制造费用""管理费用""销售费用""在建工程"等科目的借方。

辅助生产提供的产品和劳务主要是为基本生产车间服务的,但在某些辅助生产车间之间也有相互提供产品和劳务的情况,例如,供电车间同时也为修理车间提供电力,修理车间也要为供电车间修理设备。因此在分配辅助生产费用时,应首先在各辅助生产车间之间进行费用的交互分配,然后对辅助生产车间以外的各受益单位分配费用。

辅助生产费用的分配方法通常有:直接分配法、顺序分配法、交互分配法、代数分配法和计划成本分配法等。

(一)直接分配法

直接分配法是指各辅助生产成本明细账中归集的费用总额,不必考虑各辅助生产车间之间相互提供的产品或劳务,直接分配给辅助生产部门以外的各受益对象。

其计算公式如下:

$$\text{某辅助生产费用的直接分配率}=\frac{\text{该辅助生产车间待分配费用总额}}{\text{该辅助生产车间对外提供的产品或劳务总量}}$$

$$\text{某受益部门应负担的辅助生产费用}=\begin{matrix}\text{该部门产品或}\\\text{劳务耗用量}\end{matrix}\times\begin{matrix}\text{该辅助生产}\\\text{费用的直接分配率}\end{matrix}$$

[例4-4]某企业有供电和供水两个辅助生产车间,主要为本企业基本生产车间和行政管理部门等提供服务,根据"辅助生产成本"明细账汇总的资料,供电、供水车间本月发生费用分别是18 600元和7 200元。两个辅助生产车间供应产品和劳务数量见表4-6。对辅助生产费用进行分配,并编制相关的会计分录。

表4-6 两个辅助生产车间供应产品和劳务数量

受益单位		耗电量(千瓦时)	耗水量(吨)
基本生产车间		25 000	8 500
辅助生产车间	供电		2 500
	供水	5 000	
行政管理部门		6 000	1 500
合计		36 000	12 500

根据上述资料采用直接分配法计算辅助生产费用如下：

供电车间费用分配率 = 18 600 ÷ (36 000 − 5 000) = 0.6(元/千瓦时)

基本生产车间应承担的电费 = 25 000 × 0.6 = 15 000(元)

行政管理部门应承担的电费 = 6 000 × 0.6 = 3 600(元)

供水车间费用分配率 = 7 200 ÷ (12 500 − 2 500) = 0.72(元/吨)

基本生产车间应承担的水费 = 8 500 × 0.72 = 6 120(元)

行政管理部门应承担的水费 = 1 500 × 0.72 = 1 080(元)

编制辅助生产费用分配表，见表4－7。

据此编制会计分录如下：

借：制造费用　　21 120

　　管理费用　　4 680

　贷：辅助生产成本——供电车间　　18 600

　　　　　　　　　——供水车间　　7 200

表4－7　辅助生产费用分配表(直接分配法)

20××年×月　　　　金额单位：元

项目		供电车间	供水车间	合计
待分配生产费用		18 600	7 200	25 800
供应辅助生产以外的劳务数量		31 000	10 000	
单位成本(分配率)		0.6	0.72	
基本生产车间	耗用数量	25 000	8 500	
	分配金额	15 000	6 120	21 120
行政管理部门	耗用数量	6 000	1 500	
	分配金额	3 600	1 080	4 680
分配金额合计		18 600	7 200	25 800

这种分配方法的优点是：不需要考虑辅助生产车间相互提供的产品或劳务，仅对外分配一次，工作量小，最为简便。但它只适用于辅助生产车间相互提供劳务不多，不进行费用的交互分配，对辅助生产成本和企业产品成本影响不大的情况。

(二)顺序分配法

顺序分配法是指各辅助生产车间之间的费用分配按照受益多少的顺序依次排列，受益少的排在前面，先将费用分配给排在后面的部门；受益多的排在后面，后将费用分配出去。其计算公式如下：

$$\text{某辅助生产车间的费用分配率}=\frac{\text{该辅助生产车间直接的费用}+\text{分配转入的费用}}{\text{该辅助生产车间向其他车间、部门提供产品或劳务的数量}}$$

$$\frac{\text{各受益单位应负担的}}{\text{辅助生产费用}} = \frac{\text{该受益单位耗用的}}{\text{产品或劳务数量}} \times \frac{\text{该辅助生产车间}}{\text{费用分配率}}$$

[**例4－5**]沿用例4－4的资料。按顺序分配法分配辅助生产费用，并编制相关的会计分录。

计算结果如下：

供电车间分配率＝18 600÷36 000

＝0.516 7(元/千瓦时)

供水车间分配率＝(7 200＋0.516 7×5 000)÷(12 500－2 500)

＝0.978 35(元/吨)

计算并编制辅助生产费用分配表，见表4－8。

表4－8　辅助生产费用分配表(顺序分配法)

20××年×月　　　　金额单位：元

辅助生产部门	耗用量	待分配费用	分配率	受益部门								分配金额合计
				供电车间		供水车间		基本生产车间		行政管理部门		
				受益量	金额	受益量	金额	受益量	金额	受益量	金额	
供电车间	36 000	18 600	0.516 7			5 000	2 583	25 000	12 917	6 000	3 100	18 600
供水车间	10 000	9 783	0.978 3					8 500	8 316	1 500	1 467	9 783
合计		28 383					2 583		21 233		4 567	28 383

据此编制会计分录如下：

(1)分配供电费用

借：辅助生产成本——供水车间　　2 583

　　基本生产成本　　12 917

　　管理费用　　3 100

　贷：辅助生产成本——供电车间　　18 600

(2)分配供水费用

借：基本生产成本　　8 316

　　管理费用　　1 467

　贷：辅助生产成本——供水车间　　9 783

顺序分配法的辅助生产费用分配表的下线呈梯形，因此又称梯形分配法。采用该种方法不需要进行交互分配，各辅助生产费用只分配一次。但是这种方法使得排列在先的辅助生产车间不负担排列在后的辅助生产车间的费用，导致辅助生产车间之间的交互分配不够充分，从而会使分配结果的正确性受到一定影响，也不利于调动排列在先的辅助生产车间降

低耗用产品或劳务的积极性。因此这种分配方法只适宜在各辅助生产车间或部门之间相互受益多少有明显差异，并且排列在先的辅助生产车间耗用排列在后的辅助生产车间费用较少的情况。

（三）交互分配法

交互分配法是指将各辅助生产车间的费用分两个阶段进行分配。第一阶段，将各辅助生产车间相互提供的产品或劳务数量，按交互分配前的单位成本，在辅助生产车间之间进行一次交互分配；第二阶段，将各辅助生产车间交互分配后的实际费用（即交互分配前的费用加上交互分配转入的费用，再减去交互分配转出的费用），按提供产品或劳务的数量和交互分配后的单位成本（即费用分配率），在辅助生产车间以外的各受益单位之间进行分配。

其计算公式如下：

$$\text{某辅助生产费用交互分配率}=\text{该辅助生产车间交互分配前待分配费用}\div\text{该辅助生产车间提供的产品或劳务总量}$$

$$\text{某辅助生产单位应负担的其他辅助生产费用}=\text{该辅助生产车间耗用其他辅助生产车间的产品或劳务量}\times\text{其他辅助生产费用分配率}$$

$$\text{交互分配后某辅助生产费用实际数额}=\text{该辅助生产车间交互分配前待分配费用}+\text{交互分配转入的费用}-\text{交互分配转出的费用}$$

$$\text{交互分配后某辅助生产费用对外分配率}=\text{交互分配后某辅助生产费用实际数额}\div\frac{\text{该辅助生产车间对辅助生产车间}}{\text{以外部门提供的产品或劳务总量}}$$

［例4－6］沿用例4－4的资料。用交互分配法分配辅助生产费用，并编制相关的会计分录。

计算结果如下：

供电车间交互分配率＝18 600÷36 000＝0.516 7（元/千瓦时）

供水车间交互分配率＝7 200÷12 500＝0.576（元/吨）

供电车间对外分配率＝17 457÷31 000＝0.563 1（元/千瓦时）

供水车间对外分配率＝8 343÷10 000＝0.834 3（元/吨）

计算并编制辅助生产费用分配表，见表4－9。

表4－9　辅助生产费用分配表（交互分配法）

20××年×月　　　　金额单位：元

项目	交互分配			对外分配		
	供电	供水	合计	供电	供水	合计
待分配辅助生产费用	18 600	7 200	25 800	17 457	8 343	25 800
产品或劳务供应量	36 000	12 500		31 000	10 000	
分配率	0.516 7	0.576		0.563 1	0.834 3	

续 表

项目			交互分配			对外分配		
			供电	供水	合计	供电	供水	合计
辅助生产车间	供电车间	耗用量		2 500				
		分配金额		1 440	1 440			
	供水车间	耗用量	5 000					
		分配金额	2 583		2 583			
基本生产车间		耗用量				25 000	8 500	
		分配金额				14 078	7 092	21 170
行政管理部门		耗用量				6 000	1 500	
		分配金额				3 379	1 251	4 630
分配金额合计			2 583	1 440	4 023	17 457	8 343	25 800

据此编制会计分录如下：

(1)交互分配

借：辅助生产成本——供电车间　1 440

——供水车间　2 583

贷：辅助生产成本——供电车间　2 583

——供水车间　1 440

(2)对外分配

借：基本生产成本　21 170

管理费用　4 630

贷：辅助生产成本——供电车间　17 457

——供水车间　8 343

采用交互分配法基本上反映辅助生产车间之间相互服务的关系，提高了分配结果的正确性，同时能促使各辅助生产车间降低相互间的消耗、加强经济核算，适用于辅助生产车间较多且相互之间提供劳务量较大的企业。但在此方法下，各种辅助生产费用都要计算两个分配率，进行两次分配，因而工作量有所增加。

(四)代数分配法

代数分配法是指在各辅助生产车间之间相互提供产品或劳务的情况下，运用代数中多元一次方程的原理，对辅助生产成本进行分配。首先，根据各辅助生产车间相互提供产品或劳务的数量建立多元一次方程组，求解得到各辅助生产车间产品或劳务的单位成本；然后，根据各受益单位(包括辅助生产车间内部和外部各单位)耗用产品或劳务的数量和单位成

本，计算分配辅助生产费用。

在建立多元一次方程组时，每个方程按如下公式建立：

某辅助生产车间直接发生的费用 + 该辅助生产车间耗用其他辅助生产车间产品或劳务的数量 × 其他辅助生产车间产品或劳务的单位成本 = 某辅助生产车间提供产品或劳务的数量 × 该产品或劳务的单位成本

[例 4－7]沿用例 4－4 的资料。假设供电车间单位成本为 x 元/千瓦时，供水车间单位成本为 y 元/吨。用代数分配法对辅助生产量用进行分配，并编制相关的会计分录。

用代数分配法建立方程组如下：

$$\begin{cases} 18\,600 + 2\,500y = 36\,000x \\ 7\,200 + 5\,000x = 12\,500y \end{cases}$$

解上述方程组得，

$$\begin{cases} x = 0.572\,6 \\ y = 0.805\,0 \end{cases}$$

计算并编制辅助生产费用分配表，见表 4－10。

据此编制会计分录如下：

借：辅助生产成本——供电车间	2 012.5
——供水车间	2 863
基本生产成本	21 157.5
管理费用	4 643.1
贷：辅助生产成本——供电车间	20 613.6
——供水车间	10 062.5

表 4－10　辅助生产费用分配表（代数分配法）

20××年×月　　　　金额单位：元

项目			供电	供水	金额合计
待分配辅助生产费用			18 600	7 200	25 800
产品或劳务供应量			36 000	12 500	
实际单位成本			0.572 6	0.805 0	
辅助生产车间	供电车间	耗用量		2 500	
		分配金额		2 012.5	2 012.5
	供水车间	耗用量	5 000		
		分配金额	2 863		2 863

续 表

项目		供电	供水	金额合计
基本生产车间	耗用量	25 000	8 500	
	分配金额	14 315	6 842.5	21 157.5
行政管理部门	耗用量	6 000	1 500	
	分配金额	3 435.6	1 207.5	4 643.1
分配金额合计		20 613.6	10 063	30 676.6

采用代数分配法计算辅助生产费用分配的结果最为准确，但在辅助生产车间较多的情况下，需要设置较多未知数，计算相对复杂，因而此方法一般适用于计算工作已经实现会计电算化或者辅助生产车间较少的企业。

(五)计划成本分配法

计划成本分配法是指将辅助生产车间生产的产品或劳务，按照计划单位成本计算、分配辅助生产费用的方法。辅助生产车间为各受益单位(包括其他辅助生产车间)提供的产品或劳务，一律按产品或劳务的实际耗用量和计划单位成本进行分配；辅助生产车间实际发生的费用，包括辅助生产交互分配转入的费用在内，与按计划单位成本分配转出的费用之间的差额，也就是辅助生产产品或劳务的成本差异，可以追加分配给辅助生产以外的各受益单位，为了简化计算工作，也可以全部记入“管理费用”科目。其计算公式如下：

$$\text{受益部门应分担的产品或劳务成本}=\begin{matrix}\text{耗用的产品或}\\\text{劳务的数量}\end{matrix}\times\begin{matrix}\text{该产品或劳务的}\\\text{计划单位成本}\end{matrix}$$

$$\text{某辅助生产车间的成本差异}=\begin{matrix}\text{该辅助生产车间的}\\\text{实际总成本}\end{matrix}-\begin{matrix}\text{该辅助生产车间的}\\\text{计划总成本}\end{matrix}$$

[例4-8]沿用例4-4的资料。采用计划成本分配法，又知该企业供电车间每千瓦时电的计划单位成本为0.6元，供水车间每吨水的计划单位成本为0.8元，计算分配辅助生产费用，并编制相关的会计分录。

分配结果见表4-11。

表4-11　辅助生产费用分配表(计划成本分配法)

20××年×月　　金额单位：元

项目	供电	供水	金额合计
待分配辅助生产费用	18 600	7 200	25 800
产品或劳务供应量	36 000	12 500	
计划单位成本	0.6	0.8	

续表

<table>
<tr><td colspan="3">项目</td><td>供电</td><td>供水</td><td>金额合计</td></tr>
<tr><td rowspan="4">辅助生产车间</td><td rowspan="2">供电车间</td><td>耗用量</td><td></td><td>2 500</td><td></td></tr>
<tr><td>分配金额</td><td></td><td>2 000</td><td>2 000</td></tr>
<tr><td rowspan="2">供水车间</td><td>耗用量</td><td>5 000</td><td></td><td></td></tr>
<tr><td>分配金额</td><td>3 000</td><td></td><td>3 000</td></tr>
<tr><td colspan="2" rowspan="2">基本生产车间</td><td>耗用量</td><td>25 000</td><td>8 500</td><td></td></tr>
<tr><td>分配金额</td><td>15 000</td><td>6 800</td><td>21 800</td></tr>
<tr><td colspan="2" rowspan="2">行政管理部门</td><td>耗用量</td><td>6 000</td><td>1 500</td><td></td></tr>
<tr><td>分配金额</td><td>3 600</td><td>1 200</td><td>4 800</td></tr>
<tr><td colspan="3">按计划成本分配合计</td><td>21 600</td><td>10 000</td><td>31 600</td></tr>
<tr><td colspan="3">辅助生产车间实际成本</td><td>20 600</td><td>15 500</td><td>36 100</td></tr>
<tr><td colspan="3">辅助生产车间成本差异</td><td>－1 000</td><td>5 500</td><td>4 500</td></tr>
</table>

据此编制会计分录如下：

(1)按计划成本分配费用

借：辅助生产成本——供电车间　　2 000

　　　　　　　　——供水车间　　3 000

基本生产成本　　21 800

管理费用　　4 800

　贷：辅助生产成本——供电车间　　21 600

　　　　　　　　　——供水车间　　10 000

(2)辅助生产成本差异计入管理费用

借：管理费用　　(1 000)

　贷：辅助生产成本——供电车间　　(1000)

借：管理费用　　5 500

　贷：辅助生产成本——供水车间　　5 500

采用计划成本分配法分配辅助生产费用时，由于辅助生产车间的产品或劳务的计划单位成本有现成的资料，因此只要有各受益单位耗用辅助生产车间的产品或劳务量资料，就可以进行分配，从而简化了分配的计算工作；而且，按照计划单位成本进行分配，排除了辅助生产实际费用的高低对各受益单位的影响，便于考核和分析各受益单位的经济责任，还能够反映辅助生产车间产品或劳务的实际成本与计划成本之间的差异。但是采用此方法要求辅助生产产品或劳务的计划单位成本较为准确，否则就会影响成本计算的正确性。

第三节 制造费用的归集和分配

一、制造费用概述

制造费用是指企业的各个生产单位为生产产品或提供劳务而发生的，应计入产品成本但没有专设成本项目的费用，是除直接材料和直接人工成本以外的其他制造成本。

制造费用具体包括以下内容：

(1)间接用于产品生产的费用，如机物料消耗，生产用房屋建筑物的折旧费、修理费、租赁费和保险费等，这些费用在制造费用中占大部分；

(2)直接用于产品生产但未专设成本项目的费用，如机器设备的折旧费、修理费、租赁费和保险费，以及未专设成本项目的生产工艺用的动力费用等；

(3)生产单位用于组织和管理生产的费用，如生产车间管理人员的职工薪酬、办公费、取暖费、差旅费等，这些费用虽然具有管理费用的性质，但由于生产车间是从事生产活动的单位，其管理费用和制造费用较难严格区分，因此为了简化核算工作，这些费用也作为制造费用核算。

二、制造费用的归集

制造费用的归集是通过“制造费用”总账及其明细账进行的。该账户属于集合分配账户，其借方反映企业一定时期内发生的全部制造费用，贷方反映制造费用的分配，月末一般无余额。

“制造费用”账户应分别按各生产单位设置制造费用明细账，账内按费用项目设置专栏，分别反映各生产单位的各项制造费用支出情况，有利于对各生产车间或分厂发生的制造费用进行监督和控制，以及分析和考核各生产车间或分厂制造费用预算的执行情况。应按其用途和发生地点进行归集，制造费用发生时，根据各种费用分配表以及有关费用凭证，借记“制造费用”科目及其相关明细科目，贷记“原材料”“应付职工薪酬”“银行存款”“累计折旧”等科目。通过“制造费用”账户的借方归集了一定时期生产单位为组织和管理生产而发生的各项费用之后，月末应全部分配转入“基本生产成本”账户，计入产品的制造成本，因此，该账户月末一般无余额。

三、制造费用的分配

为了正确计算产品的生产成本，必须合理地分配制造费用。由于各车间制造费用水平不同，因此制造费用应该按照各车间分别进行分配，而不得将各车间的制造费用统一在整个企业范围内分配。

在只生产一种产品的车间中，该车间的全部制造费用均属于直接计入费用，可以直接计入这种产品的生产成本；在生产多种产品的车间中，对于制造费用中的直接计入费用也应直接计入各种产品的生产成本，对于制造费用中的间接计入费用则应采用适当的方法，在各种产品之间进行分配。制造费用的分配方法一般有生产工时比例法、生产工人工资比例法、机器工时比例法和按年度计划分配率分配法等。分配方法一经确定，不应随意变更。

（一）生产工时比例法

生产工时比例法是按照各种产品所用生产工人工时的比例分配制造费用的一种方法。其计算公式如下：

$$制造费用分配率 = \frac{制造费用总额}{车间产品生产工时总额}$$

$$某种产品应分配的制造费用 = 该种产品生产工时 \times 制造费用分配率$$

按生产工时比例分配，可以用各种产品实际耗用的生产工时（实用工时），如果产品的工时定额比较准确，制造费用也可以按定额工时的比例分配。其计算公式如下：

$$制造费用分配率 = \frac{制造费用总额}{车间产品定额工时总额}$$

$$某种严品应分配的制造费用 = 该种产品定额工时 \times 制造费用分配率$$

［例4－9］某公司20××年×月基本生产车间发生的制造费用总额为236 000元，基本生产车间甲产品生产工时为12 500小时，乙产品生产工时为7 500小时。

制造费用计算分配如下：

$$制造费用分配率 = \frac{236\ 000}{12\ 500 + 7\ 500} = 11.8$$

甲产品应分配制造费用 $= 12\ 500 \times 11.8 = 147\ 500$（元）

乙产品应分配制造费用 $= 7\ 500 \times 11.8 = 88\ 500$（元）

按生产工时比例法编制制造费用分配表，详见表4－12。

表4－12　制造费用分配表

车间名称：基本生产车间　　　　单位：元

应借科目		生产工时（小时）	分配金额（分配率：11.8）
基本生产成本	甲产品	12 500	147 500
	乙产品	7 500	88 500
合计		20 000	236 000

根据制造费用分配表，编制会计分录如下：

借：基本生产成本——甲产品　　147 500

　　　　　　　　——乙产品　　88 500

　贷：制造费用　　236 000

按生产工时比例分配是较为常见的一种分配方法,它能将劳动生产率的高低与产品负担费用的多少联系起来,分配结果比较合理。由于生产工时是分配间接计入费用常用的分配标准之一,因此,必须正确组织好产品生产工时的记录和核算等基础工作,以保证生产工时的准确、可靠。

(二)生产工人工资比例法

生产工人工资比例法又称生产工资比例法,是以各种产品的生产工人工资的比例分配制造费用的一种方法。其计算公式如下:

$$\text{制造费用分配率}=\frac{\text{制造费用总额}}{\text{车间产品生产工人工资总额}}$$

$$\text{某种产品应分配的制造费用}=\text{该种产品生产工人工资}\times\text{制造费用分配率}$$

由于工资费用分配表中有现成的生产工人工资的资料,因此这种分配方法核算工作很简便。这种方法适用于各种产品生产的机械化程度大致相同的情况,否则会影响费用分配的合理性。例如,机械化程度低的产品,所用工资费用多,分配的制造费用也多;反之,机械化程度高的产品,所用工资费用少,分配的制造费用也少,会出现不合理的情况。该分配方法与生产工时比例法原理基本相同。如果生产工人的计时工资是按照生产工时比例分配的,按照生产工人工资比例分配制造费用,实际上就是按生产工时比例分配制造费用。

(三)机器工时比例法

机器工时比例法是按照各种产品所用机器设备运转时间的比例分配制造费用的一种方法。这种方法适用于机械化程度较高的车间,因为在这种车间中,机器折旧费用、维护费用等的多少与机器运转的时间有密切的联系。采用这种方法,必须组织好各种产品所耗用机器工时的记录工作,以保证工时的准确性。该方法的计算程序、原理与生产工时比例法基本相同。

为了提高分配结果的正确性,可以将机器设备划分为若干类别,按其类别归集和分配制造费用。也可以将制造费用按性质和用途分类,如分为与机器设备使用有关的费用和由于管理组织生产而发生的费用,分别采用适当的方法分配制造费用。

(四)按年度计划分配率分配法

按年度计划分配率分配法,是按照年度开始前确定的全年适用的计划分配率分配费用的方法。采用这种分配方法,不论各月实际发生的制造费用为多少,每月各种产品成本中的制造费用都按年度计划确定的计划分配率分配。年度内如果发现全年制造费用的实际数和产品的实际产量与计划数产生较大的差额,应及时调整计划分配率。其计算公式如下:

$$\text{年度计划分配率}=\frac{\text{年度制造费用计划总额}}{\text{年度各种产品计划产量的定额工时总额}}$$

$$\text{某月某产品制造费用}=\begin{matrix}\text{该月该种产品实际}\\\text{产量的定额工时数}\end{matrix}\times\begin{matrix}\text{年度计划}\\\text{分配率}\end{matrix}$$

[例4-10]某企业全年制造费用计划数为55 000元;全年各种产品的计划产量为:甲产品2 600件,乙产品2 250件;单件产品的工时定额为甲产品5小时,乙产品4小时。6月份实际产量为:甲产品240件,乙产品150件;本月实际发生制造费用4 900元。

(1)各种产品年度计划产量的定额工时。

甲产品年度计划产量的定额工时 = 2 600 × 5 = 13 000(小时)

乙产品年度计划产量的定额工时 = 2 250 × 4 = 9 000(小时)

(2)制造费用年度计划分配率。

$$制造费用年度计划分配率=\frac{55\ 000}{13\ 000+9\ 000}=2.5$$

(3)各种产品本月实际产量的定额工时。

甲产品本月实际产量的定额工时 = 240 × 5 = 1 200(小时)

乙产品本月实际产量的定额工时 = 150 × 4 = 600(小时)

(4)各种产品应分配的制造费用。

该月甲产品分配制造费用 = 1200 × 2.5 = 3 000(元)

该月乙产品分配制造费用 = 600 × 2.5 = 1 500(元)

该车间本月按计划分配率分配转出的制造费用 = 3 000 + 1 500 = 4 500(元)

(5)假定本例中"制造费用"科目6月初贷方余额为300元,则该月制造费用的实际发生额和分配转出额登记结果如图4-1所示。

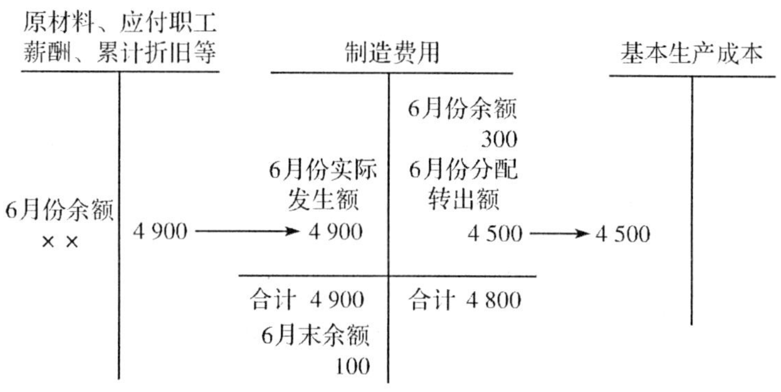

图4-1　科目记录示意图

采用按年度计划分配率分配法时,每月实际发生的制造费用与分配转出的制造费用金额不等。因此,"制造费用"科目一般有月末余额,可能是借方余额,也可能是贷方余额。如为借方余额,表示年度内累计实际发生的制造费用大于按计划分配率分配累计的转出额,是超过计划的预付费用,属于待摊费用;如为贷方余额,表示年度内按计划分配率分配累计的转出额大于累计的实际发生额,是按照计划应付未付费用,属于预提费用。"制造费用"科目的年末余额,就是全年制造费用的实际发生额与计划分配额的差额,一般应在年末调整计入12月份的产品成本。实际发生额大于计划分配额,借记"基本生产成本"科目,贷记"制造费用"科目;实际发生额小于计划分配额,则用红字冲减,或者借记"制造费用"科目,贷记"基本生产成本”科目。

这种分配方法核算工作简便,特别适用于季节性生产的车间,因为它不受淡季和旺季产量相差悬殊的影响,从而不会使各月单位产品成本中制造费用忽高忽低,便于进行成本分析。但是,采用这种分配方法要求计划工作水平较高,否则会影响产品成本计算的正确性。

无论采用哪种制造费用分配方法,都应根据分配计算的结果,编制制造费用分配表,据以进行制造费用的总分类核算和明细核算。制造费用分配后,除采用按年度计划分配率分配法的企业外,“制造费用”科目都没有月末余额。

第四节　生产损失的归集和分配

一、生产损失概述

生产损失是指在生产过程中由于原材料质量不符合要求、生产工人违规操作以及某些生产组织上的缺陷而引起的各种损失,主要包括废品损失和停工损失。若企业经常发生生产损失,并在产品成本中占较大比重,则生产损失需要单独进行核算,必要时可以设置“废品损失”和“停工损失”项目,在产品成本组合中单独列示。

二、废品损失的归集和分配

(一)废品的含义

生产中的废品是指不符合规定的技术标准,不能按照原定用途使用,或者需要加工修复后才能使用的在产品、半成品和产成品,包括生产过程中发现的废品和入库后发现的废品。

(二)废品的分类

废品按其产生原因可分为料废和工废两种,分清废品产生的原因有利于查明责任,贯彻经济责任制原则。料废是指由于材料质量、规格、性能不符合要求而产生的废品;工废是指在产品生产过程中,由于加工工艺技术、生产工人操作方法、技术水平等方面的缺陷而产生的废品。

废品按其报损程度和修复价值,又可以分为可修复废品和不可修复废品。可修复废品是指在技术、工艺上可以修复,而且所支付的修复费用在经济上合算的废品;不可修复废品是指在技术、工艺上不可修复,或者虽然在技术、工艺上可以修复但所支付的费用在经济上不合算的废品。

(三)废品损失的含义

废品损失是指在生产过程中发现的和入库后发现的各种废品的报废损失和修复费用。

废品的报废损失，是指不可修复废品的实际成本减去回收材料和废料价值后的净损失。废品的修复费用，是指可修复废品在返修过程中发生的修理费用。

经检验部门鉴定不需要返修而可以降价出售的不合格品，其成本与合格品相同；其售价低于合格品售价所发生的损失，应在计算销售损益中体现，不作废品损失处理；产品入库后由于保管不善等原因而损坏变质的损失，应作为管理费用处理，也不列作废品损失。对于实行包退、包修、包换的企业，在产品出售以后发现的废品所发生的一切损失，应作为管理费用处理，也不作为废品损失。

（四）废品损失的核算

为了单独核算废品损失，企业可以设置“废品损失”科目，废品损失的归集与分配应根据废品损失计算表和分配表等有关凭证，通过该科目进行。“废品损失”科目应按车间设置明细账，账内按产品品种和成本项目登记废品损失的详细资料。该科目的借方归集不可修复废品的生产成本和可修复废品的修复费用，对于不可修复废品的已耗成本应根据废品成本计算单，借记“废品损失”科目，贷记“原材料”“应付职工薪酬”“辅助生产成本”和“制造费用”等科目；贷方归集可修复废品和不可修复废品回收的残值，应向责任人索赔的数额和应由本月生产的同种合格产品成本负担的废品损失，即从贷方转至“原材料”“其他应收款”和“基本生产成本”等科目。经过上述归集和分配，该科目月末没有余额。

1. 可修复废品损失

可修复废品损失，是指对于可修复的废品在修复过程中所发生的各项修复费用扣除回收残值之后的净损失。可修复的废品在修复后仍可当作合格品入库待售，因此，可修复废品返修以前发生的生产费用仍应留在该产品的各成本项目中，不必转出。返修时发生的修复费用，应根据原材料、职工薪酬、辅助生产费用和制造费用等分配表资料，记入“废品损失”科目的借方以及有关科目的贷方；残值和应收责任人的赔款，应根据废料交库凭证及其他有关结算凭证，从“废品损失”科目的贷方转入“原材料”“其他应收款”等科目的借方，再将废品净损失（即修复费用减去残值和赔款）从“废品损失”科目的贷方转入“基本生产成本”科目的借方及其相关明细账的“废品损失”成本项目。

［例 4－11］某企业生产甲产品，某月完工产品 2 000 件，入库检验时发现可修复废品 50 件，为修复这些废品共耗用直接材料成本 1 800 元，动力费用 400 元，实际耗用工时 80 小时，小时人工费用分配率为 7.5 元，应负担制造费用 1 400 元。计算修复费用，并进行会计处理。

计算结果如下：

修复费用＝1 800＋400＋80×7.5＋1 400＝4 200（元）

据此登记废品损失明细账，见表 4－13。

表 4 – 13　废品损失明细账

产品名称:甲产品　　20××年×月　　单位:元

月	日	摘要	成本项目			合计
			直接材料	直接人工	制造费用	
		领用原材料	1 800			1 800
		外购动力消耗	400			400
		职工薪酬		600		600
		制造费用分配			1 400	1 400
		合计	2 200	600	1 400	4 200

据此编制会计分录如下:

借:废品损失——甲产品　4 200

　贷:原材料　1 800

　　应付账款　400

　　应付职工薪酬　600

　　制造费用　1 400

2. 不可修复废品损失

不可修复废品损失,是指不可修复废品的生产成本,扣除回收的残料价值和应收赔款以后的净损失。不可修复废品的成本与同种合格产品成本是同时发生的,并已归集记入该种产品的生产成本明细账。废品损失通常只计入本月完工产品成本。未设置"废品损失"账户和成本项目的企业也可以将所发生的废品损失直接在"基本生产成本"账户相应的项目中进行核算。

由于不可修复废品的成本与合格产品的成本是归集在一起同时发生的,因此需要采取一定的方法予以确定。一般既可以按实际成本计算,也可以按定额成本计算。

(1)按实际成本计算。按废品所耗用的实际费用计算废品成本,是指按成本项目将实际发生的生产费用在合格品与废品之间进行分配,计算出废品的实际成本,从"基本生产成本"科目贷方转入"废品损失"科目的借方。其计算公式为:

$$材料/工资/制造费用分配率=\frac{某产品直接材料/直接人工/制造费用成本总额}{合格品数量+废品数量}$$

$$废品应负担的材料/工资/制造费用=材料/工资/制造费用分配率\times废品数量$$

$$废品成本=\begin{matrix}废品应负担的\\材料费用\end{matrix}+\begin{matrix}废品应负担的\\工资费用\end{matrix}+\begin{matrix}废品应负担的\\制造费用\end{matrix}$$

[例 4 – 12]某企业生产甲产品 5 000 件,总成本 448 800 元,其中包括直接材料成本 250 000元,直接人工成本 124 250 元,制造费用 74 550 元。完工后发现不可修复废品 100

件,废品残值200元。计算废品损失。

计算结果如下:

废品应负担的材料费用 = 250 000 ÷ 5 000 × 100 = 5 000(元)

废品应负担的工资费用 = 124 250 ÷ 5 000 × 100 = 2 485(元)

废品应负担的制造费用 = 74 550 ÷ 5 000 × 100 = 1 491(元)

不可修复废品净损失 = 5 000 + 2 485 + 1 491 − 200 = 8 776(元)

如果本例中的不可修复废品不是在完工后而是在加工到某个阶段时发现的,则需要根据完工进度计算废品的约当产量。如果材料在生产开始时已经一次性投入,那么废品耗用材料与完工合格产品是相同的;假如加工进度为70%,100件不可修复废品所耗用的直接人工和制造费用就相当于70件完工合格产品,因此废品损失重新计算如下:

废品应负担的材料费用 = 250 000 ÷ 5 000 × 100 = 5 000(元)

废品应负担的工资费用 = 124 250 ÷ (4 900 + 70) × 70 = 1 750(元)

废品应负担的制造费用 = 74 550 ÷ (4 900 + 70) × 70 = 1050(元)

不可修复废品净损失 = 5 000 + 1750 + 1050 − 200 = 7 600(元)

按实际成本计算和分配不可修复废品损失,比较符合实际。但核算的工作量较大,且须等"基本生产成本"实际生产费用汇总以后才能计算、结转废品的实际成本。

(2)按定额成本计算。按定额成本计算废品损失,就是按不可修复废品的数量和各项费用定额计算废品的定额成本,再将废品的定额成本扣除回收的残料价值和应收赔款计算出废品损失,而不考虑废品实际发生的费用。一般适用于成本计划资料比较完整、准确的情况。

[例4−13]某企业生产甲产品,验收入库时发现不可修复废品100件。甲产品的直接材料费用单位定额为20元,单件工时定额为7.5小时,每小时定额人工费用4元,制造费用定额3元。废品残料回收入库价值200元。按其定额成本计算废品损失,编制废品损失计算表,并编制相关的会计分录。

废品损失计算表见表4−14。

表4−14　废品损失计算表(按定额成本)

车间名称:××车间　　　　20××年×月　　　　产品名称:甲产品

废品数量:100件　　　　金额单位:元

项目	直接材料	工时(小时)	直接人工	制造费用	成本合计
单位定额成本	20	7.5	4	3	27
废品定额成本	2 000	750	3 000	300	5 300
减:回收残值	200				200
废品损失	1 800		3 000	300	5 100

据此编制会计分录如下:

(1)结转废品成本

借:废品损失——甲产品　5 300

　贷:基本生产成本——甲产品(直接材料费用)　2 000

　　　　　　　　——甲产品(直接人工费用)　3 000

　　　　　　　　——甲产品(制造费用)　300

(2)回收废品残值

借:原材料　200

　贷:废品损失——甲产品　200

(3)废品损失转入合格品成本

借:基本生产成本——甲产品(废品损失)　5 100

　贷:废品损失——甲产品　5 100

需要指出的是,经过上述过程,废品损失已归集至“基本生产成本”总账科目及其明细账中的“废品损失”成本项目。这些废品损失通常只计入本月完工产品成本,而在产品、自制半成品一般不负担。这样可集中将本月的废品损失反映于本月完工产品成本,以引起管理者的重视。

三、停工损失的归集和分配

停工损失是指基本生产车间在由停电、待料、机器设备发生故障或进行大修理、计划减产等原因引起的停工期间所发生的各项费用,主要包括停工期间发生的原材料费用,应支付给生产人员的薪酬,以及应负担的制造费用等。企业的停工可以分为计划内停工和计划外停工两种,前者是指计划规定的停工,后者则是指各种事故造成的停工。

造成停工的原因多种多样,停工的时间和范围也各不相同,为了简化核算工作,企业不需要对所有的停工都进行损失计算。因此,企业一般会规定一定时间和一定范围内的停工不计算损失,具体的时间界限和范围界限由企业主管确定。

对停工损失的归集和分配是通过设置“停工损失”账户进行的,还应按车间设置明细账户。该账户的借方汇集本月发生的停工损失,贷方分配结转停工损失,月末一般无余额。发生停工损失时,应由停工车间填制“停工报告单”,列明停工的车间、范围、起止时间、停工原因、过失人员、损失金额等内容。报告单经有关部门审核后,作为将停工损失汇集到“停工损失”账户借方的依据。

由于企业发生停工损失的原因有很多,因此停工损失应根据不同的情况进行分配。例如,应由责任人或责任单位和保险公司负担的赔款,借记“其他应收款”科目;属于自然灾害引起的部分,借记“营业外支出”科目;应由本月产品成本负担的部分,借记“基本生产成本”科目。对于应计入产品成本的停工损失,若停工的车间只生产一种产品,则将停工净损失(停工期间发生的各项费用减去能取得赔偿的部分)直接计入该种产品成本明细账的“停工

损失”成本项目,若停工的车间生产多种产品,则应采用适当的方法将停工净损失分配计入该车间各种产品成本明细账的“停工损失”成本项目。需要指出的是,季节性生产停工期间所发生的费用不作为停工损失进行核算,应作为制造费用计入当期损益。

第五节　其他期间费用

一、期间费用概述

期间费用是指企业在生产经营过程中发生的,与产品的生产活动没有直接联系,直接计入当期损益的费用。期间费用包括企业在产品销售过程中发生的各项费用以及专设销售机构的各项经费,企业行政管理部门为组织和管理生产经营活动而发生的各项管理费用,企业为筹集生产经营所需资金而发生的财务费用。因此,期间费用的核算就是指销售费用的核算、管理费用的核算和财务费用的核算。由于期间费用不计入产品的生产成本,不参与产品成本的计算,因此也不存在分配问题,应按年、季、月和费用项目编制费用计划并进行核算。

二、销售费用的归集和结转

销售费用的具体内容包括企业销售过程中发生的运输费、装卸费、包装费、保险费、展览费和广告费,以及为销售本企业产品而专设的销售机构(含销售网点、售后服务网点等)的应付职工薪酬和业务费等。

销售费用的归集与结转是通过“销售费用”总账科目及其明细科目进行的。发生销售费用时,借记“销售费用”科目,贷记“库存现金”“银行存款”“应付职工薪酬”等科目,月终再将“销售费用”账户余额结转入“本年利润”账户。

为了便于控制分析销售费用,应按费用项目设置销售费用明细账,企业可以根据具体情况选择设置销售费用的费用项目,对于发生数额较大、发生次数较多、需要加强管理控制的项目,可以设置专栏累计其发生额,对于数额不大的费用项目则可以适当归并。销售费用明细账的一般格式见表4－15。

表4－15　销售费用明细账

20××年×月

单位:元

月	日	摘要	职工薪酬	机物料消耗	折旧费	运输费	广告费	水电费	其他	合计
		领用材料								
		动力费								
		职工薪酬								

续 表

月	日	摘要	职工薪酬	机物料消耗	折旧费	运输费	广告费	水电费	其他	合计
		计提折旧								
		…								
本月合计										
本月结转										

三、管理费用的归集和结转

管理费用的具体内容包括:企业管理层在处理日常管理事务过程中所发生的一般费用(例如,管理部门员工薪酬、办公费、差旅费、工会经费),用于改善企业生产技术条件的排污费、绿化费、土地使用费、技术转让费,用于企业公关事务方面的咨询费、诉讼费、业务招待费、董事会费等。

为了归集和结转企业所发生的管理费用,应设置"管理费用"账户,发生各项管理费用时,应借记"管理费用"科目,贷记"低值易耗品""无形资产""累计折旧""应交税费"等科目,月终结转管理费用时记入该科目的贷方和"本年利润"科目的借方,结转后无余额。

为了分析管理费用增减变动的原因,要按照管理费用的各项费用项目设置明细账。企业可以根据具体情况选择设置管理费用的费用项目,对于管理费用中发生数额较大、发生次数较多、需要加强管理控制的项目,可以设置专栏累计其发生额,对于数额不大的费用项目可以适当归并。管理费用明细账的一般格式见表4-16。

表4-16 管理费用明细账

20××年×月　　　　单位:元

月	日	摘要	职工薪酬	材料消耗	折旧费	水电费	办公费	税金	其他	合计
		领用材料								
		外购动力								
		职工薪酬								
		计提折旧								
		修理费								
		应交税费								
		…								
本月合计										
本月结转										

四、财务费用的归集和结转

财务费用是指企业为筹集生产经营所需资金等而发生的费用，具体包括利息支出（减利息收入）、汇兑损失（减汇兑收益）以及相关的手续费等。

销售费用的归集和结转是通过“财务费用”总账科目及其明细科目进行的。财务费用应按费用项目设置明细账，用以反映和考核各项费用的支出情况。发生财务费用时，借记“财务费用”科目，贷记“银行存款”“长期借款”等科目；发生应冲减财务费用的利息收入、汇兑收益时，借记“银行存款”“长期借款”等科目，贷记“财务费用”科目，并在财务费用明细账借方“利息支出”“汇兑损失”栏中用红字或负数登记。月终再将“财务费用”账户余额结转入“本年利润”账户，结转后无余额。

财务费用明细账的一般格式见表 4－17。

表 4－17　财务费用明细账

20××年×月　　　　单位：元

月	日	摘要	利息支出	汇总损失	手续费	其他	合计
		利息收入					
		支付手续费					
		汇总损失					
		…					
本月合计							
本月结转							

思考题

1. 辅助生产费用分配的特点是什么？

2. 各种辅助生产费用分配方法的特点、适用范围和优缺点是什么？如何进行分配？

3. 分配辅助生产费用的方法一般有哪几种？

4. 说明制造费用的内容和核算程序，以及“制造费用”科目与“制造费用”成本项目的关系。

5. 分配制造费用的方法一般有哪几种？比较说明各种分配方法的特点、适用范围和计算程序。

第五章 生产费用在完工产品与在产品之间的归集和分配

学习目标

1. 了解在产品和产成品成本核算的内容及其意义；

2. 理解在产品和产成品成本核算的任务；

3. 理解在选择完工产品与在产品之间费用分配方法时应考虑的具体条件；

4. 掌握完工产品和在产品之间分配费用的各种方法的特点、适用情况、优缺点以及具体的分配计算过程；

5. 重点掌握约当产量比例法、在产品按定额成本计价法和定额比例法。

第一节 在产品和产成品成本核算概述

一、在产品和产成品成本核算的内容及其意义

(一)在产品和产成品成本核算的内容

企业生产过程中所发生的各项费用，经过各种要素费用的分配、部门费用以及其他费用的分配、废品损失的核算等任务后，所有发生的费用，都集中在了“基本生产成本明细账”和它所属的各种“产品成本计算单”中了。成本核算的目的，就是为了归集生产费用，最后计算出完工产品的总成本和单位成本。因此，这时，企业应将归集在“基本生产成本明细账”和“产品成本计算单”中的费用，采用一定的方法，计算出完工产品的成本，当有在产品的情况下，还应将生产费用在完工产品和在产品之间进行分配。

计算出完工的产成品成本后，还应将完工的产成品办理入库手续，采用适当的方法进行入库、发出的核算。

因此，在产品和产成品成本核算的内容包括在产品和完工产成品成本的计算，在产品的实物管理、资金管理以及产成品的管理等。

(二)在产品与产成品成本核算的意义

加强在产品与产成品成本的核算，对企业来说，具有非常重要的意义。

1. 及时计算产品成本

加强在产品与产成品成本的核算,可以及时地计算出产成品的成本。同时,在产品是企业存货的重要组成部分,在产品占用资金的多少,对于存货的周转速度有很大影响。此外,在产品占用的资金过多,会使企业有限的资金积压,不利于提高企业的经济效益。

2. 保护企业财产物资的安全完整

加强在产品与产成品成本的核算,还可以保护在产品的安全完整。在产品是企业的重要物资,如果保管不当,会发生丢失、毁损等情况。因此,为了保护企业财产物资的安全完整,也应做好在产品成本的核算工作。

3. 正确计算各期的损益

加强在产品与产成品成本的核算,可以正确地计算出产成品的成本,在此基础上,才能准确地计算出企业各期的损益。如果产品成本资料不准确,会直接影响企业利润额的计算,对于企业和国家都是不利的。

4. 提高企业销售产品的速度

加强在产品与产成品成本的核算,还可以促使企业不断地降低产成品的库存数额,将产成品销售出去,实现收入,增加盈利。如果产品销售不出去,企业的经济效益就不能实现。

5. 有利于降低企业在产品占用的资金

加强在产品与产成品成本的核算,还有利于企业不断降低产成品占用的资金,合理调度企业的生产进度,当产成品库存增加时,应适当减少产量;当产成品库存较少时,可适当增加产量。

二、在产品和产成品成本核算的任务

在产品与产成品成本核算时,应完成的任务有如下几个方面。

(一)加强在产品和产成品数量的核算

由于在产品和产成品是企业存货中的重要物资,因此,保护其完整是一项重要任务。企业应建立健全在产品和产成品的计量、验收、保管、发出等一系列过程中的规章制度,并认真执行。应定期和不定期地进行在产品和产成品的清查,检查出存在的问题,不断加以改进。为了提高在产品和产成品成本核算的准确性,在核算时,一般应采用永续盘存制。

(二)采用适当的方法计算在产品成本

企业应根据在产品数量的多少、费用数额的大小、定额资料是否健全等具体情况,确定适合于本企业的在产品成本计算方法。不能单纯为了简化手续而使在产品成本的计算失去准确性。在产品成本计算方法一经确定后,一般不应经常变动。

（三）办理完工产品的入库手续

产品完工后，应将产成品及时验收入库，建立较为完整的保管制度，及时将产成品发出，实现销售。

在产品和产成品成本的核算，涉及企业内部的各个部门，因此，企业的会计部门应积极地与各有关部门相互配合，共同做好在产品和产成品的核算工作。

三、在产品与产成品成本计算模式

企业在生产产品过程中所发生的各项费用，在经过分配后，都汇集在“基本生产成本明细账”和各种“产品成本计算单”中。这些费用的总和减去交库的废料价值后，就是本月发生的生产费用。当月初、月末没有在产品时，本月发生的生产费用就等于本月产成品的成本；如果月初、月末有在产品，则本月发生的生产费用加上月初在产品成本之后，还必须在完工产品和在产品之间进行分配，才能计算出本月完工产品的成本。月初在产品成本、本月发生的费用、完工产品成本和月末在产品成本之间的关系可用下式表示：

月初在产品成本＋本月生产费用＝完工产品成本＋月末在产品成本

完工产品和月末在产品成本的计算一般有如下三种模式：

（1）先计算完工产品成本，然后将生产费用合计减去完工产品成本，其余额就是在产品成本；

（2）先计算月末在产品成本，将生产费用合计减去在产品成本，其余额就是完工产品成本；

（3）采用适当的方法，同时计算出完工产品成本和月末在产品成本。

企业应根据期末在产品数量及成本的大小、定额资料是否准确、各成本项目所占比重的大小等因素，确定适当的方法，计算完工产品和在产品的成本。

四、在产品数量的核算

工业企业的在产品是指处在生产过程中尚未完工的产品。从广义（即从整个企业）来讲，在产品包括正在加工中的产品和加工告一段落、留存在半成品库和以后各步骤的半成品。从狭义（即从车间或工段）来讲，在产品是指正在加工中的产品。

在产品数量的核算是进行在产品成本计算的基础。企业计算在产品成本所依据的“期末在产品实际结存数量”，原则上应以实地盘点确定其期末实存数。但有些企业，由于在产品品种较多，数量较大，而且每件在产品又要经过许多工序加工，每月末都要进行一次全面的实地盘点有一定的困难。在这样的企业，可以根据“在产品动态核算明细表”中月末结存在产品的数量计算在产品成本。为了加强在产品的数量核算，保护在产品的安全完整，企业应定期对在产品进行清查，特别是在年度决算时，必须进行一次全面的清查。

在产品的清查，应以不影响生产为前提，必须由生产工人和成本会计人员参加。为避免在产品重记或漏记，各有关车间或工序要同时盘点。在产品清查的结果，要编制“在产品盘

存表”，填明在产品的账面数、实存数、盘盈盘亏数以及盘盈盘亏的原因和处理意见等。财会部门应对盘盈盘亏在产品的数量、原因及处理意见进行审核，并按规定程序报经有关部门批准后进行相应的账务处理。

（一）盘盈在产品的账务处理

（1）发现盘盈的在产品时，应按重置成本入账，编制如下的会计分录：

借：生产成本——基本生产成本

　贷：待处理财产损溢——待处理流动资产损溢

（2）经批准后对盘盈的在产品进行处理时，一般是冲减“管理费用”，应编制如下的会计分录：

借：待处理财产损溢——待处理流动资产损溢

　贷：管理费用

（二）盘亏在产品的账务处理

（1）发现在产品盘亏时，应根据账面的实际成本，编制如下的会计分录：

借：待处理财产损溢——待处理流动资产损溢

　贷：生产成本——基本生产成本

（2）在产品毁损时入库的残值，要根据估计的成本入账，冲减在产品的损失，编制如下的会计分录：

借：原材料

　贷：待处理财产损溢

（3）在产品盘亏的净损失，应根据不同的情况做不同的账务处理，分别列入不同的会计科目中。对于应计入产成品成本中的部分，应借记“管理费用”科目，应由责任人或保险公司赔偿的部分，则应转入“其他应收款”科目的借方，应编制如下的会计分录：

借：管理费用

　其他应收款

　贷：待处理财产损溢——待处理流动资产损溢

第二节　完工产品和在产品之间费用的分配

完工产品和月末在产品之间分配费用，是成本核算工作中一项重要而复杂的工作，在产品结构复杂、零件种类和加工工序较多的情况下更是这样。企业应该根据在产品数量的多少、各月在产品数量变化的大小、各项费用比重的大小以及定额管理基础的好坏等具体条件，选择既合理又简便的分配方法，在完工产品与月末在产品之间分配费用。

在完工产品与月末在产品之间分配费用的方法有多种，但若将其加以归纳，大体上可以分为两种类型：第一种是将月初在产品费用与本月费用之和划分为本月完工产品费用和月末在产品费用两部分；第二种是先确定月末在产品费用，然后用月初在产品费用与本月费用之和减去月末在产品费用即可得到本月完工产品费用。为了便于对问题的理解，我们可以用公式将两种类型的分配方法表述如下：

第一种类型：

$$\text{月初在产品费用}+\text{本月生产费用}=\text{本月完工产品费用}+\text{月末在产品费用}$$

第二种类型：

$$\text{月初在产品费用}+\text{本月生产费用}-\text{月末在产品费用}=\text{本月完工产品费用}$$

完工产品和月末在产品之间分配费用通常采用的具体方法包括：不计算在产品成本法、按年初数固定计算在产品成本法、在产品按所耗直接材料费用计价法、约当产量比例法、在产品按完工产品成本计算法、在产品按定额成本计价法和定额比例法。下面分别介绍这些方法的具体应用。

一、不计算在产品成本法

采用这种分配方法时，月末虽然有在产品，但不计算在产品成本。这种分配方法适用于各月末在产品数量很小的产品。从上面的公式可以看出，本月完工产品费用的多少，取决于本月生产费用与月初和月末在产品费用的差额。如果各月月末在产品的数量很小，那么月初和月末在产品的费用就很小，月初在产品费用与月末在产品费用的差额就更小。在这种情况下，是否计算在产品成本对于完工产品成本的影响很小，为了简化核算工作，可以不计算在产品成本，即某种产品本月归集的全部生产费用就是其完工产品的成本。

二、按年初数固定计算在产品成本法

采用这种分配方法时，各月末在产品的成本固定不变。这种方法适用于在产品数量较小，或者在产品数量虽大但各月之间在产品数量变动不大的产品。这是因为，如果月末在产品数量不是很小，仍然不计算在产品成本，会使产品成本核算反映的在产品资金占用不实，不利于资金管理和对在产品实物的会计监督。由于在在产品数量较小，或者在产品数量虽大，但各月之间在产品数量变动不大这两种情况下，月初、月末在产品成本的差额都不大，是否计算各月在产品成本的差额，对完工产品成本的影响不大。因此，为了简化核算工作，同时又反映在产品占用的资金，各月在产品也可以按年初数固定计算。例如，炼铁厂、化工厂或其他有固定容器装置的在产品，数量都较稳定，就可以采用这种分配方法。采用该分配方法，某种产品本月发生的生产费用就是本月完工产品的成本。年终根据实际盘点的在产品数量，重新调整计算确定在产品成本，以免按年初数固定计算的在产品成本与实际出入过大，影响成本计算的正确性。

三、在产品按所耗直接材料费用计价法

采用这种分配方法时，只将直接材料费用在完工产品与月末在产品之间进行分配，其他费用全部由完工产品负担。也就是说，在这种方法下，某种产品全部生产费用减去月末在产品直接材料费用，就是完工产品的成本。这种分配方法适用于各月末在产品数量较大，数量变化也较大，同时直接材料费用在成本中所占比重较大的产品，如造纸、酿酒等行业的产品。

[例5－1]某企业生产甲产品，该产品直接材料费用在产品成本中所占比重较大，完工产品与在产品之间的费用分配采用在产品按所耗直接材料费用计价法。甲产品月初在产品直接材料费用(即月初在产品费用)为40 000元；本月发生直接材料费用210 000元，直接人工费用8 000元，制造费用2 000元；完工产品850件，月末在产品150件。该种产品的直接材料费用是生产开始时一次性投入的，直接材料费用按完工产品和在产品的数量比例分配。

直接材料费用分配及完工产品成本计算如下：

(1)直接材料费用分配率 $=\dfrac{40\,000+210\,000}{850+150}=250$

(2)完工产品直接材料费用 $=850\times250=212\,500$(元)

(3)月末在产品直接材料费用(月末在产品费用) $=150\times250=37\,500$(元)

(4)完工产品成本 $=212\,500+8\,000+2\,000=222\,500$(元)

或 $=40\,000+(210\,000+8\,000+2\,000)-37\,500=222\,500$(元)

四、约当产量比例法

约当产量比例法是将在产品按其完工程度折算为相当于完工产品的产量，即约当产量，然后以完工产品的产量和在产品的约当产量为依据，分配计算完工产品成本和月末在产品成本的一种方法。采用该种分配方法，在产品既要计算直接材料费用，又要计算直接人工、制造费用等其他加工费用。这种分配方法适用于月末在产品数量较大，各月末在产品数量变化也较大，产品成本中直接材料费用和加工费用比重相差不多的产品。

(一)在产品完工程度的测定和约当产量的计算

在约当产量比例法下，约当产量的一般计算公式为：

在产品约当产量＝在产品数量×完工百分比(完工率或投料率)

从以上计算公式可以看出，在约当产量比例法下，在产品完工程度的测定，对于费用分配的正确性有着决定性的影响。从精细化分配费用的角度看，应针对不同成本项目的具体情况来确定其完工率及约当产量，并在此基础上分配各项费用。但一般来说，各项加工费用是按照生产工时进行分配和归集的，因此，采用约当产量比例法时，一般可以按照生产工时投入情况来确定在产品的加工进度，即完工程度，进而计算约当产量，分配各项加工费用。直接材料的投入方式可以有多种,因此,在采用约当产量比例法时,应根据直接材料投入方式的不同以及其他具体情况来确定投料率,进而计算约当产量,分配直接材料费用。

1. 在产品投料率的测定和约当产量的计算

如果直接材料费用是在生产开始时一次性投入的,由于完工产品与月末在产品所消耗的直接材料费用是一样的,因此,就应该按照完工产品与月末在产品的实际数量来进行直接材料费用的分配,即在产品的投料率按100%来确定。例5-2中直接材料费用的分配就是如此。

[**例5-2**]某种产品需经两道工序制成,直接材料消耗定额为500千克,其中,第一道工序直接材料消耗定额为240千克,第二道工序直接材料消耗定额为260千克。月末在产品数量:第一道工序为200件,第二道工序为150件。完工产品为241件。

其计算过程和结果见表5-1。

表5-1 计算过程和结果

工序	本工序直接材料消耗定额	完工率(投料率)	在产品约当产量	完工产品	合计
1	240千克	$\frac{240 \times 50\%}{500} \times 100\% = 24\%$	200×24% =48(件)	—	—
2	260千克	$\frac{240 + 260 \times 50\%}{500} \times 100\% = 74\%$	150×74% =111(件)	—	—
合计	500千克	—	159件	241件	400件

直接材料是在每道工序随加工进度陆续分次投料的,因此每道工序投料程度按50%折算。

如果直接材料随加工进度陆续投入,则可以分为以下三种情况:

(1)直接材料随加工进度陆续投入,且直接材料投入的程度与加工进度完全一致或基本一致,这时分配直接材料费用所依据的月末在产品约当产量可以与分配加工费用所采用的在产品约当产量一致,即月末在产品的投料率可以采用分配加工费用时的完工率。

(2)直接材料随加工进度陆续投入,其投料程度与加工进度不一致,则应按工序分别确定各工序在产品的投料率。在确定各工序的投料率时,一般以各工序的直接材料消耗定额为依据,投料程度按完成本工序投料的50%折算。

(3)直接材料随加工进度分工序投入,但在每一道工序则是在开始时一次投入,则也应按工序确定投料率,不过在确定各工序的投料率时,应以各工序的直接材料消耗定额为依据,投料程度按完成本工序投料的100%计算。

［例 5－3］采用例 5－2 中某产品在各工序的直接材料消耗定额，但直接材料在各工序开始时一次投入。

其计算过程和结果见表 5－2。

表 5－2　计算过程和结果

工序	工序开始时一次投入的直接材料消耗定额	完工率（投料率）	在产品约当产量	完工产品	合计
1	240 千克	$\frac{240}{500}\times 100\% = 48\%$	$200\times 48\% = 96$（件）	—	—
2	260 千克	$\frac{240+260}{500}\times 100\% = 100\%$	$150\times 100\% = 150$（件）	—	—
合计	500 千克	—	246 件	241 件	487 件

由于直接材料是在每道工序一开始就投入的，在同一工序中各件在产品直接材料的消耗定额，就是该工序的消耗定额，不应按 50% 折算，最后一道工序在产品的消耗定额，为完工产品的消耗定额，完工率为 100%。

2. **在产品完工率的测定和约当产量的计算**

采用约当产量比例法分配加工费用时，首先要测定在产品的完工程度（完工率），在此基础上，计算在产品的约当产量，进而进行费用的分配。测定在产品完工程度的方法一般有两种：

第一种，平均计算。即一律按 50% 作为各工序在产品的完工程度。这种方法适用于在各工序在产品数量和单位产品在各工序的加工量都相差不多的情况下采用。在这种情况下，后面各工序在产品多加工的程度可以抵补前面各工序少加工的程度，这样，全部在产品完工程度均可按 50% 平均计算。

第二种，各工序分别测定完工率。为了保证成本计算的准确性，加速成本的计算工作，可以按照各工序的累计工时定额占完工产品工时定额的比例计算，事前确定各工序在产品的完工率。其计算公式如下：

$$\text{某工序在产品完工率}=\frac{\text{前面各工序工时定额之和}+\text{本工序工时定额}\times 50\%}{\text{产品工时定额}}$$

公式中的“本工序”，即在产品所在工序，其工时定额乘以 50%，是因为该工序中各件在产品的完工程度不同，为了简化完工率的测算工作，在产品所在工序的加工程度一律按平均完工率 50% 计算。在产品从上一道工序转入下一道工序时，因上一道工序已经完工，所以前面各道工序的工时定额应按 100% 计算。

［例 5－4］某企业甲产品单位工时定额 40 小时，经过三道工序制成。第一道工序工时定额为 8 小时，第二道工序工时定额为 16 小时，第三道工序工时定额为 16 小时。各道工序

内各件在产品加工程度均按50%计算。

各工序完工率计算如下：

第一道工序：$\frac{8\times50\%}{40}\times100\%=10\%$

第二道工序：$\frac{8+16\times50\%}{40}\times100\%=40\%$

第三道工序：$\frac{8+16+16\times50\%}{40}\times100\%=80\%$

根据各工序的月末在产品数量和各工序完工率，计算出月末各工序在产品的约当产量及其总数，据以分配费用。

[**例5－5**]假定例5－4中的甲产品本月完工200件。第一道工序的在产品20件，第二道工序的在产品40件，第三道工序的在产品60件。

根据各工序月末在产品的数量和各工序的完工率，分别计算各工序月末在产品的约当产量及其总数，见表5－3。

表5－3　约当产量计算表

产品名称：甲　　　　20××年×月　　　　单位：件

在产品所在工序	完工率（%）	在产品数量		完工产品产量	产量合计
		结存量	约当产量		
1 2 3	10 40 80	20 40 60	2 16 48		
合计	—	120	66	200	266

（二）费用的具体分配方法

在约当产量比例法下，费用的具体分配方法有加权平均法和先进先出法两种。

1. 加权平均法

加权平均法是不考虑生产费用的发生与产品实物流转的对应关系，而将生产费用按月末在产品的约当产量和本月完工产品数量的比例进行分配的一种方法。这种方法的基本计算公式如下：

$$某项费用分配率=\frac{该项费用总额}{完工产品产量+在产品约当产量}$$

$$完工产品该项费用=完工产品数量\times费用分配率$$

$$\begin{aligned}在产品该项费用&=在产品约当产量\times费用分配率\\&=该项费用总额-完工产品该项费用\end{aligned}$$

2. 先进先出法

先进先出法是假设先投产的产品先行完工，并以此作为生产费用的流转顺序，将生产费用在完工产品与月末在产品之间进行分配的一种方法。这种方法的计算公式如下：

(1) 直接材料费用的分配公式

$$\text{本月耗料产量}=\text{本月完工产品数量}+\text{月末在产品约当产量}-\text{月初在产品约当产量}$$

$$\text{本月直接材料分配率}=\text{本月直接材料费用}\div\text{本月耗料产量}$$

$$\text{月末在产品直接材料费用}=\text{月末在产品约当产量}\times\text{本月直接材料分配率}$$

$$\text{完工产品直接材料费用}=\text{月初在产品直接材料费用}+\text{本月直接材料费用}-\text{月末在产品直接材料费用}$$

(2) 直接人工和制造费用的分配公式

$$\text{本月耗工时产量}=\text{本月完工产品数量}+\text{月末在产品约当产量}-\text{月初在产品约当产量}$$

$$\text{本月直接人工(制造费用)分配率}=\text{本月直接人工费用(制造费用)}\div\text{本月耗工时产量}$$

$$\text{月末在产品直接人工费用(制造费用)}=\text{月末在产品约当产量}\times\text{本月直接人工费用(制造费用)}$$

$$\text{完工产品直接人工费用(制造费用)}=\text{月初在产品直接人工费用(制造费用)}+\text{本月直接人工费用(制造费用)}-\text{月末在产品直接人工费用(制造费用)}$$

加权平均法的优点是，生产费用的分配过程易于理解，生产费用的计算分配工作也比较简便；其缺点是，生产费用分配所依据的约当产量单位成本（费用分配率）是一种月初在产品生产费用与本月生产费用的“混合成本”，而不是本月成本水平的体现，在上月与本月成本水平相差较大的情况下，会使上月的成本水平对本月月末在产品成本产生一定的影响，这不便于对各月产品成本的分析和考核。先进先出法避免了加权平均法的缺点，但其生产费用的计算分配工作较为复杂。

五、在产品按完工产品成本计算法

这种分配方法是将在产品视同完工产品来分配费用。适用于月末在产品已经接近完工，或者产品已经加工完毕，但尚未验收或包装入库的产品。在这种情况下，在产品成本已接近完工产品成本，为了简化核算工作，将月末在产品视同完工产品，按完工产品与在产品的数量分配费用。

[例 5-6] 某产品月初在产品费用和本月发生费用累计数为：直接材料费用 25 600 元，直接人工费用 5 600 元，制造费用 6 400 元。完工产品 600 件，月末在产品 200 件，该产品已接近完工，月末在产品成本按完工产品成本计算。

其计算分配结果见表 5-4。

表 5－4　计算结果分配表

金额单位：元

成本项目	生产费用合计	费用分配率	完工产品		月末在产品	
			数量（件）	费用	数量（件）	费用
①	②	$③=\frac{②}{④+⑥}$	④	⑤＝④×③	⑥	⑦＝⑥×③
直接材料	25 600	32	600	19 200	200	6 400
直接人工	5 600	7	600	4 200	200	1 400
制造费用	6 400	8	600	4 800	200	1 600
合计	37 600	—	—	28 200	—	9 400

表 5－4 中各项费用的分配率是根据各生产费用的累计数除以完工产品数量与月末在产品数量之和计算得出的；各费用分配率分别乘以完工产品数量和月末在产品数量，即求出完工产品与月末在产品分配的各项费用。

六、在产品按定额成本计价法

在产品按定额成本计价法是按照预先制定的定额成本计算月末在产品成本，然后从某种产品全部生产费用（月初在产品费用加本月生产费用）中减去月末在产品的定额成本，就是完工产品成本。也就是说，每月实际生产费用脱离定额的差异，全部计入当月完工产品成本。这种分配方法适用于定额管理基础比较好，各项消耗定额或费用定额比较准确、稳定，而且各月在产品数量变动不大的产品。

采用这种分配方法，应根据各种在产品有关定额资料以及在产品月末结存数量，计算各种月末在产品的定额成本。

［例 5－7］某公司生产甲、乙两种产品。两种产品的完工产品与月末在产品费用的分配均采用在产品按定额成本计价的方法。甲产品月末在产品 50 件，单件直接材料费用定额为 390 元（原材料在生产开始时一次投入），在产品定额机器工时（简称“机时”）200 小时，定额人工工时 500 小时；乙产品月末在产品 150 件，单件直接材料费用定额为 320 元（原材料在生产开始时一次投入），在产品定额机器工时 500 小时，定额人工工时 1 200 小时。其他有关资料及月末在产品定额成本的计算结果见表 5－5。

表 5－5　月末在产品定额成本计算表

车间名称：基本生产车间　　　　20××年×月

产品名称	在产品数量（件）	直接材料定额费用（元）	定额工时		直接燃料和动力（每机时 2.1 元）	直接人工（每工时 22 元）	制造费用（每工时 12 元）	定额成本合计（元）
			机器工时	人工工时				
甲产品	50	19 500	200	500	420	11 000	6 000	36 920
乙产品	150	48 000	500	1 200	1 050	26 400	14 400	89 850
合计	—	67 500	—	—	1 470	37 400	20 400	126 770

采用这种分配方法，月末在产品定额成本与实际成本之间的差异（脱离定额差异）全部由完工产品负担，不尽合理。如前所述，在各项消耗定额或费用定额比较准确、稳定，又不需要经常修订定额的条件下，采用这种分配方法能够比较准确、简便地解决完工产品与月末在产品之间分配费用的问题，否则会影响产品成本计算的正确性。采用这种分配方法，如果产品成本中直接材料费用所占比重较大，为了进一步简化成本计算工作，月末在产品成本可以只按定额原材料费用计算，其他各项实际费用计入完工产品成本。也就是把在产品按所耗直接材料费用计价法，与在产品按定额成本计价法结合应用，即在产品按定额直接材料费用计价法，月末在产品只计算所耗直接材料费用，而直接材料费用又是按定额计算的。

七、定额比例法

定额比例法是产品的生产费用按照完工产品和月末在产品的定额消耗量或定额费用的比例，分配计算完工产品成本和月末在产品成本的方法。其中，直接材料费用按照直接材料定额消耗量或直接材料定额费用比例分配；直接人工费用、制造费用等各项加工费，可以按定额工时的比例分配，也可以按定额费用比例分配。

这种分配方法适用于定额管理基础较好，各项消耗定额和费用定额比较准确、稳定，各月末在产品数量变动较大的产品。因为月初和月末在产品费用之间脱离定额的差异要在完工产品与月末在产品之间按比例分配，从而提高了产品成本计算的准确性。

定额比例法计算公式如下。

公式1：

$$\text{消耗量分配率}=\frac{\text{月初在产品实际消耗量}+\text{本月实际消耗量}}{\text{完工产品定额消耗量}+\text{月末在产品定额消耗量}}$$

$$\text{完工产品实际消耗量}=\text{完工产品定额消耗量}\times\text{消耗量分配率}$$

$$\text{完工产品费用}=\text{完工产品实际消耗量}\times\text{原材料单价（或单位工时的直接人工费用、单位工时的制造费用）}$$

$$\text{月末在产品实际消耗量}=\text{月末在产品定额消耗量}\times\text{消耗量分配率}$$

$$\text{月末在产品费用}=\text{月末在产品实际消耗量}\times\text{原材料单价（或单位工时的直接人工费用、单位工时的制造费用）}$$

按照公式1分配，既可以提供完工产品和月末在产品的实际费用资料，又可以提供实际消耗量资料，便于考核和分析各项消耗定额的执行情况。但是，在各产品所耗原材料的品种较多的情况下，采用这种分配方法工作量较大。为了简化核算工作，也可以采用下列公式计算分配。

公式2：

$$\text{直接材料费用分配率}=\frac{\text{月初在产品实际直接材料费用}+\text{本月实际直接材料费用}}{\text{完工产品定额直接材料费用}+\text{月末在产品定额直接材料费用}}$$

$$\text{完工产品实际直接材料费用}=\text{完工产品定额直接材料费用}\times\text{直接材料费用分配率}$$

$$\text{月末在产品实际直接材料费用}=\text{月末在产品定额直接材料费用}\times\text{直接材料费用分配率}$$

或

$$=\text{月初在产品实际直接材料费用}+\text{本月实际直接材料费用}-\text{完工产品实际直接材料费用}$$

$$\text{某项加工费用分配率}=\frac{\text{月初在产品该项加工费用的实际金额}+\text{本月该项加工费用的实际金额}}{\text{完工产品定额工时}+\text{月末在产品定额工时}}$$

$$\text{月末在产品应负担的某项加工费用实际金额}=\text{月末在产品定额工时}\times\text{该项加工费用分配率}$$

或

$$=\text{月初在产品该项实际加工费用}+\text{本月该项实际加工费用}-\text{完工产品应负担该项实际加工费用}$$

[**例 5－8**]某产品月初在产品费用为：直接材料 1 400 元；直接人工 6 000 元；制造费用 40 000元。本月生产费用：直接材料 8 200 元；直接人工 30 000 元；制造费用 20 000 元。完工产品 4 000 件，直接材料定额费用 8 000 元；定额工时 5 000 小时。月末在产品 1 000 件，直接材料定额费用 2 000 元；定额工时 1 000 小时。完工产品与月末在产品之间，直接材料费用按直接材料定额费用比例分配，其他费用按定额工时比例分配。

各项费用分配计算结果见表 5－6。

表 5－6　产品成本明细账

产品名称：某产品　　　　20××年×月　　　　金额单位：元

成本项目	月初在产品费用	本月费用	生产费用合计	费用分配率	完工产品费用		月末在产品费用	
					定额	实际费用	定额	实际费用
④	②	③	④＝②＋③	⑤＝④/(⑥＋⑧)	⑥	⑦＝⑥×⑤	⑧	⑨＝⑧×⑤
直接材料	1 400	8 200	9 600	0.96	8 000	7 680	2 000	1 920
直接人工	6 000	30 000	36 000	6	5 000*	30 000	1 000*	6 000
制造费用	40 000	20 000	60 000	10	5 000*	50 000	1 000*	10 000
合计	47 400	58 200	105 600	—	—	87 680	—	17 920

*工时

按照公式 2 计算分配费用，必须取得完工产品和月末在产品的定额消耗量或定额费用资料。完工产品的直接材料定额消耗量和工时定额消耗量，可以根据完工产品的实际数量乘以单位直接材料消耗定额和工时消耗定额计算求得，在此基础上，再乘以相应的费用定额就可以计算完工产品的各项定额费用。月末在产品的直接材料定额消耗量和工时定额消耗量，可以根据月末在产品盘存表或账面所记录的在产品的结存数量，以及相应的消耗定额具体计算。但当在产品的种类和生产工序繁多时，核算工作量繁重。因此，在产品定额消耗量可采用简化的方法计算（即倒轧方法）。其计算公式如下：

$$\frac{月末在产品}{定额消耗量} = \frac{月初在产品}{定额消耗量} + \frac{本月投入的}{定额消耗量} - \frac{本月完工产品}{定额消耗量}$$

上述公式中月初在产品定额消耗量根据上月成本计算资料取得。本月投入的定额消耗量中的直接材料定额消耗量，根据领料凭证所列直接材料定额消耗量等数据计算求得；本月投入的工时定额消耗量，根据有关定额工时的原始记录计算求得。按照倒轧方法计算月末在产品的定额数据，可以简化计算工作，但是，在发生在产品盘盈盘亏的情况下，计算求得的成本资料就不能如实反映产品成本的水平。为了提高成本计算的准确性，必须每隔一定时期对在产品进行一次实地盘点，根据在产品的实存数计算一次定额消耗量。

在掌握了月初在产品的定额消耗量（或定额费用）和定额工时，本月投入的定额消耗量（或定额费用）和定额工时，以及本月完工产品定额消耗量（或定额费用）和定额工时等资料的情况下，倒轧求出月末在产品的定额资料。可以按下列公式分配费用。

公式3：

$$\frac{费用}{分配率} = \frac{月初在产品实际费用 + 本月实际费用}{月初在产品定额费用(定额工时) + 本月投入定额费用(定额工时)}$$

完工产品和月末在产品费用的计算公式同前。

[例5-9]沿用例5-8的资料。某产品月初在产品定额原材料费用1 500元，定额工时1 500小时。本月投入生产定额直接材料费用8 500元，定额工时4 500小时。本月实际发生的费用和完工产品定额资料同例5-8。

各项费用分配计算结果见表5-7。

表5-7 产品成本明细账

产品名称：某产品　　　　20××年×月　　　　金额单位：元

成本项目	月初在产品		本月投入		合计		费用分配率	完工产品		月末在产品	
	定额	实际	定额	实际	定额	实际		定额	实际	定额	实际
①	②	③	④	⑤	⑥=②+④	⑦=③+⑤	⑧=⑦/⑥	⑨	⑩=⑨×⑧	⑪=⑥-⑨	⑫=⑪×⑧
直接材料	1 500	1 400	8 500	8 200	10 000	9 600	0.96	8 000	7 680	2 000	1 920
直接人工	1 500*	6 000	4 500*	30 000	6 000*	36 000	6	5 000*	30 000	1 000*	6 000
制造费用	1 500*	40 000	4 500*	20 000	6 000*	60 000	10	5 000*	50 000	1 000*	10 000
合计	—	47 400	—	58 200	—	105 600	—	—	87 680	—	17 920

* 工时

月末在产品原材料定额费用 = 1 500 + 8 500 - 8 000 = 2 000（元）

月末在产品定额工时 = 1 500 + 4 500 - 5 000 = 1 000（小时）

根据公式3计算分配的结果与根据公式2计算分配的结果是相同的，这是因为分母中，月初在产品定额消耗量（定额费用）+ 本月投入定额消耗量（定额费用）= 完工产品定额消耗量(定额费用)+月末在产品定额消耗量(定额费用)。

采用定额比例法分配完工产品与月末在产品费用,分配结果比较准确,同时还便于将实际费用与定额费用进行比较,考核和分析定额的执行情况。

通过以上所述生产费用在各种产品之间,以及在同种产品的完工产品与月末在产品之间分配和归集以后,分别计算出各种产品的总成本和单位成本,借以考核和分析各种产品成本计划的执行情况。

思考题

1. 完工产品与月末在产品之间分配费用的方法,一般有几种类型?
2. 确定完工产品与月末在产品之间分配费用的方法时,应考虑哪些具体条件?
3. 完工产品与在产品之间费用的分配方法有几种?它们各自的特点、适用范围、计算分配程序以及优缺点如何?
4. 当原材料在每道工序随加工进度陆续投入时,如何计算其投料率?
5. 当原材料在每道工序开始一次性投入时,如何计算其投料率?

第六章 产品成本核算的基本方法

学习目标

1. 了解生产按工艺过程特点和按生产组织特点的分类；

2. 掌握生产特点和成本管理的要求对成本计算对象、成本计算期和完工产品与在产品之间费用分配的影响；

3. 掌握产品成本核算品种法、分批法、分步法的特点、适用范围、一般计算程序及账务处理过程；

4. 掌握简化分批法的应用条件、基本生产二级账的作用以及在生产费用分配上的特点；

5. 掌握逐步结转分步法和平行结转分步法各自的优缺点。

第一节 企业产品生产类型及特点

产品成本是在生产过程中形成的，因此生产的特点在很大程度上影响着成本计算方法的特点；另外，成本计算是为成本管理提供资料的，因此采用什么方法，提供哪些资料，必须考虑成本管理的要求。当然，成本管理的要求也脱离不开生产的特点。企业在确定产品成本计算方法时，必须从具体情况出发，同时考虑企业的生产特点和进行成本管理的要求。

不同部门、行业的生产特点千差万别，但按照工业生产的一般特点，可做如下分类。

一、生产按工艺过程特点分类

产品生产的工艺过程是指从原材料投入生产直到产成品的产出经过的各个生产阶段和环节的一系列技术工程。工业企业的生产，按其生产工艺过程的特点，可以分为单步骤生产和多步骤生产两种类型。

(一)单步骤生产

单步骤生产，亦称简单生产，是指生产工艺过程不能间断，不可能或不需要划分为几个生产步骤的生产，如发电、采掘等工业生产。这类生产由于技术上的不可间断(如发电)，或由于工作地点上的限制(如采煤)，通常只能由一个企业整体进行，而不能由几个企业协作进行。

（二）多步骤生产

多步骤生产，亦称复杂生产，是指生产工艺过程由若干个可以间断的、分散在不同地点、分别在不同时间进行的生产步骤所组成的生产，如纺织、钢铁、机械、造纸、服装等工业生产。多步骤生产按其产品的加工方式，又可分为连续式生产和装配式生产。连续式生产又称连续加工式生产，是指原材料投入生产后，要依次经过若干个生产步骤的连续加工，才能成为产品的生产，如纺织、钢铁等工业生产。装配式生产又称平行加工式生产，是指先将原材料分别在各个加工车间平行加工为零件、部件，然后再将零件、部件装配成产品的生产，如机械、车辆、仪表制造等工业生产。

二、生产按生产组织特点分类

生产组织方式主要是指企业生产产品品种的多少，同种产品产量的大小及其生产的重复程度。工业企业的生产，按其生产组织的特点，可以分为大量生产、成批生产和单件生产三种类型。

（一）大量生产

大量生产是指不断地重复生产相同产品的生产。在进行这种生产的企业或车间中，产品的品种较少，而且比较稳定，如采掘、纺织、面粉、化肥行业的生产。

（二）成批生产

成批生产是指按照事先规定的产品批别和数量进行的生产。在进行这种生产的企业或车间中，产品品种较多，而且具有一定的重复性，如服装、机械的生产。成批生产按照产品批量的大小，又可以分为大批生产和小批生产。大批生产，由于生产产品的批量大，往往在几个月内不断地重复生产一种或几种产品，因而其性质近似于大量生产；小批生产，由于生产产品的批量小，一批产品一般可以同时完工，因而其性质近似于单件生产。

（三）单件生产

单件生产类似于小批生产，是指根据订货单位的要求，进行个别的、特殊产品的生产，如重型机械制造和船舶制造等。在进行这种生产的企业或车间中，产品的品种多，而且很少重复。

单步骤生产和连续加工式的多步骤生产的生产组织多为大量生产。装配式的多步骤生产的生产组织，则有大量生产、成批生产和单件生产的区别。

三、生产特点和成本管理要求对产品成本计算的影响

生产特点不同，对成本进行管理的要求也不一样。而生产特点和管理要求又必然对产品成本计算产生影响。这一影响主要表现在以下几个方面。

（一）对成本计算对象的影响

生产的特点和管理的要求对成本计算的影响集中地表现在对成本计算对象确定上的

影响。

从产品生产工艺过程看，单步骤生产的工艺过程不能间断，因而不可能也不需要按照生产步骤计算产品成本，只能按照产品的品种计算成本。而在多步骤生产中，为了加强各个生产步骤的成本管理，往往不仅要求按照产品的品种或批别计算成本，而且要求按照产品生产的步骤计算成本。但是，如果企业的规模较小，管理上不要求按照生产步骤考核生产费用、计算产品成本，也可以不按照生产步骤计算成本，而只按照产品品种或批别计算成本。

从产品生产组织特点看，在大量生产的情况下，企业连续不断地重复生产一种或若干种产品，因而管理上只要求（而且也只能）按照产品的品种计算成本。在大批生产的情况下，由于生产产品的批量大，往往在几个月内不断重复生产一种或若干种产品，因而往往也同大量生产一样，只要求按照产品品种计算成本。此外，在大批生产的情况下，产品的品种一般比较稳定，为了经济合理地组织生产，对于耗用量较少的零部件往往集中加以生产，以供几批产品耗用；对于耗用量较多的零部件，也可以另行分批生产。在这种情况下，零部件生产的批别与产品生产的批别往往是不一致的，因而也就不能按照产品的批别计算成本，而只能按照产品的品种计算成本。在小批、单件生产的情况下，由于其生产的产品批量小，一批产品一般可以同时完工，因而有可能按照产品的批别或件别，归集生产费用，计算产品成本。从管理要求看，为了分析和考核各批产品的成本水平，也要求按照产品批别或件别计算成本。

综上所述，在产品成本计算工作中有三种不同的成本计算对象：

（1）以产品品种为成本计算对象；

（2）以产品批别为成本计算对象；

（3）以产品生产步骤为成本计算对象。

成本计算对象的确定，是设置产品成本明细账、归集生产费用、计算产品成本的前提，是构成成本计算方法的主要标志，因而也是区别各种成本计算基本方法的主要标志。

（二）对产品成本计算期的影响

产品成本计算期的确定，主要取决于生产组织的特点。在大量、大批生产中，每月都有产品完工并销售，为了计算各月产品销售成本和利润，就要求定期按月计算产品成本。在这种情况下，成本计算期往往与产品生产周期不一致。在小批、单件生产中，各批或各件产品的生产周期是不一致的，每月也不一定都有完工产品，完工产品成本有可能在某批或某件产品完工以后计算，因而完工产品成本计算是不定期的，其成本计算期与产品的生产周期基本一致，而与核算报告期不一致。

（三）对完工产品与在产品之间费用分配的影响

由于生产特点与月末在产品的数量有着密切的联系，因而它会对完工产品与在产品之间的费用分配产生重要影响。在单步骤生产中，生产过程不能间断，生产周期也短，一般没有在产品,或者在产品数量很少,因而计算产品成本时,生产费用不必在完工产品与在产品之间进行分配。在多步骤生产中,是否需要在完工产品与在产品之间分配费用,在很大程度上取决于生产组织的特点。在大量、大批生产中,由于原材料不断投入,产品不断完工,月末经常存在为数不少的在产品,因而在计算成本时,就需要采用适当的方法,将生产费用在完工产品与在产品之间进行分配。在小批、单件生产中,在每批、每件产品完工前,产品成本明细账中所记录的生产费用就是在产品的成本;完工后,其所记费用就是完工产品的成本。因而一般不存在完工产品与在产品之间分配费用的问题。

第二节　产品成本核算的品种法

一、品种法的含义

产品成本核算的品种法,也称简单法,是指以产品品种为成本计算对象,计算成本的一种方法。按照产品的品种计算成本,是成本管理对于成本计算的最一般的要求,成本计算的一般程序也就是品种法的成本计算程序。企业根据生产车间提供的领退料凭证编制材料费用分配表,根据工资结算凭证编制工资及其他职工薪酬分配表,并根据折旧及其他费用的相关费用编制制造费用分配表,以此获得所有可直接归属于产成品的料、工、费的相关信息,并据此编制生产成本明细账(即产品成本计算单)。

二、品种法的特点及适用范围

(一)品种法的特点

根据上述的举例我们可以总结出产品成本核算的成本法具有以下几种特点:

1. 品种法下成本计算对象是产品品种

采用成本法计算产品成本的企业或车间,如果只生产一种产品,则成本计算对象就是该种产品,只需要开设一张成本计算单,生产过程中发生的所有生产费用都是直接费用,可以根据费用凭证直接列入该成本计算单。如果生产多种产品,成本计算对象就是每一种产品,应按产品品种分别开设成本计算单。发生的生产费用;如为某种产品单独使用,则属于直接费用,可根据费用凭证直接计入该种产品成本计算单,如为几种产品共同负担的费用,则属于间接费用,要采用适当的分配方法,在各种产品之间进行分配后,分别列入各种产品的成本计算单。

2. 品种法下一般定期(如每月月末)计算产品成本

由于品种法主要适用于大批量生产,在大批量生产方式下的生产组织中,生产是连续不断进行的,因此不可能在产品完成时立即计算产品成本。我们采取的做法是规定一个期限

（通常是一个月），在期限结束时（如月末）计算成本，所以品种法一般以月作为成本计算期，定期计算产品成本。成本计算期与产品的生产周期不同，而与会计核算期相同。

3. 如果企业月末有在产品，要将生产费用在产成品和在产品之间进行分配

采用品种法计算产品成本的企业或车间，若月末没有在产品或在产品数量很少，对完工产品成本影响不大，通常可不计算在产品的成本。成本计算单上按成本项目归集的生产费用就是该产品的完工产品成本，除以产量就是该产品的单位成本。但如果月末存在较多的在产品，为保证成本计算的正确性，则要采用适当的方法，将成本计算单中归集的生产费用在完工产品和在产品之间进行分配，分别计算完工产品成本和在产品成本。

（二）品种法的适用范围

基于成本法的特点我们可以看到，成本法主要适用于大量大批的单步骤生产的企业。在这种类型的企业中，产品的生产过程不能从技术上划分为步骤（如企业或车间的规模较小，或者车间是封闭式的，也就是从原材料的投入到产品产出的全部生产过程都是在一个车间内进行的），或者生产是按照流水线组织的，管理上不要求按照生产步骤计算产品成本。

三、品种法的计算程序和账务处理举例

品种法是产品成本计算方法中最基本的方法，因而品种法的计算程序，体现着产品成本计算的一般程序。下面通过一个具体的例子，把品种法所用的各种费用分配表和明细账都串联起来，不仅便于从中系统、全面、具体地掌握品种法的特点，而且有利于深入理解产品成本计算的基本原理。

［例 6－1］假定某工业企业设有一个基本生产车间，大量生产甲、乙两种产品，其生产工艺过程属于单步骤生产。根据生产特点和管理要求，确定采用品种法计算产品成本。该企业还设有供水和运输两个辅助生产车间，辅助生产车间的制造费用通过“制造费用”科目核算。该企业不单独核算废品损失，产品成本包括“直接材料”“直接燃料和动力”“直接人工”和“制造费用”四个成本项目。

下面以该企业 20××年 6 月份各项费用资料为例，说明产品成本计算的程序和相应的账务处理。

（一）要素费用分配

根据各项费用的原始凭证和其他有关资料，编制各种费用分配表，分配各种要素费用。

1. 根据 6 月份银行存款付款凭证汇总编制各项货币支出（假定全部用银行存款支付）汇总表，详见表 6－1。

表 6－1 银行存款付款凭证汇总表

单位：元

<table>
<tr><th colspan="3">应借科目</th><th rowspan="2">金额</th></tr>
<tr><th>总账科目</th><th>明细科目</th><th>成本或费用项目</th></tr>
<tr><td>辅助生产成本</td><td>运输车间</td><td>直接燃料和动力</td><td>15 000</td></tr>
<tr><td rowspan="4">制造费用</td><td>基本生产车间</td><td>办公费
劳动保护费
其他</td><td>7 000
4 000
950</td></tr>
<tr><td>供水车间</td><td>办公费
劳动保护费
其他</td><td>1 500
2 000
400</td></tr>
<tr><td>运输车间</td><td>办公费
劳动保护费
其他</td><td>1 500
1 500
1 200</td></tr>
<tr><td colspan="2">小计</td><td>20 050</td></tr>
<tr><td rowspan="2">管理费用</td><td></td><td>办公费
差旅费
其他</td><td>8 000
5 000
3 000</td></tr>
<tr><td colspan="2">小计</td><td>16 000</td></tr>
<tr><td colspan="3">合计</td><td>51 050</td></tr>
</table>

为了简化核算，本例均汇总编制会计分录，只列出应借、应贷的总账科目。

会计分录①：

借：辅助生产成本　　15 000

　　制造费用　　20 050

　　管理费用　　16 000

　贷：银行存款　　51 050

2. 根据按原材料用途归类的领退料凭证和有关的费用分配标准，编制原材料费用分配表，详见表 6－2。

表 6－2 原材料费用分配表（分配表 1）

单位：元

<table>
<tr><th colspan="3">应借科目</th><th rowspan="2">原料
及主要材料</th><th rowspan="2">其他材料</th><th rowspan="2">合计</th></tr>
<tr><th>总账科目</th><th>明细科目</th><th>成本或费用项目</th></tr>
<tr><td rowspan="2">基本生产
成本</td><td>甲产品
乙产品</td><td>直接材料
直接材料</td><td>80 000
73 000</td><td>2 500
1 500</td><td>82 500
74 500</td></tr>
<tr><td colspan="2">小计</td><td>153 000</td><td>4 000</td><td>157 000</td></tr>
</table>

续　表

应借科目			原料及主要材料	其他材料	合计
总账科目	明细科目	成本或费用项目			
辅助生产成本	供水车间 运输车间	直接材料 直接材料	1 800 1 500	600 300	2 400 1 800
	小计		3 300	900	4 200
制造费用	基本生产车间 供水车间 运输车间	机物料消耗 机物料消耗 机物料消耗		1 200 700 2 100	1 200 700 2 100
	小计			4 000	4 000
管理费用	物料消耗			1 800	1 800
合计			156 300	10 700	167 000

会计分录②：

借：基本生产成本　157 000

　　辅助生产成本　4 200

　　制造费用　4 000

　　管理费用　1 800

　贷：原材料　167 000

3. 根据各车间、部门耗电数量、电价和有关的费用分配标准（各种产品耗用的机器工时）编制外购动力费（电费）分配表，详见表6－3。

表6－3　外购动力费（电费）分配表（分配表2）

单位：元

应借科目			数量		金额
总账科目	明细科目	成本或费用项目	机器工时（分配率：2.5）	度数（单价：0.40元）	
基本生产成本	甲产品 乙产品	直接燃料和动力 直接燃料和动力	2 400 1 600		6 000 4 000
	小计		4 000	25 000	10 000
辅助生产成本	供水车间 运输车间	直接燃料和动力 直接燃料和动力		5 000 4 000	2 000 1 600
	小计			9 000	3 600

续　表

应借科目			数量		金额
总账科目	明细科目	成本或费用项目	机器工时（分配率:2.5）	度数（单价:0.4元）	
制造费用	基本生产车间 供水车间 运输车间	水电费 水电费 水电费		1 500 1 000 1 000	600 400 400
	小计			3 500	1 400
管理费用	水电费			500	200
合计				38 000	15 200

会计分录③:

借:基本生产成本　　10 000

　辅助生产成本　　3 600

　制造费用　　1 400

　管理费用　　200

贷:应付账款　　15 200

4. 根据各车间、部门的职工薪酬结算凭证等资料,编制职工薪酬费用汇总分配表,详见表6－4。

表6－4　职工薪酬费用分配表(分配表3)

单位:元

应借科目			金额
总账科目	明细科目	成本或费用项目	
基本生产成本	甲产品 乙产品	职工薪酬 职工薪酬	112 000 56 000
	小计		168 000
辅助生产成本	供水车间 运输车间	职工薪酬 职工薪酬	21 000 16 800
	小计		37 800
制造费用	基本生产车间 供水车间 运输车间	职工薪酬 职工薪酬 职工薪酬	14 000 5 600 5 600
	小计		25 200
管理费用			21 000
合计			252 000

会计分录④：

借：基本生产成本　168 000

　辅助生产成本　37 800

　制造费用　25 200

　管理费用　21 000

　贷：应付职工薪酬　252 000

5. 根据本月应提折旧固定资产原价和月折旧率，计算本月应计提固定资产折旧额，编制折旧费用分配表，详见表6－5。

表6－5　固定资产折旧费用分配表（分配表4）

单位：元

项目	生产车间				企业管理部门	合计
	基本生产车间	供水车间	运输车间	小计		
折旧费用	24 000	12 000	9 000	45 000	5 000	50 000

会计分录⑤：

借：制造费用　45 000

　管理费用　5 000

　贷：累计折旧　50 000

（二）计算在产品盘盈、盘亏或毁损价值

根据在产品盘存表和其他有关资料，计算在产品盘盈、盘亏或毁损价值，并从有关费用中冲减盘盈价值，将盘亏或毁损损失计入管理费用。

乙产品的在产品毁损6件，按定额成本计价。在产品的单位直接材料费用定额400元；毁损在产品的定额工时为120小时，每小时直接人工费用8.5元；定额机器工时22.5小时，每机时直接燃料和动力费用2.4元，每机时制造费用40元。毁损在产品的定额成本和净损失计算，详见表6－6。

表6－6　在产品盘亏、毁损损失计算表（分配表5）

产品名称：乙　　（按定额成本计算）

毁损数量：6件　　单位：元

项目	直接材料	直接燃料和动力	直接人工	制造费用	合计
单件（或小时、机时）费用定额	400	2.4	8.5	40	—
毁损在产品成本（6件）	2 400	54	1 020	900	4 374
减：回收残料价值	274				274
在产品毁损损失	2 126	54	1 020	900	4 100
向过失人索赔					100
基本生产车间在产品毁损净损失					4 000

会计分录⑥（清查中发现在产品毁损 4 374 元）：

借：待处理财产损溢　　4 374

　贷：基本生产成本　　4 374

会计分录⑦（回收残料 274 元，向过失人索赔 100 元；经审批，将净损失转入当月管理费用）：

借：原材料　　274

　其他应收款　　100

　管理费用　　4 000

　贷：待处理财产损溢　　4 374

（三）对跨期摊提费用，编制费用分配表进行分配

本月基本生产车间领用低值易耗品 3 600 元，经审批采用分次摊销法进行摊销，从本月起分 3 个月平均摊入产品成本。

会计分录⑧（本月基本生产车间领用低值易耗品 3 600 元）：

借：低值易耗品——在用　　3 600

　贷：低值易耗品——在库　　3 600

采用分次摊销法对本月基本生产车间领用的低值易耗品进行摊销（假设本月需要摊销的费用仅此一项）。低值易耗品摊销分配表见表 6－7。

表 6－7　低值易耗品摊销分配表（分配表 6）

单位：元

费用种类	应借科目		应贷（摊销）金额
	总账科目	明细科目	
低值易耗品摊销	制造费用	基本生产车间——低值易耗品摊销	1 200

会计分录⑨（分月摊销时）：

借：制造费用　　1 200

　贷：低值易耗品——摊销　　1 200

（四）归集和分配辅助生产费用

1. 根据上述各种费用分配表，登记辅助生产成本明细账和辅助生产车间制造费用明细账，详见表 6－8 至表 6－11。

2. 该企业采用直接分配法分配辅助生产费用。本月供水车间提供水 42 000 立方米，其中为运输车间供水 2 000 立方米，为基本生产车间供水 36 000 立方米，为行政管理部门供水 4 000 立方米。运输车间提供运输劳务 51 000 吨公里，其中为供水车间运输 1 000 吨公里，为基本生产车间运输 45 000 吨公里，为行政管理部门运输 5 000 吨公里。

根据辅助生产成本明细账和辅助生产车间制造费用明细账中的待分配费用、供水和运输车间提供劳务数量，编制辅助生产费用分配表分配辅助生产费用，见表6-12。

表6-8　辅助生产成本明细账

车间名称：供水车间　　单位：元

月	日	摘要	直接材料	直接燃料和动力	直接人工	制造费用	合计	转出	余额
6	30	根据分配表1	2 400				2 400		
6	30	根据分配表2		2 000			2 000		
6	30	根据分配表3			21 000		21 000		
6	30	待分配费用小计	2 400	2 000	21 000		25 400		25 400
6	30	根据分配表7						48 000	
6	30	根据分配表8				22 600	22 600		
6	30	合计	2 400	2 000	21 000	22 600	48 000	48 000	0

表6-9　辅助生产成本明细账

车间名称：运输车间　　单位：元

月	日	摘要	直接材料	直接燃料和动力	直接人工	制造费用	合计	转出	余额
6	30	根据付款凭证汇总表		15 000			15 000		
6	30	根据分配表1	1 800				1 800		
6	30	根据分配表2		1 600			1 600		
6	30	根据分配表3			16 800		16 800		
6	30	待分配费用小计	1 800	16 600	16 800		35 200		35 200
6	30	根据分配表7						56 500	
6	30	根据分配表8				21 300	21 300		
6	30	合计	1 800	16 600	16 800	21 300	56 500	56 500	0

表6－10　制造费用明细账

车间名称:供水车间　　　　单位:元

月	日	摘要	职工薪酬	机物料消耗	水电费	折旧费	劳动保护费	办公费	其他	合计	转出	余额
6	30	根据付款凭证汇总表					2 000	1 500	400	3 900		
6	30	根据分配表1		700						700		
6	30	根据分配表2			400					400		
6	30	根据分配表3	5 600							5 600		
6	30	根据分配表4				12 000				12 000		
6	30	待分配费用小计	5 600	700	400	12 000	2 000	1 500	400	22 600		22 600
6	30	根据分配表8									22 600	
6	30	合计	5 600	700	400	12 000	2 000	1 500	400	22 600	22 600	0

表6－11　制造费用明细账

车间名称:运输车间　　　　单位:元

月	日	摘要	职工薪酬	机物料消耗	水电费	折旧费	劳动保护费	办公费	其他	合计	转出	余额
6	30	根据付款凭证汇总表					1 500	1 500	1 200	4 200		
6	30	根据分配表1		2 100						2 100		
6	30	根据分配表2			400					400		
6	30	根据分配表3	5 600							5 600		
6	30	根据分配表4				9 000				9 000		
6	30	待分配费用小计	5 600	2 100	400	9 000	1 500	1 500	1 200	21 300		21 300
6	30	根据分配表8									21 300	
6	30	合计	5 600	2 100	400	9 000	1 500	1 500	1 200	21 300	21 300	0

表 6－12　辅助生产费用分配表(分配表 7)

(直接分配法)

单位:元

项目			供水车间	运输车间	合计
待分配费用	"辅助生产成本"科目发生额		25 400	35 200	60 600
	"制造费用"科目发生额		22 600	21 300	43 900
	小计		48 000	56 500	104 500
供应辅助生产以外单位的劳务数量			40 000 立方米	50 000 吨公里	—
费用分配率(单位成本)			1.2	1.13	—
应借"制造费用"科目	基本生产车间	耗用数量	36 000 立方米	45 000 吨公里	—
		分配金额	43 200	50 850	94 050
应借"管理费用"科目	耗用数量		4 000 立方米	5 000 吨公里	
	分配金额		4 800	5 650	10 450
合计			48 000	56 500	104 500

上表中费用分配率计算:

$$供水费用分配率 = \frac{48\,000}{40\,000} = 1.2$$

$$运输费用分配率 = \frac{56\,500}{50\,000} = 1.13$$

会计分录⑩:

借:制造费用——基本生产车间　　94 050

　管理费用　　10 450

　贷:辅助生产成本　　104 500

(3)将辅助生产费用分配表的各项分配数记入各有关明细账后,结算辅助生产车间制造费用明细账,并编制辅助生产车间制造费用分配表,将各辅助生产车间的制造费用分配转入辅助生产成本明细账,归集辅助生产费用。辅助生产车间制造费用分配表见表 6－13。

表 6－13　辅助生产车间制造费用分配表(分配表 8)

单位:元

应借科目		供水车间制造费用	运输车间制造费用	合计
总账科目	明细科目			
辅助生产成本	供水车间	22 600		22 600
	运输车间		21 300	21 300
合计		22 600	21 300	43 900

(五)归集和分配基本生产车间的制造费用

(1)根据上述各种费用分配表,登记基本生产车间制造费用明细账,见表6-14。

表6-14　制造费用明细账

车间名称:基本生产车间　　　　单位:元

月	日	摘要	职工薪酬	机物料消耗	低值易耗品摊销	折旧费	水电费	运费	办公费	劳动保护费	其他	合计	转出	余额
6	30	根据付款凭证汇总表							7 000	4 000	950	11 950		
6	30	根据分配表1		1 200								1 200		
6	30	根据分配表2					600					600		
6	30	根据分配表3	14 000									14 000		
6	30	根据分配表4				24 000						24 000		
6	30	根据分配表6			1 200							1 200		
6	30	根据分配表7					43 200	50 850				94 050		
6	30	根据分配表9											147 000	
6	30	合计	14 000	1 200	1 200	24 000	43 800	50 850	7 000	4 000	950	147 000	147 000	0

会计分录⑪:

借:辅助生产成本——供水　　22 600

　　　　　　　——运输　　21 300

贷:制造费用——供水车间　　22 600

　　　　　——运输车间　　21 300

(2)根据基本生产车间制造费用明细账归集的制造费用和甲、乙产品的机器工时,编制基本生产车间制造费用分配表分配制造费用,详见表6-15。

表6-15　基本生产车间制造费用分配表(分配表9)

单位:元

应借科目		机器工时	分配金额(分配率:36.75)
总账科目	明细科目		
基本生产成本	甲产品	2 400	88 200
	乙产品	1 600	58 800
合计		4 000	147 000

$$分配率=\frac{147\ 000}{4\ 000}=36.75$$

会计分录⑫：

借：基本生产成本　　147 000

　贷：制造费用——基本生产车间　　147 000

（六）登记产品成本明细账并计算产品成本

根据上述各种费用分配表和其他有关资料，登记产品成本明细账，分别归集甲、乙两种产品的生产费用，并采用适当的分配方法，分配计算甲、乙产品的完工产品成本和月末在产品成本。

（1）根据上月产品成本明细账和本月各种费用分配表，登记产品成本明细账的上月末即本月初在产品成本和本月生产费用发生额。甲、乙两种产品成本明细账详见表6－16和表6－17。

表6－16　产品成本明细账

产品名称：甲　　单位：元

月	日	摘要		产量（件）	直接材料	直接燃料和动力	直接人工	制造费用	成本合计
5	31	在产品成本（定额成本）			18 000	567	10 710	9 450	38 727
6	30	根据分配表1			82 500				82 500
6	30	根据分配表2				6 000			6 000
6	30	根据分配表3					112 000		112 000
6	30	根据分配表9						88 200	88 200
6	30	本月生产费用合计			82 500	6 000	112 000	88 200	288 700
		生产费用累计			100 500	6 567	122 710	97 650	327 427
6	30	产成品成本	总成本	160	80 500	5 937	110 810	87 150	284 397
			单位成本		503.13	37.1	692.56	544.69	1 777.48
6	30	在产品成本（定额成本）			20 000	630	11 900	10 500	43 030

表6－17　产品成本明细账

产品名称：乙　　单位：元

月	日	摘要	产量（件）	直接材料	直接燃料和动力	直接人工	制造费用	成本合计
5	31	在产品成本（定额成本）		12 000	270	5 100	4 500	21 870
6	30	根据分配表1		74 500				74 500

续 表

月	日	摘要		产量（件）	直接材料	直接燃料和动力	直接人工	制造费用	成本合计
6	30	根据分配表2				4 000			4 000
6	30	根据分配表3					56 000		56 000
6	30	根据分配表9						58 800	58 800
6	30	本月生产费用合计			74 500	4 000	56 000	58 800	193 300
6	30	生产费用累计			86 500	4 270	61 100	63 300	215 170
6	30	减：毁损在产品成本（分配表5）			2 400	54	1 020	900	4 374
6	30	生产费用净额			84 100	4 216	60 080	62 400	210 796
6	30	产成品成本	总成本	190	74 100	3 991	55 830	58 650	192 571
			单位成本		390	21.01	293.84	308.68	1 013.53
6	30	在产品成本（定额成本）			10 000	225	4 250	3 750	18 225

（2）该企业产品的消耗定额比较准确、稳定，甲、乙产品各月在产品数量变动不大，采用在产品按定额成本计价法进行完工产品与在产品之间的费用分配。根据在产品的盘存资料和费用定额资料，编制月末在产品定额成本计算表，作为分配费用的依据，详见表6－18。

表6－18　月末在产品定额成本计算表

产品名称	在产品数量（件）	直接材料费用		定额工时		直接燃料和动力费用（每机时2.4元）	直接人工费用（每工时8.5元）	制造费用（每机时40元）	定额成本合计
		费用定额	定额费用	机器工时	人工工时				
甲	40	500	20 000	262.5	1 400	630	11 900	10 500	43 030
乙	25	400	10 000	93.75	500	225	4 250	3 750	18 225

（3）计算完工产品的实际生产成本。将月末在产品的定额成本记入产品成本明细账，并从生产费用累计数（或净额）中减去月末在产品定额成本，即可计算出完工产品（产成品）的实际总成本。本月甲产品完工160件，乙产品完工190件，各种产品的总成本除以各该产品产量，即可计算出各种完工产品的单位成本。

（七）结转产成品成本

根据甲、乙产品成本明细账中的产成品成本，汇总编制产成品成本汇总表，结转产成品成本。产成品成本汇总表详见表6－19。

表6－19　产成品成本汇总表

单位：元

产成品名称	单位	产品数量	直接材料	直接燃料和动力	直接人工	制造费用	成本合计
甲产品	件	160	80 500	5 937	110 810	87 150	284 397
乙产品	件	190	74 100	3 991	55 830	58 650	192 071
合计			154 600	9 928	166 640	14 580	476 968

会计分录⑬：

借：库存商品　476 968

贷：基本生产成本　476 968

第三节　产品成本核算的分批法

一、分批法的含义、特点及适用范围

（一）分批法的含义

产品成本计算的分批法，是按照产品批别计算产品成本的一种方法。由于产品的批别大多是根据销货订单确定的，因此这种方法又称订单法。

（二）分批法的特点

由于分批法下，产品成本的计算是与生产任务通知单的签发和结束紧密配合的，因此分批法具有以下两个特点。

一是在分批法下，产品成本的计算是不定期的。由于运用分批法计算的成本计算对象，大多为重型机器、船舶、精密工具仪器，这些产品的生产周期一般较长，难以在核算报告期内完成。因此，分批法下，成本计算周期与产品生产周期基本一致，而与会计核算报告期不一致。

为了保证各批产品成本计算的准确性，各批产品明细账的设立和结算应与生产任务通知单的签发和结束密切配合，协调一致，即各批或各订单产品的成本总额，在其完工后（完工月份的月末）计算确定，因而产品成本计算是不定期的，成本计算与产品生产周期基本一致。

二是在分批法下，由于成本计算期与产品的生产周期基本一致，因而在计算月末产品成

本时，一般不存在完工产品与在产品之间分配费用的问题。

在小批量、大件生产中，由于成本计算期与产品的生产周期一致，因而在月末计算生产成本时，一般不存在完工产品与在产品之间分配费用的问题。在单件产品生产中，产品完工前，产品成本明细账所记录的生产费用都是在产品成本；生产完工时，产品成本明细账所记录的生产费用就是完工产品的成本。因而在月末计算产品成本时，不存在完工产品与在产品之间分配费用的问题。

（三）分批法的适用范围

分批法主要适用于单件小批类型的生产，如造船业、重型机器制造业等，也可用于一般企业中的新产品试制的生产、在建工程以及设备修理作业等。适用分批法计算成本的企业和车间主要有以下几类：

第一，根据客户订单生产的企业。有些企业根据客户的要求，生产特殊规格、特定数量的产品，订单可能是单件大型产品（如重型机械、船舶等），也可能是多件同样规格的产品（如根据客户提供的图纸或样品生产某些特殊要求的产品）。对于这些企业生产的产品，应当采用分批法进行成本核算。

第二，产品种类经常变动的小规模制造企业。这类企业规模小，人员少，因此，通常根据市场需求的变化，不断变动生产产品的种类和数量。因此，在进行成本核算工作时，企业的会计人员也必须按照每批投产的产品计算批别成本。如软件的开发与升级、企业图纸的设计等，都应当使用分批法进行成本核算。

第三，承担修理业务的企业。由于修理业务多种多样，因此要根据所承接的修理工作分别计算成本，在生产成本上加上约定的利润向客户收取货款，因此也必须按批别计算产品成本。

第四，新产品试制车间。专门试制、开发新产品的车间，由于产品没有定型，不可能大量生产，因此要按所生产的新产品的批别分别计算成本。

总之，适用分批法进行成本计算的产品主要具有以下特点：一是生产周期较长，使用品种法每月月末归集成本不合适；二是产品具有特殊性，属于个别加工，更适宜根据订单分批进行成本计算。

二、分批法计算程序举例

［例6－2］某工业企业根据购买单位订单小批生产甲、乙两种产品，采用分批法计算产品成本。20××年7月生产情况和生产费用支出情况的资料如下：

（1）本月生产产品的批号

2019：甲产品4台，5月投产，本月全部完工。

2020：甲产品10台，6月投产，本月完工6台，未完工4台。

2031：乙产品8台，本月投产，计划8月完工，本月提前完工2台。

(2)生产费用支出情况

①各批产品的月初在产品费用详见表6－20。

表6－20　月初在产品费用表

单位:元

批号	直接材料	直接燃料和动力	直接人工	制造费用	合计
2019	6 560	7 200	3 640	1 780	19 180
2020	12 860	10 292	5 892	3 906	32 950

②根据各种费用分配表,汇总各批产品本月发生的生产费用,详见表6－21。

表6－21　本月产品汇总生产费用表

单位:元

批号	直接材料	直接燃料和动力	直接人工	制造费用	合计
2019		3 150	2 980	970	7 100
2020		3 820	6 120	2 730	12 670
2031	9 360	8 180	5 740	3 010	26 290

(3)在完工产品与在产品之间分配费用的方法

①2020批甲产品,本月末完工产品数量较大。原材料是在生产开始时一次投入,其费用可以按照完工产品和在产品实际数量比例分配;其他费用采用约当产量比例法在完工产品与月末在产品之间进行分配,在产品完工程度为60%。

②2031批乙产品,本月末完工产品数量为2台。为简化核算,完工产品按计划成本转出,每台计划成本为:直接材料1 160元,直接燃料和动力920元,直接人工612元,制造费用328元,合计3 020元。

根据上述各项资料,登记各批产品成本明细账,详见表6－22至表6－24。

表6－22　产品成本明细账

投产日期:5月

产品批号:2019　　购货单位:某工厂　　完工日期:7月

产品名称:甲　　批量:4台　　单位:元

摘要	直接材料	直接燃料和动力	直接人工	制造费用	合计
月初在产品费用	6 560	7 200	3 640	1 780	19 180
本月生产费用		3 150	2 980	970	7 100
累计	6 560	10 350	6 620	2 750	26 280
完工产品成本	6 560	10 350	6 620	2 750	26 280
完工产品单位成本	1 640	2 587.50	1 655	687.50	6 570

表 6－23　产品成本明细账

投产日期:6 月

完工日期:8 月

产品批号:2020　　购货单位:某公司　　(本月完工 6 台)

产品名称:甲　　批量:10 台　　单位:元

摘要	直接材料	直接燃料和动力	直接人工	制造费用	合计
月初在产品费用	12 860	10 292	5 892	3 906	32 950
本月生产费用		3 820	6 120	2 730	12 670
累计	12 860	14 112	12 012	6 636	45 620
完工 6 台产品成本	7 716	10 080	8 580	4 740	31 116
完工产品单位成本	1 286	1 680	1 430	790	5 186
月末在产品费用	5 144	4 032	3 432	1 896	14 504

表 6－23 中:

完工产品直接材料费用 $=\frac{12\ 860}{6+4}\times 6=7\ 716$(元)

月末在产品直接材料费用 $=\frac{12\ 860}{6+4}\times 4=5\ 144$(元)

月末在产品约当量 $=4\times 60\%=2.4$(台)

完工产品直接燃料和动力费用 $=\frac{14\ 112}{6+2.4}\times 6=10\ 080$(元)

月末在产品直接燃料和动力费用 $=\frac{14\ 112}{6+2.4}\times 2.4=4\ 032$(元)

完工产品直接人工费用 $=\frac{12\ 012}{6+2.4}\times 6=8\ 580$(元)

月末在产品直接人工费用 $=\frac{12\ 012}{6+2.4}\times 2.4=3\ 432$(元)

完工产品制造费用 $=\frac{6\ 636}{6+2.4}\times 6=4\ 740$(元)

月末在产品制造费用 $=\frac{6\ 636}{6+2.4}\times 2.4=1\ 896$(元)

表 6－24　产品成本明细账

投产日期:7 月

完工日期:8 月

产品批号:2031　　购货单位:某集团　　(本月完工 2 台)

产品名称:乙　　批量:8 台　　单位:元

摘要	直接材料	直接燃料和动力	直接人工	制造费用	合计
本月生产费用	9 360	8 180	5 740	3 010	26 290
单台计划成本	1 160	920	612	328	3 020
完工 2 台产品成本	2 320	1 840	1 224	656	6 040
月末在产品费用	7 040	6 340	4 516	2 354	20 250

三、简化的分批法

在小批、单件生产的企业或车间中,如果同一月份投产的产品批数很多,几十批甚至上百批,且月末未完工的批数也较多,如机械制造厂或修配厂。在这种情况下,如果将当月发生的间接计入费用全部分配给各批产品,而不管各批产品是否已经完工,费用分配的核算工作将非常繁重。因此,在这类企业或车间中还采用一种简化的分批法。

在简化的分批法下,仍应按照产品批别设立产品成本明细账,但在各批产品完工之前,账内只需按月登记直接计入费用(如直接材料费用)和生产工时。每月发生的间接计入费用,不是按月在各批产品之间进行分配,而是先将其在基本生产成本二级账中,按成本项目分别累计起来,只有在有产品完工的那个月份,才对完工产品,按照其累计工时的比例,分配间接计入费用,计算完工产品成本;在产品应负担的间接计入费用,则以总数反映在基本生产成本二级账中,不进行分配,不分批计算在产品成本。因此,这种方法可称为不分批计算在产品成本的分批法。

各批完工产品应负担的间接计入费用,一般是按照全部产品累计间接计入费用分配率和各该批完工产品累计生产工时的比例进行计算分配的。有关计算公式如下:

$$\begin{array}{c}\text{全部产品累计间接}\\\text{计入费用分配率}\end{array}=\frac{\text{全部产品累计间接计入费用}}{\text{全部产品累计工时}}$$

$$\begin{array}{c}\text{某批完工产品应}\\\text{负担的间接计入费用}\end{array}=\begin{array}{c}\text{该批完工产品}\\\text{累计工时}\end{array}\times\begin{array}{c}\text{全部产品累计间接}\\\text{计入费用分配率}\end{array}$$

[例 6－3]某工业企业小批生产多种产品,由于产品批数多,为了简化成本计算工作,采用简化的分批法——不分批计算在产品成本的分批法计算成本。该企业 9 月的产品批号有:

2010:甲产品 6 件,7 月投产,本月完工。

2011:甲产品 8 件,8 月投产,尚未完工。

2041：乙产品12件，8月投产，本月完工2件。

2061：丙产品4件，9月投产，尚未完工。

该企业设立的基本生产成本二级账见表6－25。

表6－25　基本生产成本二级账

（各批产品总成本）

单位：元

月	日	摘要	直接材料	生产工时（小时）	直接人工	制造费用	合计
8	31	在产品	30 120	62 000	596 250	901 500	1 527 870
9	30	本月发生	24 100	101 500	1 038 750	1 142 250	2 205 100
	30	累计数	54 220	163 500	1 635 000	2 043 750	3 732 970
	30	全部产品累计间接计入费用分配率	—	—	10	12.5	—
	30	本月完工产品转出	10 365	41 460	414 600	518 250	943 215
	30	在产品	43 855	122 040	1 220 400	1 525 500	2 789 755

在表6－25基本生产成本二级账中，8月31日在产品的生产工时和各项费用系上月末根据上月的生产工时和生产费用资料计算登记；本月发生的原材料费用和生产工时，应根据本月原材料费用分配表、生产工时记录，与各批产品成本明细账平行登记；本月发生的各项间接计入费用，应根据各费用分配表汇总登记。全部产品累计间接计入费用分配率计算如下：

$$直接人工费用累计分配率=\frac{1\ 635\ 000}{163\ 500}=10$$

$$制造费用累计分配率=\frac{2\ 043\ 750}{163\ 500}=12.5$$

本月完工转出产品的直接材料费用和生产工时，应根据各批产品的产品成本明细账中完工产品的直接材料费用和生产工时汇总登记；完工产品的各项间接计入费用，可以根据账中完工产品工时分别乘以各项费用的累计分配率计算登记，也可以根据各批产品成本明细账中完工产品的各该费用分别汇总登记。以账中累计行的各栏数字分别减去本月完工产品转出数，即为9月末在产品的直接材料费用、生产工时和各项间接计入费用。月末在产品的直接材料费用和生产工时，也可以根据各批产品成本明细账中月末在产品的直接材料费用和生产工时分别汇总登记；各项间接计入费用也可以根据其生产工时分别乘以各项费用累计分配率计算登记。两者计算结果应该相符。

该企业设立的各批产品成本明细账详见表6－26至表6－29。

表 6－26　产品成本明细账

投产日期:7 月

产品批号:2010　　购货单位:某工厂　　完工日期:9 月

产品名称:甲　　批量:6 件　　单位:元

月	日	摘要	直接材料	生产工时	直接人工	制造费用	合计
7	31	本月发生	5 800	5 430			
8	31	本月发生	1 130	8 870			
9	30	本月发生	1 210	16 700			
	30	累计数及累计间接计入费用分配率	8 140	31 000	10	12.5	
	30	本月完工产品转出	8 140	31 000	310 000	387 500	705 640
	30	完工产品单位成本	1 356.67		51 666.67	64 583.33	117 606.67

表 6－27　产品成本明细账

投产日期:8 月

产品批号:2011　　购货单位:某公司　　完工日期:

产品名称:甲　　批量:8 件　　单位:元

月	日	摘要	直接材料	生产工时	直接人工	制造费用	合计
8	31	本月发生	9 840	19 070			
9	30	本月发生	2 980	42 080			

表 6－28　产品成本明细账

投产日期:8 月

产品批号:2041　　购货单位:某公司　　完工日期:9 月完成 2 件

产品名称:乙　　批量:12 件　　单位:元

月	日	摘要	直接材料	生产工时	直接人工	制造费用	合计
8	31	本月发生	13 350	28 630			
9	30	本月发生		14 140			
	30	累计数及累计间接计入费用分配率	13 350	42 770	10	12.5	
	30	本月完工产品(2 件)转出	2 225	10 460	104 600	130 750	237 575
	30	完工产品单位成本	1 112.5		52 300	65 375	118 787.5
	30	在产品	11 125	32 310			

表 6－29　产品成本明细账

投产日期:9 月

产品批号:2061　　购货单位:某集团　　完工日期:

产品名称:丙　　批量:4 件　　单位:元

月	日	摘要	直接材料	生产工时	直接人工	制造费用	合计
9	30	本月发生	19 910	28 580			

在上述各批产品成本明细账中,对于没有完工产品的月份,只登记直接材料费用(直接计入费用)和生产工时,如2011 批、2061 批两批产品;对于有完工产品的月份,包括批内产品全部完工或部分完工,除登记本月发生的直接材料费用和生产工时及其累计数外,还应根据基本生产成本二级账登记各项累计间接计入费用的分配率以及完工产品转出成本等内容。2010 批产品,月末全部完工,因而其产品成本明细账中累计的直接材料费用和生产工时,就是完工产品的直接材料费用和生产工时,以其生产工时分别乘以各项累计间接计入费用分配率,即为完工产品应分配的各项间接计入费用。2041 批产品,月末部分完工、部分在产,因而还应在完工产品与在产品之间分配费用。该种产品所耗原材料在生产开始时一次投入,因而直接材料费用按完工产品与在产品的数量比例分配,完工产品直接材料费用 2 225 元(即 13 350 ÷ 12 ×2);完工产品工时 10 460 小时系按工时定额计算。

综上所述,简化的分批法与一般的分批法相比较,具有以下特点:

(1)采用简化的分批法必须设立基本生产成本二级账。从计算产品实际成本的角度来说,采用其他成本计算方法,可以不设立基本生产成本二级账,但采用简化的分批法,则必须设立基本生产成本二级账。其作用在于:①按月提供企业或车间全部产品的累计生产费用(包括直接计入费用和间接计入费用)和生产工时资料;②在有产品完工的月份,按照上述公式计算和登记全部产品累计间接计入费用分配率;③根据完工产品累计生产工时和累计间接计入费用分配率,计算和登记完工产品应负担的累计间接计入费用,并计算完工产品总成本;④以全部产品累计生产费用减去本月完工产品总成本,计算和登记月末各批在产品总成本。

(2)每月发生的间接计入费用,不是按月在各批产品之间进行分配,而是先在基本生产成本二级账中累计起来,在有产品完工的月份,才按上述公式,在各批完工产品之间进行分配,计算完工产品成本;对未完工的在产品则不分配间接计入费用,只以总数反映在二级账中,即不分批计算在产品成本。显然,采用这种分批法,可以简化费用的分配和登记工作;月末未完工产品的批数越多,核算工作就越简化。

(3)采用这种方法,各批产品之间分配间接计入费用的工作以及完工产品与月末在产品之间分配间接计入费用的工作,即生产费用的横向分配和纵向分配工作,都是利用累计间接计入费用分配率,到产品完工时合并在一起进行的。换言之,各项累计间接计入费用分配

率，既是在各批完工产品之间，也是在全部完工产品批别与全部月末在产品之间，以及某批产品的完工产品与月末在产品之间分配各该项费用的依据。基于这一特点，这种简化的分批法也称为累计间接计入费用分配法。

第四节　产品成本核算的分步法

一、分步法概述

（一）分步法的概念及适用条件

分步法是以产品的品种及其所需的生产步骤作为成本计算对象，归集生产费用，计算各种产品成本及其各步骤成本的一种方法。分步法主要适用于大量大批复杂生产的企业，如纺织、冶金、造纸等大批量、多步骤生产类型的企业。例如钢铁企业可分为炼铁、炼钢、轧钢等生产步骤；纺织厂可分为纺纱、织布等生产步骤。在这些企业里，其生产过程是由若干个在技术上可以间断的生产步骤组成的，每个生产步骤除了生产出半成品（最后步骤为产成品）外，还得到一些处于加工阶段的在产品。已经生产出来的半成品既可以用于下一生产步骤的再加工，也可以对外销售。为了适应生产的这一特点，企业不仅要计算每一种产品的成本，还要按经过的生产步骤，提供有关生产步骤成本信息。

（二）分步法的基本特点

采用分步法计算产品成本时，既要计算最终产品的成本，又要计算每一生产步骤的成本，因此，分步法的成本计算对象是每种产品以及每种产品所经过的生产步骤的成本。因此，在进行成本计算时，需为每种产品及所经过的生产步骤设置产品成本计算单，来归集生产费用，计算产品成本。分步法下生产步骤的划分，有时与生产车间一致，有时并不完全一致。为了成本计算的方便，有时一个车间对应一个步骤，有时将几个车间合并起来对应一个生产步骤，有时一个车间又对应几个生产步骤。对于生产过程中发生的费用，凡是直接费用，应直接计入各步骤成本计算单中。间接费用则应先行归集，然后再采用适当的方法，分配计入各步骤成本计算单中。为了适应这一特点，生产车间发生各种费用的原始凭证上，应注明费用发生的具体生产步骤，对于直接发生费用的原始凭证，还应注明其成本计算对象，以便编制各种费用分配表，登记各种产品成本计算单。

分步法适用于大量大批生产的企业，经常有完工产品产出，不能于产品完工时就计算其成本，因而，其成本计算期一般是定期于月末进行，其产品成本计算期与产品生产周期不一致，而与会计结算期一致。

在大量大批复杂生产的企业里，月末通常会有一定数量的在产品。这时，应采用适当的方法，将各步骤成本计算单上所归集的生产费用，在完工产品和期末在产品之间进行分配，从而计算出完工产品的成本和期末在产品的成本。

在实际工作中，由于成本管理的要求不同，分步法在结转各步骤成本时，又分为逐步结转分步法和平行结转分步法两种。

二、逐步结转分步法

（一）逐步结转分步法概述

逐步结转分步法也称计算半成品成本法，它是按照产品加工步骤的顺序，逐步计算并结转半成品成本，直至最后计算出产成品成本的一种方法。逐步结转分步法主要适用于成本管理中需要提供各个生产步骤半成品成本资料的企业。例如有的企业生产的半成品，不仅供本企业使用，还有一部分对外销售，为了计算对外销售半成品的成本，需计算半成品的成本。有些企业的半成品虽不对外销售，但要进行同行业的评比，同时，为了实行厂内经济核算，也需要计算半成品成本。有些半成品为企业内几种产品所耗用，只有计算出每种半成品的成本，才能计算出每种产成品的成本。

逐步结转分步法的成本计算对象是各种产品成本及各个生产步骤中的半成品的成本。其成本计算程序是：首先，计算出第一步骤的半成品成本；其次，如果半成品不经过半成品库收发而直接转入下一个生产车间，则将转入的半成品成本与第二生产步骤发生的生产费用相加，即可计算出第二生产步骤的半成品成本，再结转给下一个生产步骤，以此类推，直到最后步骤计算出产成品成本。

逐步结转分步法成本计算的程序如下。

1. 设置产品成本计算单

逐步结转分步法下，产品成本计算对象是每种产品及其所经过的生产步骤的半成品成本。因此，应按每种产品及其所经过的生产步骤设置“产品成本计算单”，“产品成本计算单”内按规定的成本项目设置专栏。这时，最后步骤生产出来的是产成品，其余各步骤均为半成品。

2. 归集生产费用

逐步结转分步法下，生产费用的归集是按产品和生产步骤进行的。当发生费用时，能直接确认为某种产成品或每步骤半成品的成本，应直接计入；不能直接计入的，则应采用适当的方法分配计入。对于除第一步骤以外的其他各生产步骤，还应登记转入该步骤的上一步骤生产的半成品的成本。

3. 计算在产品成本

期末时，应将归集在各步骤成本计算单上的生产费用合计，采用适当的方法，在完工半

成品(最后步骤为产成品)和狭义在产品之间进行分配。

4. 计算半成品成本

当在产品成本计算出来之后,对于除最后步骤外的其余各步骤来说,将生产费用合计扣除在产品的成本,其余额就是完工半成品的成本。半成品实物可一次全部转入下一步骤,也可通过半成品库收发。随着半成品实物的转移,其成本也从本步骤成本明细账上转出,转入下一步骤成本计算单(或半成品明细账)中。

5. 计算产成品成本

在逐步结转分步法下,产成品成本是在最后步骤计算出来的。因此,将最后步骤成本计算单上的生产费用扣除期末在产品的成本,其余额就是完工的产品成本。

采用逐步结转分步法计算产品成本时,按照半成品成本在下一个生产步骤成本计算单中的反映方法不同,又可分为综合结转分步法和分项结转分步法两种。

(二)综合结转分步法

1. 综合结转分步法的成本计算程序

综合结转分步法是指上一生产步骤的半成品成本转入下一生产步骤时,是以“半成品”或“直接材料”综合项目记入下一生产步骤成本计算单的方法。

采用综合结转分步法计算产品成本的程序如下:

(1)根据确定的成本计算对象,设置“产品成本计算单”;

(2)第一步根据本步骤发生的各种生产费用,计算该步骤完工半成品成本,直接转入下一步骤或半成品仓库;

(3)第二步以后的各生产步骤,将从上一步骤或半成品库转入的半成品成本,以“半成品”或“直接材料”综合项目计入本步骤成本计算单中,再加上本步骤发生的费用,计算出本步骤完工的半成品成本,再以综合项目转入下一步骤成本计算单中;

(4)最后计算出完工产成品的成本。

2. 综合结转分步法成本计算举例

现举例说明逐步结转分步法(综合结转)的计算。

[例6-4]某企业生产甲产品,经过三个生产步骤,原材料在开始生产时一次投入。月末在产品按约当产量法计算。有关资料见表6-30、表6-31。要求采用综合逐步结转分步法计算产品成本。

表 6-30 产量资料

数量单位:件

项　　目	第一步骤	第二步骤	第三步骤
月初在产品数量	200	100	80
本月投产数量	1 800	1 600	1 400
本月完工产品数量	1 600	1 400	1 200
月末在产品数量	400	300	280
在产品完工程度	50%	50%	50%

表 6-31 生产费用资料

金额单位:元

成本项目	月初在产品成本			本月发生费用		
	第一步骤	第二步骤	第三步骤	第一步骤	第二步骤	第三步骤
直接材料	405 000	138 000	14 000	1 850 000	—	—
燃料和动力	30 000	53 000	37 400	1 500 000	1 900 000	1 450 000
直接人工	104 000	211 500	98 400	2 200 000	6 500 000	3 600 000
制造费用	176 000	233 000	181 400	3 100 000	4 200 000	6 800 000
合　计	715 000	635 500	331 200	8 650 000	12 600 000	11 850 000

第一步骤产品成本的计算:

$$直接材料费用分配率=\frac{405\ 000+1\ 850\ 000}{1\ 600+400}=1\ 127.5(元/件)$$

完工半成品应分配的直接材料费用 $=1\ 600\times1\ 127.5=1\ 804\ 000$(元)

在产品应分配的直接材料费用 $=400\times1\ 127.5=451\ 000$(元)

$$燃料和动力费用分配率=\frac{30\ 000+1\ 500\ 000}{1\ 600+400\times50\%}=850(元/件)$$

完工半成品应分配的燃料和动力费 $=1\ 600\times850=1\ 360\ 000$(元)

在产品应分配的燃料和动力费 $=400\times50\%\times850=170\ 000$(元)

其他费用计算方法同上。据此可编制“第一步骤产品成本计算单”(见表 6-32)。

表 6-32 第一步骤产品成本计算单

金额单位:元

项　目	直接材料	燃料和动力	直接人工	制造费用	合　计
月初在产品成本	405 000	30 000	104 000	176 000	715 000
本月发生费用	1 850 000	1 500 000	2 200 000	3 100 000	8 650 000
合　计	2 255 000	1 530 000	2 304 000	3 276 000	9 365 000

续　表

项　目		直接材料	燃料和动力	直接人工	制造费用	合　计
产品产量	完工产品产量	1 600	1 600	1 600	1 600	—
	在产品约当产量	400	200	200	200	—
	合　计	2 000	1 800	1 800	1 800	—
单位成本		1 127.50	850	1 280	1 820	5 077.50
转出半成品成本		1 804 000	1 360 000	2 048 000	2 912 000	8 124 000
在产品成本		451 000	170 000	256 000	364 000	1 241 000

将第一步骤产品成本计算单中完工的半成品成本 8 124 000 元，计入“第二步骤产品成本计算单”中的“半成品”成本项目中。

第二步骤产品成本的计算：

第二步骤半成品成本合计 = 138 000 + 8 124 000（第一步骤转入）= 8 262 000（元）

半成品成本分配率（单位成本）$=\dfrac{138\ 000+8\ 124\ 000}{1\ 400+300}=4\ 860$（元/件）

完工产品应分配的半成品成本 = 1 400 × 4 860 = 6 804 000（元）

在产品应分配的半成品成本：300 × 4 860 = 1 458 000（元）

燃料和动力费用分配率（单位成本）$=\dfrac{53\ 000+1\ 900\ 000}{1\ 400+300\times 50\%}=1\ 260$（元/件）

完工半成品应分配的燃料和动力费用 = 1 260 × 1 400 = 1 764 000（元）

在产品应分配的燃料和动力费用 = 150 × 1 260 = 189 000（元）

其他费用计算方法同上，据此可编制“第二步骤产品成本计算单”，见表 6 - 33。

表 6 - 33　第二步骤产品成本计算单

金额单位：元

项　目		半成品	燃料和动力	直接人工	制造费用	合　计
月初在产品成本		138 000	53 000	211 500	233 000	635 500
本月发生费用		8 124 000	1 900 000	6 500 000	4 200 000	20 724 000
合计		8 262 000	1 953 000	6 711 500	4 433 000	21 359 500
产品产量	完工产品产量	1 400	1 400	1 400	1 400	—
	在产品约当产量	300	150	150	150	—
	合　计	1 700	1 550	1 550	1 550	—
单位成本		4 860	1 260	4 330	2 860	13 310
转出半成品成本		6 804 000	1 764 000	6 062 000	4 004 000	18 634 000
月末在产品成本		1 458 000	189 000	649 500	429 000	2 725 500

将第二步骤完工的半成品 18 634 000 元以“半成品”综合成本项目转入第三步骤产品成本计算单中。

第三步骤产品成本的计算：

第三步骤半成品成本合计 = 14 000 + 18 634 000(第二步骤转入)

= 18 648 000(元)

$$半成品成本分配率(单位成本) = \frac{14\ 000 + 18\ 634\ 000}{1\ 200 + 280} = 12\ 600(元)$$

完工产品应分配的半成品成本 = 1 200 × 12 600 = 15 120 000(元)

在产品应分配的半成品成本 = 280 × 12 600 = 3 528 000(元)

$$燃料和动力费用分配率(单位成本) = \frac{37\ 400 + 1\ 450\ 000}{1\ 200 + 280 \times 60\%} = 1\ 110(元)$$

完工产品应分配的燃料和动力费用 = 1 200 × 1 110 = 1 332 000(元)

在产品应分配的燃料和动力费用 = 140 × 1 110 = 155 400(元)

其他费用计算方法同上。据此可编制“第三步骤产品成本计算单”，见表 6 - 34。

表 6 - 34　第三步骤产品成本计算单

金额单位：元

项　目		半成品	燃料和动力	直接人工	制造费用	合　计
月初在产品成本		14 000	37 400	98 400	181 400	331 200
本月发生费用		18 634 000	1 450 000	3 600 000	6 800 000	30 484 000
合　计		18 648 000	1 487 400	3 698 400	6 981 400	30 815 200
产品产量	完工产品产量	1 200	1 200	1 200	1 200	—
	在产品约当产量	280	140	140	140	—
	合　计	1 480	1 340	1 340	1 340	—
单位成本		12 600	1 110	2 760	5 210	21 680
完工产品成本		15 120 000	1 332 000	3 312 000	6 252 000	26 016 000
月末在产品成本		3 528 000	155 400	386 400	729 400	4 799 200

采用综合结转分步法计算产品成本时，计算方法简便，能提供各步骤对应的半成品成本。但是采用综合结转分步法计算出来的产品成本，不能提供按原始成本项目反映产品成本的结构，因为最后步骤计算出来的产品成本中的“直接材料”或“半成品”项目中，包括了前几个步骤转入半成品的加工费，而成本项目中的各加工费项目，只是最后生产步骤的数额。这样显然不利于成本分析和成本考核。而要提供按原始成本项目反映的产品成本构成，还必须进行复杂的成本还原。因此，这种方法一般适用于只要求提供各步骤半成品成本

资料,而不要求提供原始成本项目构成情况的企业采用。

以上我们介绍的逐步结转分步法是前一步骤完工的半成品全部被下一步骤使用。在有的企业里,半成品不直接转入下一生产步骤,而是通过半成品库收发。如果通过半成品库收发半成品,则应设置半成品明细账。由于各月份完工半成品的单位成本不同,因而,可以采用加权平均法、先进先出法等方法,计算发出半成品的实际成本。在进行账务处理时,需设置“自制半成品”科目。该科目借方登记入库的自制半成品的实际成本,贷方登记发出自制半成品的实际成本。“自制半成品”科目可按自制半成品品种设置明细账进行明细核算。在自制半成品完工入库时,应借记“自制半成品”科目,贷记“生产成本——基本生产成本”科目;领用自制半成品时,应借记“生产成本——基本生产成本”科目,贷记“自制半成品”科目。

3. 成本还原

采用综合逐步结转分步法在最后步骤计算出来的完工产品成本中,燃料和动力、直接人工和制造费用等费用只是最后步骤发生的数额。最后步骤以前各步骤发生的这些费用都是以“半成品”综合项目反映的,半成品项目既包括直接材料费用,也包括其他费用。这样,就不能按原始成本项目反映产品成本的构成。成本计算的步骤越多,最后一个步骤成本计算单上“半成品”成本项目的成本在产品成本中的比重越大,提供的完工产品各成本项目的资料就越不真实。如果在企业管理工作中需要提供按原始成本项目考核产品成本的构成,则需进行成本还原。所谓成本还原,就是将产成品耗用各步骤半成品的综合成本,逐步分解还原为原来的成本项目。成本还原的方法是从最后步骤开始,将其耗用的上一步骤半成品的综合成本逐步分解,还原为原来的成本项目的过程。

成本还原的方法有如下两种:

(1)按半成品各成本项目占全部成本的比重还原。

按半成品各成本项目占全部成本的比重还原是根据本月产成品耗用上一步骤半成品的成本乘以还原分配率计算半成品成本还原的方法。其成本还原的计算程序如下:

①计算成本还原分配率。这里的成本还原分配率是指各步骤完工产品的成本构成。即各成本项目占全部成本的比重,其计算公式如下:

$$还原分配率=\frac{上步骤完工半成品各成本项目的金额}{上步骤完工半成品成本合计}\times 100\%$$

②将半成品的综合成本进行分解。分解的方法是用产成品成本中半成品的综合成本乘以上一步骤生产的该种半成品的各成本项目的比重。其计算公式如下:

$$半成品成本还原=本月产成品耗用上步骤半成品的成本\times 还原分配率$$

③计算还原后成本。还原后成本是根据还原前成本加上半成品成本还原计算的。其计算公式如下:

$$还原后产品成本=还原前产品成本+半成品成本还原$$

④如果成本计算有以上两个步骤,第一次成本还原后,还有未还原的半成品成本,这时,还应将未还原的半成品成本进行还原,即用未还原的半成品成本,乘以前一步骤该种半成品的各个成本项目的比重。后面的还原步骤和方法同上。直至还原到第一步骤为止,才能将半成品成本还原为原来的成本项目。

[例6-5]请以例6-4成本计算结果的资料为基础,进行成本还原的计算,并将计算结果填入表6-35中。

表6-35 产品成本还原计算表

产量:1 200件　　　　金额单位:元

项目	成本项目	还原前产品成本	本月生产半成品成本	还原分配率	半成品成本还原	还原后总成本	还原后单位成本
	(1)	(2)	(3)	(4)=(3)栏各项÷(3)栏合计	(5)=(4)×(2)栏半成品项目	(6)=(2)+(5)	(7)=(6)÷完工产品产量
按第二步骤半成品成本结构进行还原	直接材料						
	半成品	15 120 000	6 804 000	0.37	5 594 400	5 594 400	4 662
	燃料和动力	1 332 000	1 764 000	0.09	1 360 800	2 692 800	2 244
	直接人工	3 312 000	6 062 000	0.33	4 989 600	8 301 600	6 918
	制造费用	6 252 000	4 004 000	0.21	3 175 200	9 427 200	7 856
	合计	26 016 000	18 634 000	—	15 120 000	26 016 000	21 680
按第一步骤半成品成本结构进行还原	直接材料		1 804 000	0.22	1 230 768	1 230 768	1 025.64
	半成品	5 594 400					
	燃料和动力	2 692 800	1 360 000	0.17	951 048	3 643 848	3 036.54
	直接人工	8 301 600	2 048 000	0.25	1 398 600	9 700 200	8 083.50
	制造费用	9 427 200	2 912 000	0.36	2 013 984	11 441 184	9 534.32
	合计	26 016 000	8 124 000		5 594 400	26 016 000	21 680

(2)按各步骤耗用半成品的总成本占上一步骤完工半成品总成本的比重还原。

按各步骤耗用半成品的总成本占上一步骤完工半成品总成本的比重还原是将本月产成品耗用上一步骤半成品的综合成本,按本月所生产这种半成品成本结构进行还原。采用这种方法进行成本还原的计算程序如下:

①计算成本还原分配率,指产成品成本中半成品成本占上一步骤所产该种半成品总成本的比重。其计算公式如下:

$$成本还原分配率=\frac{本月产成品耗用上步骤半成品成本合计}{本月生产该半成品成本合计}\times 100\%$$

②计算半成品成本还原,是用成本还原分配率乘以本月生产该种半成品成本项目的金额。其计算公式如下:

半成品成本还原=成本还原分配率×本月生产该种半成品成本项目金额

③计算还原后产品成本，它是用还原前产品成本加上半成品成本还原计算的。其计算公式如下：

$$还原后产品成本=还原前产品成本+半成品成本还原$$

④如果成本计算需经两个以上的步骤，则需重复①—③进行再次还原，直至还原到第一步骤为止。

4. 按计划成本综合结转

在逐步结转分步法下，只有在上一步骤成本计算完成后，才能进行下一步骤的成本计算。这对于实行多步骤生产的企业来说，势必影响成本计算的及时性。为了解决这一问题，可采用按计划成本综合结转的方式。

采用按计划成本综合结转时，若后一步骤耗用上一步骤自制半成品，先按计划成本计价，其他各成本项目的计算方法与按实际成本综合结转法相同，这样计算出来的各步骤的半成品成本称为计划价格成本。最后，在各步骤计划价格成本的基础上，计算各步骤完工半成品的成本差异，分配给消耗这些半成品的产品负担，将转入各步骤成本计算单上的半成品计划成本调整为实际成本。

按计划成本综合结转时有关的计算公式如下：

$$某步骤耗用半成品计划成本=半成品计划单位成本\times耗用数量$$

$$半成品成本差异率=\frac{\begin{matrix}月初结存半成\\品成本差异额\end{matrix}+\begin{matrix}本月收入半成\\品成本差异额\end{matrix}+\begin{matrix}上步骤转入的\\半成品成本差异额\end{matrix}}{月初结存半成品计划成本+本月收入半成品计划成本}\times100\%$$

$$本月产成品应负担的半成品成本差异=\sum\left(\begin{matrix}某步骤耗用半\\成品计划成本\end{matrix}\times\begin{matrix}该半成品\\成本差异率\end{matrix}\right)$$

现举例说明按计划成本综合结转成本的计算。

[例6－6]某企业生产甲产品，经过三个基本生产车间，采用逐步结转分步法（按计划成本综合结转法）进行成本计算，原材料在开始生产时一次投入，在产品成本按约当产量法计算，各步骤在产品完工程度按50%计算，半成品经过半成品库收发，有关产量资料见表6－36。

表6－36　产量资料

单位：件

项　目	一车间	二车间	三车间
月初在产品数量	30	90	160
本月投入数量	510	550	620
本月完工数量	500	600	700
月末在产品数量	40	40	80

一车间月初在产品成本、本月发生的生产费用以及完工半成品成本和月末在产品成本的计算结果见表6－37。

表 6－37　一车间产品成本计算单（计划单位成本 986 元）

金额单位：元

项　目	直接材料	燃料和动力	直接人工	制造费用	合　计
月初在产品成本	10 000	8 000	5 000	4 000	27 000
本月发生费用	168 200	127 200	112 000	92 200	499 600
生产费用合计	178 200	135 200	117 000	96 200	526 600
完工半成品产量	500	500	500	500	－
在产品约当产量	40	20	20	20	－
产量合计	540	520	520	520	－
单位成本	330	260	225	185	1 000
转出半成品成本	165 000	130 000	112 500	92 500	500 000
月末在产品成本	13 200	5 200	4 500	3 700	26 600

根据“一车间产品成本计算单”的计算结果，一车间半成品单位实际成本为 1 000 元，二车间领用的数量为 550 件。半成品成本差异率的计算如下：

$$一车间半成品成本差异分配率 = \frac{-360 + 7\ 000}{59\ 160 + 493\ 000} \times 100\% = 1.2\%$$

发出半成品的计划成本 $= 550 \times 986 = 542\ 300$（元）

发出半成品应负担的成本差异 $= 542\ 300 \times 1.2\% = 6\ 508$（元）

根据上述计算结果，编制“一车间自制半成品成本明细账”，见表 6－38。

表 6－38　一车间自制半成品成本明细账（计划单位成本 986 元）

金额单位：元

月初（月末）			本月收入					本月发出		
数量	计划成本	差异	数量	计划价格成本	计划成本	差异	差异率	数量	计划成本	差异
60	59 160	－360	500	500 000	493 000	7 000	1.2%	550	542 300	6 508
10	9 860	132								

二车间月初在产品成本、本月发生的生产费用以及完工半成品成本和月末在产品成本的计算结果见表 6－39。

表 6－39　二车间产品成本计算单（计划单位成本 1 800 元）

金额单位：元

项 目	自制半成品	燃料和动力	直接人工	制造费用	合计
月初在产品成本	88 740	14 000	13 000	15 000	130 740
本月发生费用	542 300	110 000	173 000	192 080	1 017 380
生产费用合计	631 040	124 000	186 000	207 080	1 148 120

续　表

项　目	自制半成品	燃料和动力	直接人工	制造费用	合计
完工半成品产量	600	600	600	600	
在产品约当产量	40	20	20	20	
产量合计	640	620	620	620	
单位成本	986	200	300	334	1 820
转出半成品成本	591 600	120 000	180 000	200 400	1 092 000
月末在产品成本	39 440	4 000	6 000	6 680	56 120

根据“二车间产品成本计算单”的计算结果，二车间半成品单位计划成本为 1 800 元，三车间领用的数量为 620 件。半成品成本差异率的计算式如下：

$$二车间半成品成本差异分配率 = \frac{-868 + 6\ 508 + 12\ 000}{180\ 000 + 1\ 080\ 000} \times 100\% = 1.4\%$$

发出半成品的计划成本 = 620 × 1 800 = 1 116 000（元）

发出半成品应负担的成本差异 = 1 116 000 × 1.4% = 15 624（元）

根据上述计算结果，编制的“二车间自制半成品成本明细账”见表 6 – 40。

表 6 – 40　二车间自制半成品成本明细账（计划单位成本 1 800 元）

金额单位：元

月初（月末）			本月收入						本月发出		
数量	计划成本	差异	数量	计划价格成本	计划成本	本步差异	上步转入差异	差异率	数量	计划成本	差异
100	180 000	–868	600	1 092 000	1 080 000	12 000	6 508	1.4%	620	1 116 000	15 624
80	144 000	2 016									

三车间月初在产品成本、本月发生的生产费用以及完工半成品成本和月末在产品成本的计算结果见表 6 – 41。

表 6 – 41　三车间产品成本计算单（计划单位成本 2 450 元）

金额单位：元

项　目	自制半成品	燃料和动力	直接人工	制造费用	合　计
月初在产品成本	288 000	17 180	21 900	20 120	347 200
本月发生费用	1 116 000	130 820	170 500	157 480	1 574 800
生产费用合计	1 404 000	148 000	192 400	177 600	1 922 000
完工产成品产量	700	700	700	700	–
在产品约当产量	80	40	40	40	–
产量合计	780	740	740	740	–
单位成本	1 800	200	260	240	2 500
转出产成品成本	1 260 000	140 000	182 000	168 000	1 750 000
月末在产品成本	144 000	8 000	10 400	9 600	172 000

三车间本月完工产成品数量为700件，单位计划价格成本为2 500元，应负担的半成品成本差异为15 624元，根据上述资料编制的“商品产品成本计算表”见表6－42。

表6－42　商品产品成本计算表（计划单位成本2 450元）

金额单位：元

产品名称	产量	计划价格成本	半成品成本差异	实际总成本	实际单位成本
甲产品	700	1 750 000	15 624	1 765 624	2 522.32

采用按计划成本综合结转的方法，各步骤耗用上一步骤半成品的成本按计划成本计算，实际成本与计划成本的差异可列入最后产成品成本中。这种方法的优点表现在如下几个方面：

（1）可以简化和加速成本计算工作。由于各步骤耗用的半成品均按事先所确定的计划单位成本结转，各步骤的成本计算工作可同时进行，不必等待前一步骤的成本计算结束后再进行，加快了成本计算的速度。若月初库存半成品结存量超过本月耗用量，本月耗用半成品成本差异可以根据月初库存半成品的成本差异率进行计算调整。这更有利于提高成本计算工作的速度。另外，按计划成本结转半成品时，在半成品种类繁多、半成品成本差异计算及分配按类别进行时，还可省去按品种计算半成品实际成本的计算工作，简化了成本计算的手续。

（2）可以考核和分析各步骤完工产品成本的水平。由于各步骤耗用半成品均按计划单位成本结转，可以避免上一步骤半成品成本的节约或超支的影响，有利于找出各步骤半成品成本及产成品成本升降的原因，也有利于开展企业内部的经济核算。

（三）分项结转分步法

分项结转分步法是指上一步骤转入下一步骤的半成品成本，不是以“半成品”或“直接材料”成本项目进行反映的，而是分别将成本项目记入下一步骤成本计算单的有关成本项目中。采用分项结转分步法计算出来的产品成本，能提供按原始成本项目反映的产品成本结构，不需要进行成本还原。现举例说明这种方法的计算过程。

［例6－7］某企业生产甲产品，由两个车间进行，采用分项结转分步法计算产品成本，在产品按定额成本计算，原材料系在开始生产时一次投入。产量资料和定额及生产费用资料见表6－43、表6－44。

表6－43　产量资料

单位：件

项目	一车间	二车间
月初在产品	100	80
本月投产	200	250
本月完工	250	300
月末在产品	50	30

表 6-44 定额及生产费用资料

金额单位:元

项目	单件定额成本		月初在产品成本(定额成本)		本月发生生产费用	
	一车间	二车间	一车间	二车间	一车间	二车间
直接材料	200	200	20 000	16 000	41 000	
燃料和动力	50	60	2 500	6 400	12 000	16 000
直接人工	30	20	1 500	3 200	6 100	4 800
制造费用	40	10	2 000	3 600	6 500	2 200
合计	320	290	26 000	29 200	65 600	23 000

根据上述资料,可编制“一车间产品成本计算单”,见表 6-45。

表 6-45 一车间产品成本计算单

金额单位:元

项目	直接材料	燃料和动力	直接人工	制造费用	合计
月初在产品成本(定额成本)	20 000	2 500	1 500	2 000	26 000
本月发生费用	41 000	12 000	6 100	6 500	65 600
合计	61 000	14 500	7 600	8 500	91 600
完工半成品成本	51 000	13 250	6 850	7 500	78 600
月末在产品成本(定额成本)	10 000	1 250	750	1 000	13 000

根据一车间转出完工半成品成本,分成本项目转入二车间成本计算单中相同成本项目中,即可编制“二车间产品成本计算单”,见表 6-46。

表 6-46 二车间产品成本计算单

金额单位:元

项目	直接材料	燃料和动力	直接人工	制造费用	合计
月初在产品成本(定额成本)	16 000	6 400	3 200	3 600	29 200
本月发生费用		16 000	4 800	2 200	23 000
上车间车转入	51 000	13 250	6 850	7 500	78 600
合计	67 000	35 650	14 850	13 300	130 800
完工产品成本	61 000	33 250	13 650	11 950	119 850
月末在产品成本(定额成本)	6 000	2 400	1 200	1 350	10 950

采用分项结转分步法时,各生产步骤之间的成本结转比较复杂,特别是半成品经过半成

品库收发的情况下,更是如此。同时,在各步骤完工产品成本中看不出所耗上一步骤中半成品成本的数额,不便于进行成本分析和成本考核。

(四)逐步结转分步法的优缺点

采用逐步结转分步法计算产品成本时,由于其实物结转与半成品的成本结转相一致,因而各成本计算单上月末在产品成本,就是各步骤该产品实际占用的生产资金。将各步骤占用的生产资金进行汇总,就可以计算出企业实际占用的生产资金数额,便于考核生产资金的占用情况,有利于加强对生产资金的管理;同时,采用逐步结转分步法,还可以为各步骤消耗半成品、同行业进行半成品成本的对比、企业内部成本分析和考核等提供半成品成本资料。但采用综合结转法时,若需提供按原始成本项目反映的各产品成本项目的金额,还需进行成本还原,计算工作较为复杂。虽为避免进行成本还原可采用分项结转法,但转账手续比较麻烦。按实际成本计价结转时虽比较准确,但影响了成本计算的及时性,不利于考核和分析各步骤成本的升降原因。按计划成本计价结转时,虽能克服按实际成本计价的缺点,但要进行半成品成本差异的计算和调整。因此,采用逐步结转分步法时,企业应根据本单位的特点,选择采用相应的成本计算模式。

三、平行结转分步法

在采用分步法计算成本的大量、大批、多步骤生产企业中,有的企业(如生产类型的机械制造企业)各生产步骤所产半成品的种类很多,但不需要计算半成品成本。在这种情况下,为了简化和加速成本计算工作,可以不计算各步骤所产半成品成本,也不计算各步骤所耗上一生产步骤的半成品成本,而只计算本步骤发生的各项其他费用以及这些费用中应计入产成品的“份额”。将相同产品的各步骤成本明细账中的这些份额平行结转、汇总,即可计算出该种产品的产成品成本。这种方法就是平行结转分步法,或称不计列半成品成本分步法。

平行结转分步法的特点如下:

(1)采用这一方法,各生产步骤不计算半成品成本,只计算本步骤所发生的生产费用。除第一步骤生产费用中包括所耗用的直接材料和各项加工费用外,其他各步骤只计算本步骤发生的各项加工费用。

(2)采用这一方法,各步骤之间不结转半成品成本。不论半成品实物是在各生产步骤之间直接转移,还是通过半成品库收发,都不进行总分类核算。也就是说,半成品成本不随半成品实物转移而结转。

(3)为了计算各生产步骤发生的费用中应计入产成品成本的份额,必须将每一生产步骤发生的费用划分为耗用于产成品部分和尚未最后制成的在产品部分。这里的在产品包括:①尚在本步骤加工中的在产品;②本步骤已完工转入半成品库的半成品;③已从半成品库转到以后各步骤进一步加工、尚未最后制成的半成品。这是就个企业而言的广义在产品。

(4)将各步骤费用中应计入产成品的份额平行结转、汇总计算该种产成品的总成本和单位成本。

如何正确确定各步骤生产费用中应计入产成品成本的份额,即每一生产步骤的生产费用如何正确地在完工产成品和广义在产品之间进行分配,是采用这一方法时能否正确计算产成品成本的关键所在。在实际工作中,通常是采用在产品按定额成本计价法或定额比例法。因为采用这两种方法,作为分配费用标准的定额资料比较容易取得。如产成品的定额消耗量或定额费用,可以根据产成品数量乘以消耗定额或费用定额计算;由于广义在产品的实物分散在各生产步骤和半成品库,具体的盘存、计算工作比较复杂,但其定额消耗量或定额费用可以采用前述的倒轧方法计算,因而也较为简便。

[例6-8]某企业生产乙产品,生产费用在完工产品与在产品之间的分配采用定额比例法,其中直接材料费用按定额直接材料费用比例分配;其他各项费用均按定额工时比例分配。

其成本核算程序如下:

第一,有关乙产品的定额资料详见表6-47。

表6-47 乙产品定额资料

项目	月初在产品		本月投入		本月产成品				
	定额直接材料费用(元)	定额工时	定额直接材料费用(元)	定额工时	单件定额		产量(件)	定额直接材料费用(元)	定额工时
					直接材料费用(元)	工时			
第一车间	80 000	6 000	400 000	54 000	400	50	1 100	440 000	55 000
第二车间		5 000		42 000		40			44 000
合 计	80 000	11 000	400 000	96 000	400	90	1 100	440 000	99 000

第二,根据乙产品的定额资料、各种生产费用分配表和产成品交库单,登记第一车间、第二车间的产品成本明细账,详见表6-48和表6-49。

表6-48 产品成本明细账

第一车间:乙产品　　　　单位:元

摘 要	产成品产量(件)	直接材料		定额工时	直接人工	制造费用	成本合 计
		定额	实际				
月初在产品		80 000	79 800	6 000	54 000	49 000	182 800
本月生产费用		400 000	424 200	54 000	516 000	401 000	1 341 200
合计		480 000	504 000	60 000	570 000	450 000	1 524 000
费用分配率			1.05		9.5	7.5	
产成品成本中本步骤份额	1 100	440 000	462 000	55 000	522 500	412 500	1 397 000
月末在产品		40 000	42 000	5 000	47 500	37 500	127 000

表 6－49　产品成本明细账

第二车间：乙产品　　　　单位：元

摘　要	产成品产量（件）	直接材料		定额工时	直接人工	制造费用	成本合　计
		定额	实际				
月初在产品				5 000	45 000	36 000	81 000
本月生产费用				42 000	401 500	340 000	741 500
合计				47 000	446 500	376 000	822 500
费用分配率					9.5	8	－
产成品成本中本步骤份额	1 100			44 000	418 000	352 000	770000
月末在产品				3 000	28 500	24 000	52 500

账中数字计算及登记方法如下：

（1）直接材料定额费用和定额工时，根据前列乙产品定额资料计算登记。月末没有盘点在产品，月末在产品定额资料，是根据月初在产品定额资料、本月投入产品定额资料和产成品定额资料，采用倒轧的方法计算求得的。其计算公式如下：

$$\text{月末在产品定额直接材料费用} = \text{月初在产品直接材料定额费用} + \text{本月投入产品的直接材料定额费用} - \text{本月完工产品的直接材料定额费用}$$

$$\text{月末在产品定额工时} = \text{月初在产品定额工时} + \text{本月投入产品的定额工时} - \text{本月完工产品的定额工时}$$

以第一车间直接材料定额费用和定额工时计算为例：

$$\text{月末在产品定额直接材料费用} = 80\ 000 + 400\ 000 - 440\ 000 = 40\ 000(\text{元})$$

$$\text{月末在产品定额工时} = 6\ 000 + 54\ 000 - 55\ 000 = 5\ 000(\text{元})$$

（2）本月生产费用，即本月各步骤为生产乙产品所发生的各项生产费用，应根据各种生产费用分配表登记。由于原材料是在生产开始时一次性投入的，采用平行结转分步法在各生产步骤间不结转半成品成本，因而只有第一车间有直接材料费用（定额和实际），第二车间则没有本月耗用的直接材料费用。

（3）费用分配率的计算。采用定额比例法在完工产品与在产品之间分配费用，应首先计算费用分配率，其中直接材料费用按直接材料定额费用比例分配；其他各项费用均按定额工时比例分配。本例各项费用分配率及产成品成本中各步骤份额的计算如下。

以第一车间为例：

$$\text{直接材料费用分配率} = \frac{79\ 800 + 424\ 200}{440\ 000 + 40\ 000} = 1.05$$

$$\text{产成品成本中第一车间直接材料费用份额} = 440\,000 \times 1.05 = 462\,000(\text{元})$$

月末在产品直接材料费用 $= 40\,000 \times 1.05 = 42\,000$(元)

或 $= 79\,800 + 424\,200 - 462\,000 = 42\,000$(元)

$$\text{直接人工分配率} = \frac{54\,000 + 516\,000}{55\,000 + 5\,000} = 9.5$$

产成品成本中第一车间直接人工费用份额 $= 55\,000 \times 9.5 = 522\,500$(元)

月末在产品直接人工费用 $= 5\,000 \times 9.5 = 47\,500$(元)

或 $= 54\,000 + 516\,000 - 522\,500 = 47\,500$(元)

$$\text{制造费用分配率} = \frac{49\,000 + 401\,000}{55\,000 + 5\,000} = 7.5$$

产成品成本中第一车间制造费用份额 $= 55\,000 \times 7.5 = 412\,500$(元)

月末在产品制造费用 $= 5\,000 \times 7.5 = 37\,500$(元)

或 $= 49\,000 + 401\,000 - 412\,500 = 37\,500$(元)

第三,将第一车间、第二车间产品成本明细账中应计入产成品成本的份额,平行结转、汇总记入乙产品成本汇总表,详见表6-50。

表6-50 乙产品成本汇总表

20××年×月 单位:元

项 目	产量(件)	直接材料	直接人工	制造费用	成本合计
第一车间成本份额	1 100	462 000	522 500	412 500	1 397 000
第二车间成本份额	1 100		418 000	352 000	770 000
合 计		462 000	940 500	764 500	2 167 000
单位成本		420	855	695	1 970

在平行结转分步法下,生产费用在最终完工产品与广义在产品之间的分配是最为关键的问题。在上述例题中,生产费用在最终完工产品与广义在产品之间的分配采用的是定额比例法,在实际工作中也常常采用约当产量比例法。下面我们举例说明在平行结转分步法下,采用约当产量比例法(加权平均法)将生产费用在最终完工产品与广义在产品之间进行分配的计算过程。

[例6-9]A产品的生产分两个步骤进行,第一生产步骤将原材料加工成半成品,第二生产步骤将第一生产步骤生产的半成品加工成产成品。其成本计算采用平行结转分步法。6月份有关A产品的生产资料如下:

(1)A产品实物量及在产品完工程度资料如表6-51所示。

表 6－51　A 产品实物量及在产品完工程度资料

单位：件

项　目	第一生产步骤	第二生产步骤
月初在产品结存	150	250
本月投入或转入	1 000	1 050
本月完工并转出	1 050	1 000
月末在产品结存	100	300
完工程度	40%	50%

（2）第一生产步骤所需要的原材料及第二生产步骤所需要的半成品均在每个生产步骤开始时一次投入；两个生产步骤的直接人工费用和制造费用随加工进度发生。上述各项费用在完工产品（应计入产成品份额）和月末在产品（广义在产品）之间的分配均采用约当产量比例法。

（3）各步骤月初在产品成本和本月生产费用分别见表 6－52 和表 6－53。

表 6－52　月初在产品成本摘录表

产品名称：A　　单位：元

项　目	直接材料	直接人工	制造费用	合　计
第一生产步骤	204 000	126 750	133 250	464 000
第二生产步骤		58 500	61 500	120 000

表 6－53　本月生产费用摘录表

产品名称：A　　单位：元

项　目	直接材料	直接人工	制造费用	合　计
第一生产步骤	496 000	382 450	402 750	1 281 200
第二生产步骤		382 250	392 750	777 000

根据以上资料，生产费用在完工产品与广义在产品之间的分配计算过程如下：

第一生产步骤产成品与广义在产品分配费用计算如下：

（1）直接材料费用分配。

$$分配率 = \frac{204\ 000 + 496\ 000}{1\ 000 + (100 + 300)} = 500$$

应计入产成品的份额 = 1 000 × 500 = 500 000（元）

月末在产品成本 = 400 × 500 = 200 000（元）

（2）直接人工费用分配。

$$分配率 = \frac{126\ 750 + 382\ 450}{1\ 000 + (100 \times 40\% + 300)} = 380$$

应计入产成品的份额 = 1 000 × 380 = 380 000(元)

月末在产品成本 = 340 × 380 = 129 200(元)

(3)制造费用分配。

$$分配率 = \frac{133\ 250 + 402\ 750}{1\ 000 + (100 \times 40\% + 300)} = 400$$

应计入产成品的份额 = 1 000 × 400 = 400 000(元)

月末在产品成本 = 340 × 400 = 136 000(元)

第二生产步骤产成品与广义在产品分配费用如下:

(1)直接人工费用分配。

$$分配率 = \frac{58\ 500 + 384\ 250}{1\ 000 + 300 \times 50\%} = 385$$

应计入产成品的份额 = 1 000 × 385 = 385 000(元)

月末在产品成本 = 150 × 385 = 57 750(元)

(2)制造费用分配。

$$分配率 = \frac{61\ 500 + 392\ 750}{1\ 000 + 300 \times 50\%} = 395$$

应计入产成品的份额 = 1 000 × 395 = 395 000(元)

月末在产品成本 = 150 × 395 = 59 250(元)

根据以上资料和分配计算结果登记各生产步骤产品成本明细账,见表 6 - 54、表 6 - 55。

表 6 - 54　产品成本明细账

第一生产步骤　　单位:元

项　目	直接材料	直接人工	制造费用	合　计
月初在产品成本	204 000	126 750	133 250	464 000
本月费用	496 000	382 450	402 750	1 281 200
合　计	700 000	509 200	536 000	1 745 200
应计入产成品成本份额	500 000	380 000	400 000	1 280 000
月末在产品成本	200 000	129 200	136 000	465 200

表 6 - 55　产品成本明细账

第二生产步骤　　单位:元

项　目	直接人工	制造费用	合　计
月初在产品成本	58 500	61 500	120 000
本月费用	384 250	392 750	777 000
合　计	442 750	454 250	897 000
应计入产成品成本份额	385 000	395 000	780 000
月末在产品成本	57 750	59 250	117 000

根据第一生产步骤和第二生产步骤的产品成本明细账汇总计算、平行登记A产成品成本汇总表(见表6－56)。

表6－56 产成品成本汇总表

产品名称:A 产量:1000件,单位:元

项 目	直接材料	直接人工	制造费用	合 计
第一生产步骤成本份额	500 000	380 000	400 000	1 280 000
第二生产步骤成本份额	–	385 000	395 000	780 000
产成品总成本	500 000	765 000	795 000	2 060 000
单位成本	500	765	795	2 060

平行结转分步法与逐步结转分步法相比较,具有以下优点:

第一,采用这一方法,各步骤可以同时计算产品成本,然后将应计入完工产品成本的份额平行结转、汇总计入产成品成本,不必逐步结转半成品成本,从而可以简化和加速成本计算工作。

第二,采用这一方法,一般是按成本项目平行结转、汇总各步骤成本中应计入产成品成本的份额,因而能够直接提供按原始成本项目反映的产成品成本资料,不必进行成本还原,省去了大量烦琐的计算工作。

但是,由于采用这一方法各步骤不计算也不结转半成品成本,因而存在以下缺点:

第一,不能提供各步骤半成品成本资料及各步骤所耗上一步骤半成品费用资料,因而不能全面地反映各步骤生产耗费水平,不利于各步骤的成本管理。

第二,由于各步骤间不结转半成品成本,使半成品实物转移与费用结转脱节,因而不能为各步骤在产品的实物管理和资金管理提供资料。

从以上对比分析中可以看出,平行结转分步法的优缺点正好与逐步结转分步法的优缺点相反。因此,平行结转分步法只适宜在半成品种类较多、逐步结转半成品成本工作量较大、管理上又不要求提供各步骤半成品成本资料的情况下采用;并应在采用时加强各步骤在产品收发存的数量核算,以便为在产品的实物管理和资金管理提供资料,弥补这一方法的不足。

思考题

1. 为什么一个企业在确定产品成本计算方法时,必须同时考虑企业的生产特点和进行成本管理的要求?

2. 生产特点和管理要求对成本计算的影响主要表现在哪些方面?

3. 品种法、分批法和分步法各自的主要特点是什么?它们在适用范围上有何不同?

4. 如何理解品种法是产品成本计算基本方法中的最基本方法?

5. 如何理解简化分批法的主要特点、适用情况和应用条件?

6. 以简化分批法为例,如何理解简化成本计算的意义和原则?

第七章　产品成本核算的辅助方法

学习目标

1. 掌握分类法的含义、特点、计算方法、适用范围；
2. 掌握联产品、副产品和等级产品成本的计算；
3. 掌握定额法的特点、计算程序；
4. 掌握脱离定额差异、直接材料成本差异、定额变动差异的核算方法；
5. 理解在什么情况下，可以同时采用几种成本计算方法；
6. 理解在什么情况下，可以结合采用几种不同的成本计算方法。

第一节　产品成本核算的分类法

一、分类法的含义及适用范围

成本计算的分类法是指按产品的类别归集生产费用，在计算出某类产品总成本的基础上，按一定标准分配计算该种类内各种产品成本的一种成本计算方法。

在一些工业企业中，生产的产品品种、规格繁多，如果以产品品种或规格作为成本计算对象来归集生产费用并计算产品成本，则成本计算工作量过大。产品成本计算的分类法，就是在产品品种、规格繁多，但可以按照一定标准分类的情况下，为简化成本计算工作而采用的一种成本计算方法。因此，分类法是一种简化的成本计算方法，必须与成本计算的各种基本方法结合使用。分类法主要适用于产品品种或规格较多的企业或车间，如电子元件厂、针织厂、制鞋厂、食品厂等。此外，分类法还可以用于联产品、副产品和等级品的成本计算。

二、分类法的特点

分类法的特点主要涉及各种产品如何进行分类，如何计算各类产品成本，如何计算不同类别产品的类内产品成本。

（一）产品的分类

采用分类法计算产品成本时，首先应将产品划分为不同的类别，在计算出某一类别产品的完工产品总成本的基础上，再按一定标准分配计算同一类别内各种产品的成本。通常情况下，应当根据产品的性质、结构、所用原材料以及工艺过程的特点等进行产品类别的划分。将不同品种、规格的产品按上述特征划分为不同的类别后，以产品类别作为成本计算对象，按类别设置产品成本计算单，并结合不同的生产类型，选择一定方法，按产品类别分成本项目归集生产费用，进行成本计算。

采用分类法计算产品成本时，要将不同品种、规格的产品划分为不同的类别，计算出某类完工产品总成本后，再按一定标准分配计算类别内各种产品成本。这样一来，产品的分类是否恰当，类距是否合适，分配标准的选择是否符合实际，将直接影响到成本计算结果的准确性。为此，要求产品类别的划分要恰当，类距要合理。所谓分类恰当，是针对分类的依据而言，即不能将使用原材料、经过生产工艺过程不同的产品划分为一类，否则将影响成本计算的准确性，因为产品耗用材料不同，其所应分配的材料费用也不一样，有时差别还可能很大；若生产工艺过程不同，各种产品所应分配的加工费用的差别也很大。如果不具备分类条件，即使产品品种、规格很多，也不宜分类计算产品成本。同时，类内产品之间的类距也不能相差太大，类距过大，则会使品种、规格相差较大的产品成本相同，影响成本计算的准确性；类距过小，会加大成本计算工作量。所以，产品类别的划分应本着既简化成本计算，又能使成本计算结果比较准确的原则进行。

(二)分类成本的计算

采用分类法计算产品成本，实际上是先将各类产品作为不同品种的产品，按品种计算出各类产品的总成本，然后再采用分类法，选择适当的分配标准，将某类完工产品的总成本在类内各种产品之间进行分配，从而计算出各种产品的成本。因此，分类法是品种法的一种具体运用，它不是一种独立的成本计算方法，必须与成本计算的某种基本方法结合使用，即分类法下某类产品的总成本是采用成本计算的基本方法计算出来的。

三、类内产品成本的计算方法

按类别计算出各类产品的总成本后，如何将每类产品的总成本在类内各种产品之间进行分配，从而计算出各种完工产品的成本是一个重要问题。在计算类内各种产品成本时，分配标准的选择是非常关键的，分配标准应选择与产品成本高低有着直接联系的项目。各成本项目可以采用同一分配标准，也可以采用不同的分配标准，如定额消耗量、定额成本、计划成本、产品售价、产品的重量或体积等，都可以作为成本分配的标准。

(一)系数法

在实际工作中采用分类法计算产品成本时，为了简化类内不同品种、规格产品成本分配的计算工作，一般是将类内产品的分配标准折合为系数，按系数分配计算类内每种产品的成本，因此，分类法又称为系数法。

确定系数的具体做法是，在同类产品中选择一种产量较大、生产比较稳定或规格适中的

产品作为标准产品，把这种产品的分配系数确定为1，将其他产品的单位产品分配标准数据与标准产品的数据相比，求出的比例即为其他产品的系数。系数确定后，把各种产品的实际产量乘上系数，换算成标准产品产量，或称为总系数，再按各种产品总系数比例分配计算类内各种产品成本。采用系数法分配计算类内各种产品成本时，既可按综合系数分配，也可分成本项目采用单项系数分配。另外，材料费用一般按系数进行分配，其他各项费用既可以按系数进行分配，也可以按定额工时比例进行分配。

按综合系数进行成本分配的计算公式如下：

$$\text{某种产品综合系数}=\frac{\text{某种产品的定额成本（或售价）}}{\text{类内标准产品的定额成本（或售价）}}$$

在此基础上，计算产品总系数：

$$\text{某种产品综合总系数}=\text{该种产品产量}\times\text{该种产品综合系数}$$

在计算出综合总系数后，按成本项目分别进行费用分配：

$$\text{某成本项目费用分配率}=\frac{\text{某类产品某成本项目费用总额}}{\text{类内各种产品总系数之和}}$$

$$\text{某种产品应分配的某成本项目费用}=\text{该种产品综合总系数}\times\text{某成本项目费用分配率}$$

按单项系数进行费用分配的计算公式如下：

$$\text{直接材料成本系数}=\frac{\text{某种产品的分配标准（或直接材料定额成本）}}{\text{标准产品的分配标准（或直接材料定额成本）}}$$

$$\text{直接人工（或其他）成本系数}=\frac{\text{某种产品的分配标准（如定额工时或定额费用）}}{\text{标准产品的分配标准（如定额工时或定额费用）}}$$

计算出单项系数后，据之计算产品总系数：

$$\text{某种产品直接材料成本总系数}=\text{该种产品产量}\times\text{该种产品直接材料成本系数}$$

$$\text{某种产品直接人工成本总系数}=\text{该种产品产量}\times\text{该种产品直接人工成本系数}$$

$$\text{某种产品其他成本总系数}=\text{该种产品产量}\times\text{该种产品其他成本系数}$$

在计算出总系数后，进行直接材料成本、直接人工（或其他）成本的分配：

$$\text{直接材料成本分配率}=\frac{\text{某类产品直接材料成本总额}}{\text{类内各种产品直接材料成本总系数之和}}$$

$$\text{某种产品应分配的直接材料成本}=\text{该种产品直接材料总系数}\times\text{直接材料成本分配率}$$

$$\text{直接人工（或其他）成本分配率}=\frac{\text{某类产品直接人工（或其他）成本总额}}{\text{类内各种产品直接人工（或其他）成本总系数之和}}$$

$$\begin{array}{c}\text{某种产品分配的直接人工}\\\text{（或其他）成本}\end{array}=\begin{array}{c}\text{该种产品直接人工}\\\text{（或其他）成本总系数}\end{array}\times\begin{array}{c}\text{直接人工}\\\text{（或其他）成本分配率}\end{array}$$

（二）定额比例法

按定额比例法进行类内产品成本分配是指在计算出类内产品的总成本后，按类内各种产品的定额比例进行成本分配，从而计算出类内每一种产品成本的方法。这种方法一般适用于定额比较健全、稳定的企业。具体进行计算时，材料费用可按各种产品材料定额耗用量比例进行分配，加工费用可采用定额工时比例进行分配。

［例7－1］某企业生产的产品品种、规格繁多，其中A、B、C三种产品的生产工艺过程及使用的原材料都相同，只是规格不同，所以可以划分为一类进行产品成本计算，这类产品称为甲类产品。该类产品的直接材料费用按照各种产品的原材料系数进行分配，原材料系数按直接材料定额成本确定，直接人工等其他费用项目均按各种产品定额工时系数分配。该类产品中A产品为标准产品。有关产品产量、分配标准和成本资料等见表7－1、表7－2和表7－3。

表7－1 单位产品直接材料消耗定额和计划单价

产品类别	产品品种	直接材料名称或编号	消耗定额（千克）	计划单价（元）
甲类	A产品	101 205 310	90 50 20	1.00 1.40 1.50
	B产品	101 205 310	75 45 22	1.00 1.40 1.50
	C产品	101 205 301	69 60 50	1.00 1.40 1.50

表7－2 产量和定额工时资料

产品类别	产品品种	计量单位	产量	单位产品工时定额
甲类	A产品	件	500	110
	B产品	件	400	165
	C产品	件	120	154

表7－3 甲类产品成本计算单 单位：元

月	日	项 目	直接材料	直接人工	制造费用	合 计
3	1	在产品成本（定额成本）	3 140	2 850	5 380	11 370
3	31	本月发生费用	403 080	119 330	107 007	629 417
3	31	合 计	406 220	122 180	112 387	640 787
3	31	完工产品成本	391 560	119 192	107 780	618 532
3	31	在产品成本（定额成本）	14 660	2 988	4 607	22 255

根据上述资料，成本计算具体程序说明如下：

首先，根据单位产品材料消耗定额和计划单价，计算确定直接材料费用系数，计算结果见表7－4。

表 7－4　直接材料费用系数计算表

产品类别	产品品种	单位产品直接材料费用				直接材料费用系数	定额工时系数
		原材料名称或编号	消耗定额（千克）	计划单价（元）	定额成本（元）		
甲类	A 产品	101	90	1.00	90	1	1
		205	50	1.40	70		
		310	20	1.50	30		
		小计			190		
	B 产品	101	75	1.00	75	$\frac{171}{190}=0.9$	$\frac{165}{110}=1.5$
		205	45	1.40	63		
		310	22	1.50	33		
		小计			171		
	C 产品	101	69	1.00	69	$\frac{228}{190}=1.2$	$\frac{154}{110}=1.4$
		205	60	1.40	84		
		310	50	1.50	75		
		小计			228		

其次，根据材料费用系数、定额工时系数及甲类产品成本计算单的相关资料，分配计算甲类产品中各种完工产品成本，见表 7－5。

表 7－5　甲类完工产品成本计算单

单位：元

项　目	产　量	材料系数	直接材料总系数	定额工时系数	定额工时总系数	应分配的费用				单位成本
						直接材料	直接人工	制造费用	合　计	
①	②	③	④	⑤	⑥	⑦	⑧	⑨	⑩	⑪
分配率						390	94	85		
A 产品	500	1	500	1	500	195 000	47 000	42 500	284 500	569
A 产品	400	0.9	360	1.5	600	140 400	56 400	51 000	247 800	619.5
A 产品	120	1.2	144	1.4	1 68	56 160	15 792	14 280	86 232	718.6
合　计			1 004		1 268	391 560	119 192	107 780	618 532	

注：②、③、⑤栏的数据取自表 7－2 和表 7－4；

④＝②×③；

⑥＝②×⑤；

⑦＝④×直接材料分配率；

⑧＝⑥×直接人工分配率；

⑨＝⑥×制造费用分配率；

⑩＝⑦＋⑧＋⑨；

⑪=⑩÷②。

[例7－2]某企业生产甲、乙、丙、丁四种产品。根据产品的生产特点，可将这4种产品作为一类产品计算成本，这类产品称为A类产品。在A类完工产品和在产品之间进行费用分配以及分配计算类内4种产品成本时，均采用定额比例法，直接材料费用按材料定额成本分配，其他各项费用按定额工时比例分配。A类产品成本计算单见表7－6，有关A类产品产量及定额资料见表7－7。

表7－6　A类产品成本计算单

单位：元

项　目	直接材料	直接人工	制造费用	合　计
月初在产品成本	5 814	678	825	7 317
本月发生生产费用	66 302	36 442	32 455	135 199
合　计	72 116	37 120	33 280	142 516

表7－7　A类产品产量及定额资料

金额单位：元

产品名称		产量(件)	材料定额成本		定额工时(小时)	
			单位定额	总成本	工时定额	合　计
产成品	甲	200	50	10 000	15	3 000
	乙	150	80	12 000	18	2 700
	丙	300	70	21 000	19	5 700
	丁	550	40	22 000	21	11 550
小　计		–	–	65 000	–	22 950
在产品	甲	60	50	3 000	7	420
	乙	70	80	5 600	9	630
	丙	65	70	4 550	10	650
	丁	95	40	3 800	10	950
小　计		–	–	16 950	–	2 650
合　计		–	–	81 950	–	25 600

A类产品成本计算具体程序如下：

首先，将A类产品成本计算单中归集的全部生产费用在A类完工产品和在产品之间进行分配，计算出A类完工产品总成本；然后，再将计算出的A类完工产品的总成本在类内的甲、乙、丙、丁四种产品之间进行分配，计算出甲、乙、丙、丁四种产品的成本。具体计算结果见表7－8。

表 7－8　产品成本计算单

金额单位:元

项　目		产　量	直接材料		定额工时	直接人工	制造费用	合　计
			定额成本	实际成本				
月初在产品成本			6 300	5 814	3 120	678	825	7 317
本月发生生产费用			75 650	66 302	22 480	36 442	32 455	135 199
合　计			81 950	72 116	25 600	37 120	33 280	142 516
费用分配率				0.88		1.45	1.30	
月末在产品成本			16 950	14 916	2 650	3 842.50	3 445	22 203.50
完工产品成本	总成本		65 000	57 200	22 950	33 277.50	29 835	120 312.50
	甲产品成本	200	10 000	8 800	3 000	4 350	3 900	17 050
	乙产品成本	150	12 000	10 560	2 700	3 915	3 510	17 985
	丙产品成本	300	21 000	18 480	5 700	8 265	7 410	34 155
	丁产品成本	550	22 000	19 360	11 550	16 747.50	15 015	51 122.50

在表 7－8 中,生产费用在 A 类完工产品和在产品之间的分配,以及将 A 类完工产品总成本在甲、乙、丙、丁四种产品之间的分配,都是按照统一的费用分配率一次完成的。

(三)联产品成本的计算

联产品是指使用同种原材料,经过同一加工过程,同时生产出的各种主要产品。例如,炼油厂用原油经过同一生产过程加工提炼出汽油、煤油和柴油等产品;奶制品厂可同时生产出牛奶、奶油等产品。联产品所经过的同一加工过程,称为联产过程。在联产过程中所发生的成本,称为联合成本。

联产品由于所用的原材料和生产过程相同,因此,只能将其归为一类,采用分类法计算成本。从最终出售的角度看,联产品的生产可以有两种情况:(1)有的联产品经过联产过程后即可出售,在这种情况下,某种联产品应分摊的联合成本就是该种联产品的全部成本;(2)有些联产品在经过联产过程分离出来后,需要进一步加工后才能出售,这些联产品的成本是分离前的成本(即应分摊的联合成本)加上分离后的加工成本。

由上述联产品生产的特定情况所决定,联产品成本的计算可以分为两个阶段:第一阶段,采用分类法计算联合成本,即以联产品为一类汇集生产费用计算联产品的联合成本,并采用适当的方法将联合成本在各种联产品之间进行分配,计算各种联产品应分摊的联合成本;第二阶段,对于分离后还需进一步加工的联产品,还应采用适当的方法分配计算其由于继续加工而应负担的成本,从而计算其全部成本。

在联产品成本的计算中,各种联合成本的分配可以按各种联产品的产量比例、售价比例或定额成本比例等进行分配,也可以将这些分配标准预先折算为系数,再按系数进行分配。

[例7-3]某企业生产A,B,C三种联产品。这三种联产品经同一生产过程加工后即可出售。本月完工产品应负担的各项费用以及产量分别见表7-9和表7-10。联产品的联合成本按照各种联产品的产量比例进行分配。

表7-9 联产品联合成本资料

20××年×月　　单位:元

项目	直接材料	直接人工	制造费用	合计
联合成本	80 000	100 000	40 000	220 000

表7-10 联产品产量资料

产品名称	产量(千克)
A产品	5 000
B产品	3 000
C产品	2 000
合　计	10 000

根据表7-9和表7-10的资料可以编制联合成本分配计算表,如表7-11所示。

表7-11 联合成本分配计算表

20××年×月　　金额单位:元

产品名称	产量(千克)	直接材料		直接人工		制造费用		合　计
		分配率	分配额	分配率	分配额	分配率	分配额	
A产品	5 000		40 000		50 000		20 000	110 000
B产品	3 000		24 000		30 000		12 000	66 000
C产品	2 000		16 000		20 000		8 000	44 000
合计	10 000	8	80 000	10	100 000	4	40 000	220 000

联合成本分配计算表中各项费用的分配率计算如下:

$$直接材料分配率=\frac{80\ 000}{10\ 000}=8$$

$$直接人工分配率=\frac{100\ 000}{10\ 000}=10$$

$$制造费用分配率=\frac{40\ 000}{10\ 000}=4$$

在表7-11中,利用各项费用分配率乘以各种产品的产量就可以求得各种联产品应分

摊的各项费用。

（四）副产品成本的计算

有些工业企业在生产主要产品的过程中，还会附带生产出一些非主要产品，这些非主要产品称为副产品。例如，在原油的加工过程中产生的渣油、石油焦；制皂过程中产生的甘油等。

副产品虽然不是企业的主要产品，所占的成本比重不大，但它亦有一定的经济价值，因而也应该加强管理和核算。为了简化核算工作，对副产品可以不单独计算成本，而采用与分类法相似的方法计算成本。即将副产品与主产品合为一类开设成本明细账，归集它们所发生的各项生产费用，计算该类产品的总成本；然后，将副产品按照一定的方法计价，从总成本中扣除（一般是在总成本的原材料项目中扣除），以扣除后的成本作为主产品的成本。

副产品成本可以按照售价减去税金和按正常利润率计算的销售利润后的余额计价；也可以在此基础上确定固定的单价，以固定的单价计价。副产品成本的合理计价，对于正确计算主产品、副产品的成本是十分重要的。副产品成本的计价既不能过高，也不能过低，否则不仅不能准确反映副产品的成本，而且会影响主产品成本计算的准确性。

有的副产品与主产品分离后，还需要单独进行加工。例如，在制皂过程中产生的含有甘油的盐水，在与主产品分离后，还要加入某些辅助材料，经进一步加工，才能生产出甘油，在这种情况下，还应根据副产品加工生产的特点和管理的要求单独计算成本。

［例7－4］某企业在生产甲产品（主产品）的过程中，还生产出可以制造乙产品（副产品）的原料。这种原料经过加工处理后，即成乙产品。甲、乙产品都是单步骤的大量生产，在同一车间进行。乙产品的原料按固定单价每千克0.5元计价，甲、乙产品月初、月末在产品均按原料的定额费用计价。

甲、乙两种产品的成本计算程序为：

（1）分配各种生产费用。原料和辅助材料为直接计入费用，直接计入各产品成本明细账。直接人工、制造费用按生产工时比例在甲、乙两种产品之间进行分配，分配结果详见表7－12。

表7－12　直接人工和制造费用分配表

20××年×月　　单位：元

项　目	工时（小时）	直接人工	制造费用
本月发生额	1 500	9 000	12 000
分配率		6	8
甲产品	1 450	8 700	11 600
乙产品	50	300	400
合　计	1 500	9 000	12 000

(2)根据有关费用分配表、产品产量月报表,以及在产品定额资料,登记甲产品成本明细账。详见表7-13。

表7-13 产品成本明细账

产品名称:甲产品(主产品)　　20××年×月　　单位:元

摘　要	产量(千克)	原　料	辅助材料	直接人工	制造费用	成本合计
月初在产品(定额成本)		24 000				24 000
本月生产费用		485 000	3 000	8 700	11 600	508 300
扣减副产品原料12 000千克(每千克0.5元)		-6 000				-6 000
合　计		503 000	3 000	8700	11 600	526 300
产成品	20 000	478 000	3 000	8 700	11 600	501 300
单位成本		23.90	0.15	0.44	0.58	25.07
月末在产品(定额成本)		25 000				25 000

(3)根据甲产品成本明细账、有关费用分配表、产品产量月报表,以及在产品定额资料,登记乙产品成本明细账。详见表7-14。

表7-14 产品成本明细账

产品名称:乙产品(副产品)　　20××年×月　　单位:元

摘　要	产量(千克)	原　料	辅助材料	直接人工	制造费用	成本合计
月初在产品(定额成本)		800				800
本月生产费用		6 000	400	300	400	7 100
合　计		6 800	400	300	400	7 900
产成品	2 000	6 200	400	300	400	7 300
单位成本		3.10	0.20	0.15	0.20	3.65
月末在产品(定额成本)	600					600

如果副产品的加工处理时间不长,花费用,为了简化计算工作,副产品也可以按照计划单位成本计价,而不计算其实际成本。这样,从主产品、副产品的生产费用总额中,扣除按计划单位成本计算的副产品成本后的余额,即为主产品的成本。

[例7-5]假定例7-4中乙产品(副产品)的计划单位成本为3.70元,其中原料3.12元,辅助材料0.21元,直接人工0.16元,制造费用0.21元。

乙产品按计划单位成本计算时，登记甲产品成本明细账。详见表7-15。

表7-15　产品成本明细账

产品名称：甲产品（主产品）　　20××年×月　　单位：元

摘要	产量（千克）	原　料	辅助材料	直接人工	制造费用	成本合计
月初在产品（定额成本）		24 000				24 000
本月生产费用		485 000	3 400	9 000	12 000	509 400
扣减乙产品成本（计划成本）	2 000	-6 240	-420	-320	-420	-7 400
合　计		502 760	2 980	8 680	11 580	526 000
产成品	20 000	477 760	2 980	8 680	11 580	501 000
单位成本		23.89	0.15	0.43	0.58	25.05
月末在产品（定额成本）		25 000				25 000

有些工业企业，在生产过程中会产生一些废气、废液和废料（“三废”）。随着生产的发展和科学技术的不断进步，“三废”的综合利用也在加强。“三废”经利用生成副产品，也就应该按照副产品的成本计算方法计算其成本。

有些工业企业，除生产主要产品外，有时还为其他单位提供少量加工、修理等作业。在这些作业费用比重很小的情况下，为了简化核算，也可以比照副产品的成本计算方法，将其与主要产品合为一类归集费用，然后将这些作业按照固定价格计价，从总的生产费用中扣除，以扣除后的余额作为主要产品的成本。

在工业企业的基本生产车间，除生产主要产品外，还为企业内部的其他车间、部门提供少量的加工和修理作业的情况下，这些作业可以按照计划单位成本计价结算，不必计算和调整其成本差异。其成本差异由主要产品负担，从而简化成本计算工作，而且便于车间的成本考核和分析。

（五）等级产品的成本计算

等级产品是指品种、规格相同，但质量等级不同的产品。例如，纺织品生产中经常会出现一等品、二等品、三等品和等外品。产生不同等级品的原因是多方面的，常见原因有技术操作不当、管理不善和原材料质量或工艺技术要求的不同等。

如前所述，由于工人技术操作不当或管理不善导致的不同等级的产品，其成本不应有区别，等级产品售价不同从而导致的利润不同正说明企业在生产、管理方面存在问题，需要加以改进。因所用原材料质量不同或工艺技术要求不同而形成的等级品，如果各等级品售价相差很大，则可按单位售价等作为分配标准，计算各等级产品的成本。我们这里所说的等级产品的成本计算，就是针对后一种情况下的等级产品。

［例7-6］某毛巾厂20××年×月生产毛巾100 000条，由于所用原材料质量有所不同，其中一等品50 000条、二等品40 000条、三等品10 000条。以售价作为分配标准，以一等品作为标准产品，采用系数法分配共同成本。有关成本、售价资料见表7-16、表7-17。

表 7－16　产品成本明细账

20××年×月　　　　单位:元

项　目	直接材料	直接人工	直接燃料和动力	制造费用	合　计
本月完工产品	675 000	230 000	80 000	115 000	1 100 000

表 7－17　售价资料

单位:元

项　目	一等品	二等品	三等品
单位售价	20	16	12

根据上述资料,分配各等级毛巾的成本,编制等级产品成本计算表,如表 7－18 所示。

表 7－18　等级产品成本计算表

单位:元

项目＼等级	产量（条）	单价	系数	标准产量（总系数）	分配率	总成本	单位成本
	①	②	③	④＝①×③	⑤＝∑⑥÷∑①	⑥＝⑤×④	⑦＝⑥÷①
一等品	50 000	20	1	50 000		625 000	12.5
二等	40 000	16	0.8	32 000		400 000	10
三等品	10 000	12	0.6	6 000		750 000	7.5
合计	100 000	－	－	88 000	12.5	1100 000	－

根据各种毛巾的验收入库单,编制会计分录如下:

借:库存商品　　975 000

　贷:基本生产成本　　975 000

第二节　产品成本核算的定额法

一、定额法的特点

在前面所介绍的成本计算方法——品种法、分批法、分步法和分类法下,生产费用的日常核算,都是按照其实际发生额进行,产品的实际成本也都是根据实际生产费用计算的。因此,生产费用和产品成本脱离定额的差异及其发生的原因,只有在月末时通过实际资料与定额资料的对比、分析才能得到反映,而不能在月份内生产费用发生的当时就得到反映。这不利于加强定额管理,不能及时对产品成本进行控制和管理,不能更有效地发挥成本核算对于节约费用、降低成本的作用。

产品成本计算的定额法，就是为了克服上述几种成本计算方法的弱点，解决及时反映和监督生产费用和产品成本脱离定额的差异，把产品成本的计划、控制、核算和分析结合在一起，以便加强成本管理而采用的一种成本计算方法。其主要特点是：

（1）将事先制定的产品消耗定额、费用定额和定额成本作为降低成本的目标。

（2）在生产费用发生的当时，就将符合定额的费用和发生的差异分别核算，以加强对成本差异的日常核算、分析和控制。

（3）月末，在定额成本的基础上，加减各种成本差异，计算产品的实际成本，为成本的定期考核和分析提供数据。

二、定额法的计算程序

（一）定额成本的计算

采用定额法计算产品成本，必须首先制定产品的原材料、动力、工时等消耗定额，并根据各项消耗定额和原材料的计划单价、计划直接人工费用率（计划每小时直接人工费用）或计件工资单价、计划制造费用率（计划每小时制造费用）等资料，计算产品的各项费用定额和产品的单位定额成本。

产品的定额成本与计划成本既有相同之处，又有不同之处。相同之处是：两者都是以生产耗费的消耗定额和计划单价为根据确定的目标成本。例如：

$$\text{产品原材料消耗定额}\times\text{原材料计划单价}=\text{直接材料费用定额}$$

$$\text{产品生产工时定额}\times\text{计划直接人工费用率}=\text{直接人工费用定额}$$

$$\text{产品生产工时定额}\times\text{计划制造费用率}=\text{制造费用定额}$$

直接人工和制造费用，通常是按生产工时比例分配计入产品成本的，因而其计划单价（计划费用率）通常是计划的每小时该项费用额。各项费用定额的合计数，就是单位产品的定额成本或计划成本。

两者的不同之处是：计算计划成本所依据的消耗定额是计划期（一般为一年）内平均消耗定额，也称计划定额，在计划期内通常是不变的；而计算定额成本所依据的消耗定额是现行的定额，是企业在当时的生产技术条件下，在各项消耗上应达到的标准，它应随着生产技术的进步、劳动生产率的提高不断修订。此外，计算计划成本所依据的原材料等的计划单价，在计划期内通常也是不变的；而计算定额成本所依据的原材料、直接人工和制造费用的计划单价，则可能变动。因此，计划成本在计划期内通常是不变的；定额成本在计划期内则是变动的。

由上述可知，产品的定额成本，也就是根据各种有关的现行消耗定额和计划单价计算的成本。制定定额成本，可以使企业的成本控制和考核更加有效，更加符合实际，从而保证成本计划的完成。

产品单位定额成本的制定，应包括零件、部件的定额成本和产成品的定额成本，通常由计划、会计等部门共同制定。一般是先制定零件的定额成本，然后汇总计算部件和产成品的定额成本。如果产品的零部件较多，为了简化计算工作，可以不计算零件的定额成本，而是直接根据零件定额卡所列零件的原材料消耗定额、工序计划和工时消耗定额，以及原材料的计划单价、计划的直接人工费用率和计划的制造费用率等，计算部件定额成本，然后汇总计算产成品定额成本；或者根据零部件定额卡和原材料计划单价、计划的直接人工费用率和计划的制造费用率等，直接计算产成品定额成本。

需要指出的是，编制定额成本计算表时，所采用的成本项目和成本计算方法，应与编制计划成本、计算实际成本时所采用的成本项目和成本计算方法一致，以便成本考核和成本分析工作的进行。

零件定额卡和部件定额成本计算卡的格式分别见表 7－19 和表 7－20，产品定额成本计算表见表 7－21。

表 7－19　零件定额卡

零件编号或名称：2101　　　　20××年×月

材料编号或名称	计量单位	材料消耗定额
1301	千克	4
工序编号	工时定额（小时）	累计工时定额（小时）
1	2	2
2	4	6

表 7－20　部件定额成本计算卡

部件编号或名称：2100　　　　20××年×月　　　　金额单位：元

<table>
<tr><td rowspan="3">所需零件
编号或名称</td><td rowspan="3">零件数量</td><td colspan="7">材料定额</td><td rowspan="3">工时定额</td></tr>
<tr><td colspan="3">1301</td><td colspan="3">1302</td><td rowspan="2">金额
合计</td></tr>
<tr><td>数量</td><td>计划单价</td><td>金额</td><td>数量</td><td>计划单价</td><td>金额</td></tr>
<tr><td>2101</td><td>3</td><td>12</td><td>5</td><td>60</td><td></td><td></td><td></td><td>60</td><td>18</td></tr>
<tr><td>2102</td><td>2</td><td></td><td></td><td></td><td>8</td><td>4</td><td>32</td><td>32</td><td>12</td></tr>
<tr><td>装　配</td><td></td><td></td><td></td><td></td><td></td><td></td><td></td><td></td><td>4</td></tr>
<tr><td>合　计</td><td></td><td></td><td></td><td>60</td><td></td><td></td><td>32</td><td>92</td><td>34</td></tr>
<tr><td colspan="8">定额成本项目</td><td colspan="2" rowspan="3">定额成本合计</td></tr>
<tr><td colspan="2" rowspan="2">直接材料</td><td colspan="3">直接人工</td><td colspan="3">制造费用</td></tr>
<tr><td colspan="2">计划费用率</td><td>金额</td><td colspan="2">计划费用率</td><td>金额</td></tr>
<tr><td colspan="2">92</td><td colspan="2">7.5</td><td>255</td><td colspan="2">4</td><td>136</td><td colspan="2">483</td></tr>
</table>

表 7－21　产品定额成本计算表

产品编号:2000　　产品名称:A　　金额单位:元

所用部件编号或名称	所用部件数量	直接材料费用定额		工时定额	
		部件	产品	部件	产品
2100	2	92	184	34	68
2200	2	110	220	30	60
装配					12
合计			404		140
产品定额成本项目					产品定额成本合计
直接材料	直接人工		制造费用		
	计划费用率	金额	计划费用率	金额	
404	7.5	1 050	4	560	2 014

(二)脱离定额差异的核算

脱离定额的差异,是指在生产过程中,各项生产费用的实际支出脱离现行定额或预算的数额。脱离定额差异的核算,就是在发生生产费用时,为符合定额的费用和脱离定额的差异,分别编制定额凭证和差异凭证,并在有关的费用分配表和明细分类账中分别予以登记。这样,就能及时、正确地核算和分析生产费用脱离定额的差异,控制生产费用支出。因此,对定额差异的核算是实行定额法的重要内容。为了防止生产费用的超支,避免浪费和损失,差异凭证填制以后,还必须按照规定办理审批手续。有条件的企业,可以将脱离定额差异的日常核算同车间或班组经济责任制结合起来,依靠各生产环节的职工控制生产费用。

1. 直接材料费用脱离定额差异的核算

在各成本项目中,直接材料费用(包括自制半成品费用)一般占有较大比重,且属于直接计入费用,因而更有必要和可能在费用发生的当时就按产品核算定额费用和脱离定额的差异,并以不同的凭证予以反映。

直接材料脱离定额差异的核算方法,一般有限额法、切割核算法和盘存法三种。

(1)限额法。为了控制材料的领用,在使用定额法时,原材料的领用应该实行限额领料(或定额发料)制度,符合定额的原材料应根据限额领料单等定额凭证领发。由于增加产量需要增加用料时,在追加限额手续后,也可以根据定额凭证领发。由于其他原因发生的超额用料或代用材料的用料,则应填制专设的超额领料单、代用材料领料单等差异凭证,经过一定的审批手续后领发。为了减少凭证的种类,这些差异凭证也可用普通领料单代替,但应以不同的颜色或加盖专用的戳记,以示区别。在差异凭证中,应填写差异的数量、金额以及发生差异的原因。差异凭证的签发,须经过一定的审批手续,其中由于采用代用材料、利用废料和材料质量低劣等原因而引起的脱离定额差异，通常由技术部门审批。对于采用代用材料和利用废料，还应在有关的限额领料单中注明，并从原定的限额中扣除。

在每批生产任务完成以后，应根据车间余料编制退料手续，退料单也是一种差异凭证。退料单中的原材料数额和限额领料单中的原材料余额，都是原材料脱离定额的节约差异。

应当指出的是，直接材料脱离定额差异是产品生产中实际用料脱离现行定额而形成的成本差异，而限额法并不能完全控制用料，上述差异凭证所反映的差异往往只是领料差异，而不一定是用料差异。这是因为投产的产品数量不一定等于规定的产品数量，所领用原材料的数量也不一定等于原材料的实际消耗量，即期初、期末车间可能有余料。

[**例7－7**]某限额领料单规定的产品数量为1 000件，每件产品的直接材料消耗定额为5千克，则领料限额为5 000千克；本月实际领料4 800千克，领料差异为少领200千克。

现假定有以下三种情况：

第一种情况：本期投产产品数量符合限额领料单规定的产品数量，即为1 000件，且期初、期末均无余料。则上述少领200千克的领料差异就是用料脱离定额的节约差异。

第二种情况：本期投产产品数量仍为1 000件，但车间期初余料为100千克，期末余料为120千克，则，

直接材料定额消耗量＝1 000×5＝5 000（千克）；

直接材料实际消耗量＝4 800＋100－120＝4 780（千克）；

直接材料脱离定额差异＝4 780－5 000＝－220（千克）（节约）。

第三种情况：本期投产产品数量为900件，车间期初余料为100千克，期末余料为120千克，则，

直接材料定额消耗量＝900×5＝4 500（千克）；

直接材料实际消耗量＝4 800＋100－120＝4 780（千克）；

直接材料脱离定额差异＝4 780－4 500＝＋280（千克）（超支）。

由此可见，只有投产产品数量等于规定的产品数量，且车间期初、期末均无余料，或期初、期末余料数量相等时，领料（或发料）差异才是用料脱离定额的差异。

（2）切割核算法。对于某些贵重材料或经常大量使用且又需要经过在准备车间或下料工段切割后才能进一步加工的材料，如板材、棒材等，还应填制材料切割核算单。通过材料切割核算单，核算用料差异，控制用料。

材料切割核算单，应按切割材料的批别设立，在单中要填明切割材料的种类、数额、消耗定额和应切割成的毛坯数量。切割完毕后，要填写实际切割成的毛坯数量和材料的实际消耗量，然后根据实际切割成的毛坯数量和消耗定额，即可求得材料定额消耗量，再将此与材料实际消耗量相比较，即可确定脱离定额差异。材料定额消耗量、脱离定额的差异，以及发生差异的原因均应填入单中，并由主管人员签字。材料切割核算单的格式见表7－22。

表 7－22　材料切割核算单

材料编号或名称:2105　　　　材料计量单位:千克　　　　材料计划单价:7.50 元

产品名称:甲　　　　零件编号或名称:205　　　　图纸号:609

切割工人工号和姓名:1631 王林　　　　机床编号:312

发交切割日期:20××年×月×日　　　　完工日期:20××年×月×日

<table>
<tr><td colspan="3">发料数量</td><td colspan="4">退回余料数量</td><td colspan="2">材料实际消耗量</td><td colspan="2">废料回收数量</td></tr>
<tr><td colspan="3">136</td><td colspan="4">5</td><td colspan="2">131</td><td colspan="2">13.5</td></tr>
<tr><td colspan="2">单件消耗定额</td><td colspan="3">单件回收废料定额</td><td colspan="2">应切割成的毛坯数量</td><td>实际切割成的毛坯数量</td><td colspan="2">材料定额消耗量</td><td>废料定额回收量</td></tr>
<tr><td colspan="2">10</td><td colspan="3">0.5</td><td colspan="2">13</td><td>12</td><td colspan="2">120</td><td>6</td></tr>
<tr><td colspan="2">材料脱离定额差异</td><td colspan="5">废料脱离定额差异</td><td colspan="3">差异原因</td><td>责任者</td></tr>
<tr><td>数量</td><td>金额</td><td colspan="2">数量</td><td colspan="2">单价</td><td>金额</td><td colspan="3" rowspan="2">未按规定要求操作,因而多留了边料,减少了毛坯</td><td rowspan="2">切割工人</td></tr>
<tr><td>11</td><td>82.50</td><td colspan="2">－7.5 *</td><td colspan="2">1.20</td><td>－9</td></tr>
</table>

* 回收废料超过定额的差异可以冲减材料费用,故列负数;相反,低于定额的差异列正数。

采用材料切割核算单进行材料切割的核算,能及时反映材料的使用情况和发生差异的具体原因,有利于加强对材料消耗的控制和监督。在有条件的情况下,如与车间或班组的经济核算结合起来,则可以收到更好的效果。

(3)盘存法。在大量生产不能按照上述方法分批核算原材料脱离定额差异的情况下,除仍要使用限额领料单等定额凭证和超额领料单等差异凭证,以便控制日常材料的实际消耗外,还应定期(按工作班、工作日或按周、旬等)通过盘存的方法核算差异。

①根据完工产品数量和在产品盘存(实地盘存或账面结存)数量算出投产产品数量,再乘以原材料消耗定额,算出原材料定额消耗量。其中,投产产品数量的计算公式如下:

$$\begin{matrix}\text{本期投产}\\\text{产品数量}\end{matrix}=\begin{matrix}\text{本期完工}\\\text{产品数量}\end{matrix}+\begin{matrix}\text{期末}\\\text{在产品数量}\end{matrix}-\begin{matrix}\text{期初}\\\text{在产品数量}\end{matrix}$$

②根据限额领料单、超额领料单、退料单等材料凭证以及车间余料的盘存数量,计算直接材料实际消耗量。

③将直接材料实际消耗量与定额消耗量进行比较,进而确定原材料脱离定额的差异。

应当指出的是,按照上述公式计算本期投产产品数量时,必须具备以下条件,即原材料只在生产开始时一次投入,期初和期末在产品都不再耗用原材料。如果原材料是随着生产的进行陆续投入,在产品还要耗用原材料,那么上述公式中的期初和期末在产品数量应改为按直接材料消耗定额计算的期初和期末在产品的约当产量。

[例 7－8]生产乙产品耗用 C 材料。乙产品期初在产品为 50 件,本期完工产品为 1 000 件,期末在产品为 150 件。生产乙产品用原材料系在生产开始时一次投入,乙产品的原材料消耗定额为每件 2 千克,原材料的计划单价为每千克 10 元。限额领料单中载明的本期已实际领料数量为 2 100 千克。车间期初余料为 50 千克,期末余料为 20 千克。

有关数据计算如下：

投产产品数量 = 1 000 + 150 − 50 = 1 100（件）

直接材料定额消耗量 = 1100 × 2 = 2 200（千克）

直接材料实际消耗量 = 2 100 + 50 − 20 = 2 130（千克）

直接材料脱离定额差异（数量）= 2 130 − 2 200 = −70（千克）（节约）

直接材料脱离定额差异（金额）= −70 × 10 = −700（元）（节约）

2. 直接人工费用脱离定额差异的核算

在计件工资形式下，直接人工属于直接计入费用，因而其脱离定额差异的核算与直接材料的相似。凡符合定额的生产工资可反映在工票、工作班产量记录、工序进程单等产量记录中；脱离定额的差异部分，应设置"工资补付单"等差异凭证予以反映，单中也应填明差异产生的原因，并要经过一定的审批手续。在计时工资形式下，由于实际人工费用总额到月末才能确定，因此直接人工脱离定额的差异不能在平时按照产品直接计算，只有在月末实际直接人工费用总额确定以后，才能计算。

如果直接人工费用属于直接计入费用，则某种产品的直接人工费用脱离定额差异可按下列公式计算：

$$\text{某种产品直接人工费用脱离定额的差异} = \text{该产品实际直接人工费用} - \left(\text{该产品实际产量} \times \text{该产品直接人工费用定额}\right)$$

如果直接人工费用属于间接计入费用，则某种产品的直接人工费用脱离定额差异应按下列公式计算：

$$\text{计划每小时直接人工费用} = \frac{\text{某车间计划产量的定额直接人工费用总额}}{\text{该车间计划产量的定额生产工时总数}}$$

$$\text{实际每小时直接人工费用} = \frac{\text{该车间实际直接人工费用总额}}{\text{该车间实际生产工时总数}}$$

$$\text{某产品的定额直接人工费用} = \text{该产品实际产量的定额生产工时} \times \text{计划单位小时直接人工费用}$$

$$\text{某产品的实际直接人工费用} = \text{该产品实际产量的实际生产工时} \times \text{实际单位小时直接人工费用}$$

$$\text{某产品直接人工费用脱离定额的差异} = \text{该产品实际直接人工费用} - \text{该产品定额直接人工费用}$$

从以上计算公式可以看出，要降低单位产品的计时直接人工费用，必须降低每小时的直接人工费用和单位产品的生产工时。为此，企业不仅要严格控制直接人工费用总额，使之不超过计划；还要充分利用工时，使生产工时总额不低于计划；并且要控制单位产品的工时耗费，使之不超过工时定额。为了降低单位产品的计时直接人工费用，在定额法下，应加强日常控制，通过核算工时脱离定额差异的方法，监督生产工时的利用情况和工时消耗定额的执行情况。为此，在日常核算中，要按照产品核算定额工时、实际工时和工时脱离定额的差异，并及时分析产生差异的原因。

[例7－9]某工厂A车间(该车间生产甲产品和其他产品)6月份计划产量的定额直接人工费用为14 800元，计划产量的定额生产工时总数为2 960小时；6月实际直接人工费用为16 120元，实际生产工时总数为3 100小时；6月甲产品定额工时为1 836小时，实际生产工时为1 807小时。

甲产品定额直接人工费用和直接人工费用脱离定额的差异计算如下：

$$\text{计划每小时直接人工费用}=\frac{14\,800}{2\,960}=5(\text{元})$$

$$\text{实际每小时直接人工费用}=\frac{16\,120}{3\,100}=5.2(\text{元})$$

$$\text{甲产品的定额直接人工费用}=1\,836\times 5=9\,180(\text{元})$$

$$\text{甲产品的实际直接人工费用}=1\,807\times 5.2=9\,396.4(\text{元})$$

$$\text{甲产品直接人工费用脱离定额的差异}=9\,396.4-9\,180=+216.4(\text{元})$$

在定额法下，不论采用哪一种工资形式，都应根据上述核算资料，按照成本计算对象汇总编制定额生产工资和脱离定额差异汇总表。该表汇总反映产品的定额工资、实际工资、工资脱离定额的差异及其产生的原因(在计时工资形式下，还应汇总反映各种产品工时脱离定额的情况)等资料，以考核和分析各种产品工资定额的执行情况，并据以计算产品的工资费用。

3. 制造费用及其他费用脱离定额(或计划)的核算

制造费用一般来说属于间接计入费用，在日常核算中不能按照产品直接确定制造费用脱离定额的差异，而只能根据月份的费用计划，按照费用的发生地点和费用项目，核算脱离定额的差异，据以对费用的发生进行控制和监督。对于其中的材料费用，也可以采用限额领料单、超额领料单等定额凭证和差异凭证进行控制；对生产工具、零星费用，则可采用“领用手册”“费用定额卡”等凭证进行控制。在这些凭证中，先要填明领用的计划数，然后登记实际发生数和脱离定额的差异。超定额领用也要经过一定的审批手续。

由上述可知，制造费用差异的日常核算，通常是指脱离费用定额的差异核算。各种产品应负担的制造费用脱离定额的差异，只有到月末将实际费用分配给各种产品以后，才能以其实际费用与定额费用相比较加以确定。其计算确定方法，与计时工资脱离定额差异的计算确定方法相似。其有关计算公式如下：

$$\text{计划每小时制造费用}=\frac{\text{某车间计划制造费用总额}}{\text{该车间计划产量的定额生产工时总数}}$$

$$\text{实际每小时制造费用}=\frac{\text{某车间实际制造费用总额}}{\text{该车间各种产品实际生产工时总数}}$$

$$\text{某产品实际制造费用}=\text{该产品实际生产工时}\times\text{实际每小时制造费用}$$

$$\text{某产品定额制造费用}=\text{该产品实际产量的定额工时}\times\text{计划每小时制造费用}$$

$$\text{某产品制造费用脱离定额差异}=\text{该产品实际制造费用}-\text{该产品定额制造费用}$$

[例7－10]沿用例7－9的资料。某工厂A车间6月份计划制造费用总额为20 720元，计划产量的定额生产工时总数为2 960小时；实际生产工时总数为3 100小时，实际发生制造费用为21 545元；6月甲产品的定额生产工时为1 836小时，实际生产工时为1807小时。

甲产品定额制造费用和制造费用脱离定额差异的计算如下：

$$\text{计划每小时制造费用}=\frac{20\ 720}{2\ 960}=7(\text{元})$$

$$\text{实际每小时制造费用}=\frac{21\ 545}{3\ 100}=6.95(\text{元})$$

甲产品实际制造费用＝1 807×6.95＝12 558.65(元)

甲产品定额制造费用＝1 836×7＝12 852(元)

甲产品制造费用脱离定额差异＝12 558.65－12 852＝－293.35(元)

对于废品损失及其发生的原因，应采用废品通知单和废品损失计算表单独反映，其中不可修复废品的成本，应按照定额成本计算。由于产品定额成本中一般不包括废品损失，因而发生的废品损失，通常作为脱离定额差异来处理。

通过将产品的各项生产费用都分别计算出符合定额费用的部分和脱离定额差异的部分，在产品的定额成本上，加上或者减去脱离定额的差异，即可求得产品的实际成本。其计算公式如下：

$$\text{产品实际成本}=\text{产品定额成本}\pm\text{脱离定额差异}$$

为了计算完工产品的实际成本，上述脱离定额的差异，还应在完工产品和月末在产品之间进行分配。由于采用定额法计算产品成本的企业都有现成的定额成本资料，因此脱离定额差异在完工产品与月末在产品之间的分配，大多采用定额比例法进行。如果各月在产品的数量比较稳定，也可以采用按定额成本计算在产品成本的方法，将全部差异计入完工产品成本，月末在产品不负担差异。

(三)直接材料成本差异的分配

在采用定额法计算产品成本的企业中，为了便于对产品成本进行考核和分析，材料的日常核算都应按计划成本进行。因此，日常所发生的直接材料费用，包括直接材料定额费用和直接材料脱离定额的差异，都是按照原材料的计划单位成本计算的。直接材料定额费用是定额消耗量乘以计划单价，直接材料脱离定额的差异是消耗量差异乘以计划单价。也就是说，前述的直接材料脱离定额的差异，是按计划单价反映的数量差异，即量差。因此，在月末计算产品的实际直接材料费用时，还必须考虑所耗原材料应负担的成本差异问题，即所耗原材料的价差。其计算公式如下：

$$\text{某产品应分配的直接材料成本差异}=\left(\text{该产品的直接材料定额费用}\pm\text{直接材料脱离定额差异}\right)\times\text{原材料成本差异分配率}$$

[例7－11]沿用例7－9的资料。某工厂甲产品6月份所耗直接材料定额费用为57 000元，脱离定额差异为节约800元，原材料的成本差异率为节约1%。

该产品应分配的材料成本差异为：

(57 000 - 800) × (- 1%) = - 562(元)

各种产品应分配的材料成本差异，一般均由各产品的完工产品成本负担，月末在产品不再负担。

在多步骤生产中采用定额法的情况下，若逐步结转半成品成本，则半成品的日常核算也应按计划成本或定额成本进行。在月末计算产品实际成本时，也应比照原材料成本差异的分配方法，计算产品所耗半成品的成本差异。

这时，产品实际成本的计算公式如下：

$$\text{产品实际成本} = \text{按现行定额计算的产品定额成本} \pm \text{脱离现行定额差异} \pm \text{直接材料或半成品成本差异}$$

在定额法下，为了便于考核和分析各生产步骤的产品成本，简化成本计算工作，各步骤所耗原材料和半成品的成本差异应尽量由厂部分配调整，不计入各生产步骤产品的成本。

(四)定额变动差异的核算

定额变动差异，是指因修订消耗定额或生产耗费的计划价格而产生的新旧定额之间的差额。定额变动差异与脱离定额差异是不同的。定额变动差异是定额本身变动的结果，它与生产中费用支出的节约或浪费无关；而脱离定额差异则反映生产费用支出符合定额的程度。

随着经济的发展、生产技术条件的变化、劳动生产率的提高等，企业的各项消耗定额、生产耗费的计划价格，也应随之加以修订，以保证各项定额能够准确有效地对生产经营活动进行控制和监督。在消耗定额或计划价格修订以后，定额成本也应随之及时修订。

消耗定额和定额成本一般是在月初、季初或年初定期进行修订。在定额变动的月份，其月初在产品的定额成本并未修订，仍然按照旧定额计算。因此，为了将按旧定额计算的月初在产品定额成本和按新定额计算的本月投入产品的定额成本，在新定额的同一基础上相加，应该计算月初在产品的定额变动差异，以调整月初在产品的定额成本。

月初在产品定额变动差异，可以根据定额发生变动的在产品盘存数量或在产品账面结存数量和修订前后的消耗定额，计算出月初在产品消耗定额修订前和修订后的定额消耗量，进而确定定额变动差异。在构成产品的零部件种类较多的情况下，采用这种方法按照零部件和工序进行计算，工作量就会很大。为了简化计算工作，也可以按照单位产品费用的折算系数进行计算，即将按新旧定额所计算出的单位产品费用进行对比，求出系数，然后根据系数，进行计算。其计算公式如下：

$$\text{系数} = \frac{\text{按新定额计算的单位产品费用}}{\text{按旧定额计算的单位产品费用}}$$

$$\text{月初在产品定额变动差异} = \text{按旧定额计算的月初在产品费用} \times (1 - \text{系数})$$

[例7 - 12]沿用例7 - 9的资料。甲产品的一些零件从本月1日起实行新的直接材料消耗定额，单位产品旧的直接材料费用定额为12元，新的直接材料费用定额为11.4元。该产品月初在产品按旧定额计算的直接材料定额费用为12 000元。

月初在产品定额变动差异的计算结果如下：

$$系数 = \frac{11.4}{12} = 0.95$$

$$\begin{matrix}月初在产品定额\\变动差异\end{matrix} = 12\,000 \times (1 - 0.95) = 600(元)$$

采用系数法来计算月初在产品定额变动差异虽然较为简便，但由于系数是按照单位产品计算，而不是按照产品的零部件计算的，因而它只适于在零部件成套生产或零部件成套性较大的情况下采用。也就是说，在零部件生产不成套或成套性较差的情况下采用系数法，就会影响计算结果的正确性。例如，某产品只是部分零部件的消耗定额做了修订，如果零部件生产不成套，月初在产品所包括的零部件又并不都是消耗定额发生变动的零部件，这时，采用上述方法计算，则会将本来不应有定额变动差异的月初在产品定额成本进行错误的调整。

各种消耗定额的变动，一般表现为不断下降的趋势，因而月初在产品定额变动差异，通常表现为月初在产品定额成本的降低。在这种情况下，一方面应从月初在产品定额成本中扣除该项差异；另一方面，由于该项差异是月初在产品生产费用的实际支出，还应将该项差异计入本月产品成本。相反，若消耗定额不是下降，而是提高，那么，在计算出定额变动差异后，应将此差额加入月初在产品定额成本之中，同时从本月产品成本中予以扣除，因为实际上并未发生这部分支出。

在有月初在产品定额变动差异时，产品实际成本的计算公式应补充为：

$$\begin{matrix}产品\\实际成本\end{matrix} = \begin{matrix}按现行定额计算的\\产品定额成本\end{matrix} \pm \begin{matrix}脱离现行\\定额差异\end{matrix} \pm \begin{matrix}直接材料或\\半成品成本差异\end{matrix} \pm \begin{matrix}月初在产品\\定额变动差异\end{matrix}$$

定额变动差异一般应按照定额成本比例，在完工产品和月末在产品之间进行分配。因为这种差异不是当月工作的结果，不应全部计入当月完工产品成本。但是，若定额变动差异数额较小，或者月初在产品本月全部完工，那么，定额变动差异也可以全部由完工产品负担，月末在产品不再负担。

在定额法下，产品实际成本的计算，也应在产品成本明细账中按照成本项目分别进行。但为了适应定额法的要求，所采用的产品成本明细账以及各种费用分配表或汇总表，都应按照定额消耗量、定额费用和各种差异分设专栏或专行，以便按照前述方式，以定额成本为基础，加减各种差异以计算产品实际成本。

思考题

1. 简述分类法的特点和计算方法。
2. 试述在什么情况下适合采用分类法计算产品成本。
3. 简述定额法的特点和计算程序。
4. 简述定额法的应用条件。

第八章 新经济环境下的成本会计

学习目标

1. 了解标准成本的概念、种类，掌握标准成本的制定、成本差异的计算和分析；

2. 掌握标准成本法的账务处理，理解标准成本法与定额法的比较；

3. 理解质量成本的含义、分类，掌握质量成本核算的方法；

4. 掌握质量成本计量及质量成本控制的方法；

5. 理解作业成本法的含义，掌握成本动因的基本概念；

6. 熟悉作业成本法核算的基本方法；

7. 理解精益成本及精益成本会计的基本内容，理解精益生产的原则、目的；

8. 学会精益成本会计在实际中的应用；

9. 理解环境成本的定义及分类，掌握环境成本核算的方法，掌握环境成本管理及生命周期评价的三个阶段；

10. 理解人力资源成本的概念，掌握人力资源成本的计量，掌握人力资源成本会计核算的方法。

第一节 标准成本会计

一、标准成本会计概述

(一)标准成本

1. 标准成本的概念

标准成本制产生于20世纪20年代的美国，这种方法是基于泰勒的科学管理思想产生的。起初它只是一种简单的统计分析方法，后来逐步得到发展和完善，并纳入复式记账体系。如今已经普遍为西方企业应用。

标准成本是通过调查、分析和技术测定等方法而确定的，它是在正常生产经营条件下可实现的成本。因此，标准成本是一种目标成本，可以运用标准成本与实际成本的差异来衡量工作效率并控制成本开支。

2. 标准成本的种类

标准成本的种类有多种，主要包括理想标准成本、正常标准成本和现实标准成本。

(1)理想标准成本。理想标准成本是以现有生产经营条件处于最优状态为基础确定的最低水平的成本。它通常是根据理论上的生产要素耗用量、最理想的生产要素价格和可能实现的最高生产经营能力利用程度来制定的。由于这种标准成本未考虑客观存在的实际情况，提出的要求过高，很难实现，故在实际工作中较少采用。

(2)正常标准成本。它是以正常的工作效率、正常的耗用水平、正常的价格和正常的生产经营能力利用程度等条件为基础制定的标准成本。这里所谓的"正常"，一般是指过去较长时期的实际数据的平均值。这种标准成本只是根据过去经验估计的，往往不能反映目前的实际水平，用它来控制成本也不够准确。

(3)现实标准成本。现实标准成本，亦称可达到标准成本，是在现有生产技术条件下进行有效经营的基础上，根据下一期最可能发生的各种生产要素的耗用量、预计价格和预计的生产经营能力利用程度而制定的标准成本。这种标准成本可以包含管理层认为短期内还不能完全避免的某些不应有的低效、失误和超量消耗。因其最切实可行，最接近实际成本，因此不仅可用于成本控制，也可以用于存货计价。标准成本法一般采用这种标准成本。

(二)标准成本法

1. 标准成本法的概念

标准成本本质上是对单位产品或服务的生产预算，是管理会计中预算控制系统的基准成本。在企业大量生产时，管理会计人员需要根据单位标准成本来确定标准成本总额，再计量生产过程中的实际成本，将实际成本与标准成本进行比较得出成本差异，并用因素分析法对成本差异进行分析，利用分析结果进行成本控制。

这种成本计算与控制相结合的方法就是标准成本法，它包括三个环节：制定标准成本、比较标准成本与实际成本的差异、处理成本差异。它的主要作用不是计算产品成本，而是进行成本控制。

2. 标准成本法的作用

(1)有利于企业预算编制和预算控制。标准成本是企业预算管理系统中的一部分，其本质为单位成本预算。例如，在编制直接材料成本预算时，我们要确定每一个产品的耗用数量和原材料价格，然后用它乘以预算的产品数量，方可确定直接材料成本总预算数。

(2)有利于控制成本支出。从标准成本法的使用程序可以看出，在实际生产之前企业需要制定标准成本，用标准成本来指导实际生产。因此，企业在采购、用料、安排人工和工时方面，均需要参考标准成本来进行成本控制。

(3)有助于企业进行例外管理。企业将标准成本与实际成本进行比较得出的差异，是企

业例外管理的关键点。

(4)有助于企业对产品进行价格预测和决策。企业在给新产品预测定价时,通常可以采用标准成本加利润的方法。

(5)有助于企业简化存货的计价和成本的账务处理。标准成本法下,企业的存货均已用标准成本计价,所产生的差异由发生期间承担,因此,成本核算工作量小,账务处理也简单明了。

二、标准成本的制定

标准成本一般是由会计部门会同采购部门、生产技术部门和其他有关经营管理部门,在对企业生产经营的具体条件进行分析、研究和技术测定的基础上共同制定的。产品成本一般由直接材料、直接人工和制造费用三个成本项目组成,因此,企业也应根据这些成本项目的特点,分别制定标准成本。

(一)直接材料标准成本的制定

直接材料标准成本的制定,包括直接材料用量标准的制定和直接材料价格标准的制定两个方面。

直接材料用量标准是指单位产品应该消耗的材料数量,即产品的材料消耗定额。直接材料用量标准通常应根据产品的设计、生产工艺状况,并结合企业的经营管理水平、降低材料消耗的可能性等条件制定。

由于材料价格受诸多因素的影响,直接材料价格标准的确定相对较难。一般来说,在制定直接材料价格标准时,不仅要考虑目前市价及未来市场的变化,而且要结合最佳采购批量和最佳运输方式等其他影响价格的因素。

在直接材料用量标准和价格标准确定以后,用下列公式即可求得直接材料标准成本:

直接材料标准成本 = 直接材料用量标准 × 直接材料价格标准

[例8－1]假定某公司甲产品需耗用A,B两种直接材料,其直接材料标准成本见表8－1。

表8－1　甲产品标准成本卡

标　准	A材料	B材料
用量标准(1)	15千克	10千克
价格标准(2)	5元	10元
成本标准(3) = (1) × (2)	75元	100元
单位产品直接材料标准成本(4) = ∑(3)	175元	

(二)直接人工标准成本的制定

直接人工标准成本的制定,包括工时标准的制定和标准工资率的制定两个方面。

工时标准是指生产单位产品应该耗用的生产工时。这里的工时可以是直接人工工时，也可以是机器工时。工时标准应在技术测定的基础上，根据对产品直接加工所用的时间，并适当考虑正常的工作间隙加以制定。

在不同的工资制度下，标准工资率的表示形式有所不同。在计件工资制度下，标准工资率是指标准计件工资单价；在计时工资制度下，标准工资率是指单位工时标准工资率，其计算公式为：

$$标准工资率=\frac{标准工资总额}{标准总工时}$$

在工时标准和标准工资率确定以后，用下列公式即可求得直接人工标准成本：

$$直接人工标准成本=工时标准\times标准工资率$$

[例8－2]例8－1中某公司甲产品直接人工标准成本计算见表8－2。

表8－2　直接人工标准成本计算表

项　目	标　准
月标准总工时(1)	12 000小时
月标准总工资(2)	96 000元
标准工资率(3)=(2)/(1)	8元/小时
单位产品工时标准(4)	6小时
直接人工标准成本(5)=(4)×(3)	48元

(三)制造费用标准成本的制定

制造费用标准成本可以分为变动制造费用标准成本和固定制造费用标准成本。下面分别讲述。

1. 变动制造费用标准成本的制定

变动制造费用标准成本的制定，包括工时标准的制定和变动制造费用标准分配率的制定两个方面。其中，工时标准的含义与直接人工工时标准相同；变动制造费用标准分配率可按下列公式求得：

$$变动制造费用标准分配率=\frac{变动制造费用预算总额}{标准总工时}$$

在工时标准和变动制造费用标准分配率确定以后，用下列公式即可求得变动制造费用标准成本：

$$变动制造费用标准成本=工时标准\times变动制造费用标准分配率$$

2. 固定制造费用标准成本的制定

在变动成本法下，固定制造费用作为期间成本全部计入当期损益，因而不包括在产品成

本中。在完全成本法下，固定制造费用要在产品之间进行分配，因而需要制定单位产品的固定制造费用标准成本。

固定制造费用标准成本的制定，包括工时标准的制定和固定制造费用标准分配率的制定两个方面。其中，工时标准的含义与直接人工工时标准相同；而固定制造费用标准分配率可以按下列公式求得：

$$\text{固定制造费用标准分配率}=\frac{\text{固定制造费用预算总额}}{\text{标准总工时}}$$

在工时标准和固定制造费用标准分配率确定以后，用下列公式即可求得固定制造费用标准成本：

$$\text{固定制造费用标准成本}=\text{工时标准}\times\text{固定制造费用标准分配率}$$

[例8－3]沿用例8－1的资料。某公司甲产品单位产品制造费用标准成本计算见表8－3。

表8－3　单位产品制造费用标准成本计算表

项　目	标　准
月标准总工时(1)	12 000小时
变动制造费用预算总额(2)	48 000元
变动制造费用标准分配率(3)＝(2)/(1)	4元/小时
单位产品工时标准(4)	6小时
变动制造费用标准成本(5)＝(4)×(3)	24元
固定制造费用预算总额(6)	90 000元
固定制造费用标准分配率(7)＝(6)/(1)	7.5元/小时
固定制造费用标准成本(8)＝(4)×(7)	45元
单位产品制造费用标准成本(9)＝(5)＋(8)	69元

(四)标准成本卡

标准成本确定以后，应就不同种类、不同规格的产品，编制标准成本卡。标准成本卡应分车间、分项目(在完全成本法下，一般包括直接材料、直接人工、变动制造费用和固定制造费用四个部分)反映单位产品标准成本及其所依据的材料、工时的用量标准和标准的价格、工资率(每工时的工资)、制造费用分配率(每工时应负担的制造费用)。直接材料项目应按所耗材料的种类和规格详细列明；直接人工应按不同工种、不同工资率分别列示。

[例8－4]根据例8－1至例8－3的有关资料，填写某公司甲产品单位产品标准成本卡，见表8－4。

表 8－4　单位产品标准成本卡

成本项目		用量标准	标准价格	单位产品标准成本
直接材料	A	15 千克	5 元	75 元
	B	10 千克	10 元	100 元
	小计	–	–	175 元
直接人工		6 小时	8 元	48 元
变动制造费用		6 小时	4 元	24 元
固定制造费用		6 小时	7.5 元	45 元
单位产品标准成本		–	–	292 元

三、成本差异的计算和分析

成本差异是指实际成本与标准成本之间的差额。实际成本超过标准成本所形成的差异，叫做不利差异、逆差或超支；实际成本低于标准成本所形成的差异，叫做有利差异、顺差或节约。

计算分析成本差异的主要目的，在于查明差异形成的原因，以便及时采取措施消除不利差异，并为成本控制、考核和奖惩提供依据。

成本差异包括直接材料成本差异、直接人工成本差异和制造费用差异三部分。其中，制造费用差异又可分为变动制造费用差异和固定制造费用差异。下面分别讲述这些差异的计算方法和分析思路。

（一）直接材料成本差异的计算与分析

直接材料成本差异，是指一定产量产品的直接材料实际成本与直接材料标准成本之间的差额。直接材料成本差异，由直接材料价格差异和直接材料用量差异两部分构成。

直接材料价格差异，是指由于材料实际价格脱离标准价格而形成的材料成本差异。其计算公式为：

$$\text{直接材料价格差异}=\left(\text{实际价格}\times\text{实际用量}\right)-\left(\text{标准价格}\times\text{实际用量}\right)=\left(\text{实际价格}-\text{标准价格}\right)\times\text{实际用量}$$

直接材料用量差异，是指由于材料的实际用量脱离标准用量而形成的直接材料成本差异。其计算公式为：

$$\text{直接材料用量差异}=\left(\text{标准价格}\times\text{实际价格}\right)-\left(\text{标准价格}\times\text{标准用量}\right)=\left(\text{实际用量}-\text{标准用量}\right)\times\text{标准价格}$$

[例 8－5]某公司制造甲产品需用 A，B 两种直接材料，标准价格分别为 5 元/千克、10 元/千克，单位产品的标准用量分别为 15 千克/件、10 千克/件；本期共生产甲产品 1 900 件，实际耗用 A 材料 28 000 千克、B 材料 20 000 千克，A，B 两种材料的实际价格分别为

4.5 元/千克、11 元/千克。

直接材料成本差异计算分析如下：

A 材料价格差异 =(4.5 −5) ×28 000 = −14 000(元)　　(有利差异)

B 材料价格差异 =(11 −10) ×20 000 =20 000(元)　　(不利差异)

甲产品直接材料价格差异　　6 000 元(不利差异)

A 材料标准用量 =1 900 ×15 =28 500(千克)

B 材料标准用量 =1 900 ×10 =19 000(千克)

A 材料用量差异 =(28 000 −28 500) ×5 = −2 500(元)　　(有利差异)

B 材料用量差异 =(20 000 −19 000) ×10 =10 000(元)　　(不利差异)

甲产品直接材料用量差异　　7 500 元　　(不利差异)

产品直接材料成本差异 =6 000 +7 500 =13 500(元)　　(不利差异)

在计算得出差异的基础上，可据此进一步分析原因，落实责任。

一般来说，直接材料价格差异应由采购部门负责，因为材料购买价格的高低、采购费用的高低，采购部门大体上是可以控制的。但是，决定材料价格的因素是多方面的，有些引起材料价格变动的因素会超出采购部门的控制范围。例如，因市场供求关系变化所引起的价格变动，就是采购部门所不能控制的。又如，因临时性需要进行紧急采购时，由于改变运输方式(如由陆运改为空运)而引起的价格差异，也不应由采购部门负责，而应由造成这种情况的有关部门负责。

直接材料的用量差异一般应由控制用料的生产部门负责。因为在正常情况下，产品耗用某种材料数量的多少、加工过程中必不可少的材料损耗的大小，生产部门大体上是可以控制的。但是，影响材料耗用量的因素也是多方面的。除生产部门有关人员的原因(如是否注意合理用料、是否遵守操作规程、技术的熟练程度等)会对材料用量差异的形成产生影响外，其他部门的原因也可能对材料用量差异的形成产生影响。例如，因材料质量低劣而增加了废品、因材料不符合要求而大材小用等原因引起的过量用料，就应该由采购部门负责。

总之，由影响直接材料价格差异和用量差异因素的多样性所决定，在进行直接材料成本差异分析时，应从实际出发，认真分析产生差异的具体原因，以便有针对性地采取改进措施。

(二)直接人工成本差异的计算与分析

直接人工成本差异，是指一定产量产品的直接人工实际成本与直接人工标准成本之间的差额。直接人工成本差异，由直接人工工资率差异和直接人工效率差异两部分构成。

直接人工工资率差异，是指由于直接人工的实际工资率脱离标准工资率而形成的人工成本差异。其计算公式为：

$$\begin{matrix}\text{直接人工}\\\text{工资率差异}\end{matrix}=\left(\begin{matrix}\text{实际}\\\text{工资率}\end{matrix}\times\begin{matrix}\text{实际}\\\text{工时}\end{matrix}\right)-\left(\begin{matrix}\text{标准}\\\text{工资率}\end{matrix}\times\begin{matrix}\text{实际}\\\text{工时}\end{matrix}\right)=\left(\begin{matrix}\text{实际}\\\text{工资率}\end{matrix}-\begin{matrix}\text{标准}\\\text{工资率}\end{matrix}\right)\times\begin{matrix}\text{实际}\\\text{工时}\end{matrix}$$

直接人工效率差异，是指由于直接人工实际工时脱离标准工时而形成的人工成本差异。其计算公式为：

$$\text{直接人工效率差异}=\left(\text{标准工资率}\times\text{实际工时}\right)-\left(\text{标准工资率}\times\text{标准工时}\right)=\left(\text{实际工时}-\text{标准工时}\right)\times\text{标准工资率}$$

[例 8－6] 某公司本期生产甲产品 1 900 件，只需一个工种加工，实际耗用 11 500 小时，实际工资总额 86 250 元；标准工资率为每小时 8 元，单位产品的工时耗用标准为 6 小时。

直接人工成本差异计算分析如下：

标准工时 = 1 900 × 6 = 11 400(小时)

$$\text{实际工资率}=\frac{86\,250}{11\,500}=7.5(\text{元/小时})$$

直接人工工资率差异 = (7.5 － 8) × 11500 = － 5 750(元)　　(有利差异)

直接人工效率差异 = (11 500 － 11 400) × 8 = 800(元)　　(不利差异)

直接人工成本差异　　－4 950 元(有利差异)

如果生产一种产品需经几个工种加工，则应先对每个工种进行上述的计算分析，然后计算总和。

工资率差异的形成原因主要有工资的调整，直接生产工人升级或降级，出勤率的变化，等等。其成因较为复杂，一般应由劳动人事部门或生产部门负责。

人工效率差异形成的原因主要有工人技术的熟练程度和责任感、加工设备的完好程度、作业计划安排是否周密、工作环境是否良好、动力供应情况等。人工效率差异的责任基本上应由生产部门承担，但也可能有一部分应由其他部门承担。例如，因材料质量不好而影响生产效率，从而产生的人工效率差异就应该由供应部门负责。

(三) 变动制造费用差异的计算与分析

变动制造费用差异，是指一定产量产品的实际变动制造费用与标准变动制造费用之间的差额。变动制造费用差异，由变动制造费用耗费差异和变动制造费用效率差异两部分组成。

在成本差异分析中，变动制造费用耗费差异类似于材料价格差异和直接人工工资率差异；变动制造费用效率差异类似于材料用量差异和直接人工效率差异。计算公式如下：

$$\text{变动制造费用耗费差异}=\left(\text{实际分配率}\times\text{实际工时}\right)-\left(\text{标准分配率}\times\text{实际工时}\right)=\left(\text{实际分配率}-\text{标准分配率}\right)\times\text{实际工时}$$

$$\text{变动制造费用效率差异}=\left(\text{标准分配率}\times\text{实际工时}\right)-\left(\text{标准分配率}\times\text{标准工时}\right)=\left(\text{实际工时}-\text{标准工时}\right)\times\text{标准分配率}$$

[例 8－7] 某公司本期生产甲产品 1900 件，实际耗用人工工时 11 500 小时，实际发生变动制造费用 40 250 元，单位产品的工时耗用标准为 6 小时，变动制造费用标准分配率为每一直接人工工时 4 元。

对变动制造费用差异分析如下：

标准工时 = 1 900 × 6 = 11 400（小时）

变动制造费用实际分配率 = $\frac{40\ 250}{11\ 500}$ = 3.5（元/小时）

变动制造费用耗费差异 = (3.5 − 4) × 11 500 = −5 750（元）　　（有利差异）

变动制造费用效率差异 = (11 500 − 11 400) × 4 = 400（元）　　（不利差异）

变动制造费用差异　　−5 350 元（有利差异）

变动制造费用是一个综合性费用项目，对其差异应结合构成变动制造费用的具体明细项目作进一步的分析。在实际工作中，通常根据变动制造费用弹性预算的明细项目，结合同类项目的实际发生数进行对比分析，从而找出差异的原因及责任归属。

应当指出的是，变动制造费用效率差异实际上反映的是产品制造过程中的工时利用效率问题，在分析时应结合直接人工效率差异进行。

（四）固定制造费用差异的计算与分析

固定制造费用差异，是指一定期间的实际固定制造费用与标准固定制造费用之间的差额，其计算公式为：

固定制造费用成本差异 = 实际固定制造费用 − 实际产量标准固定制造费用

= 实际固定制造费用 − 实际产量 × 工时标准 × 标准费用分配率

= 实际固定制造费用 − 实际产量标准工时 × 标准费用分配率

固定制造费用总额一般不受产量变动的影响，因此，产量变动会对单位产品所负担的固定制造费用产生影响。这就是说，实际产量与设计生产能力规定的产量或预算规定的产量的差异会对产品应负担的固定制造费用产生影响。所以，固定制造费用差异的分析方法与其他费用成本差异的分析方法有所不同。固定制造费用的成本差异分析方法主要有两差异分析法和三差异分析法两种。

1. 两差异分析法

两差异分析法将固定制造费用成本差异区分为耗费差异和能量差异两种成本差异。

（1）固定制造费用耗费差异是指实际固定制造费用与固定制造费用预算总额之间的差异。固定制造费用预算总额是按预算产量和工时标准、标准费用分配率事前确定的固定制造费用。该成本差异的计算公式为：

固定制造费用耗费差异 = 实际固定制造费用 − 固定制造费用预算总额

$$=\text{实际固定制造费用}-\text{预算产量}\times\text{工时标准}\times\text{标准费用分配率}$$

$$=\text{实际固定制造费用}-\text{预算产量标准工时}\times\text{标准费用分配率}$$

(2)固定制造费用能量差异是指由于设计或预算的生产能力利用程度的差异而导致的成本差异，也就是实际产量标准工时脱离设计或预算产量标准工时而产生的成本差异。其计算公式为：

$$\text{固定制造费用能量差异}=\left(\text{预算产量标准工时}-\text{实际产量标准工时}\right)\times\text{标准费用分配率}$$

[例8－8]某公司本月甲产品预算产量为2 000件，实际产量为1 900件；固定制造费用预算总额为90 000元，实际发生固定制造费用为91 800元；预算总工时为12 000小时，实际耗用工时为11 500小时；工时标准为6小时，固定制造费用标准分配率为每小时7.5元。

根据以上资料，固定制造费用成本差异计算如下：

固定制造费用耗费差异＝91 800－90 000＝1 800(元)(不利差异)

固定制造费用能量差异＝(12 000－1 900×6)×7.5

＝(12 000－11 400)×7.5

＝4 500(元)(不利差异)

2. 三差异分析法

三差异分析法是将固定制造费用的成本差异区分为耗费差异、能力差异和效率差异三种成本差异。

(1)耗费差异与两差异分析法中相同，其计算公式仍为：

$$\text{固定制造费用耗费差异}=\text{实际固定制造费用}-\text{固定制造费用预算总额}$$

(2)能力差异是指实际产量实际工时脱离预算产量标准工时而引起的生产能力利用程度差异而导致的成本差异。其计算公式为：

$$\text{固定制造费用能力差异}=\left(\text{预算产量标准工时}\times\text{实际产量实际工时}\right)\times\text{标准费用分配率}$$

(3)效率差异是指因生产效率差异导致的实际工时脱离标准工时而产生的成本差异。其计算公式为：

$$\text{固定制造费用效率差异}=\left(\text{实际产量实际工时}\times\text{实际产量标准工时}\right)\times\text{标准费用分配率}$$

[例8－9]沿用例8－8的资料。采用三差异分析法，计算固定制造费用成本差异。

固定制造费用成本差异计算如下：

固定制造费用耗费差异＝91 800－90 000＝1 800(元)(不利差异)

固定制造费用能力差异＝(12 000－11 500)×7.5＝3 750(元)(不利差异)

$$
\begin{aligned}
固定制造费用效率差异 &= (11\ 500 - 1\ 900 \times 6) \times 7.5 \\
&= (11\ 500 - 11\ 400) \times 7.5 \\
&= 750(元)(不利差异)
\end{aligned}
$$

由以上可以看出,三差异分析法的能力差异与效率差异之和,等于两差异分析法的能量差异。因此,采用三差异分析法,能够较清楚地说明生产能力利用程度和生产效率高低所导致的成本差异情况,便于分清责任。

固定制造费用也是一个综合性的费用项目。因此,为了较准确地查明差异产生的原因,必须将固定制造费用各项目的预算数与其实际发生数进行对比,以便逐项分析原因和责任。

固定制造费用耗费差异的出现有外部原因,但大多数是内部原因,如临时购置固定资产,超计划雇用管理人员及辅助生产人员,研究开发费、培训费的增加等。

固定制造费用能力差异主要是由于产销数量引起的,如经济萧条、产品定价过高造成销路不好和开工不足,或原材料、能源供应不足造成生产能力利用不充分。

固定制造费用效率差异出现的原因与直接人工效率差异的形成原因相同,主要应由人事部门和管理部门负责。

四、标准成本法的账务处理

(一)标准成本法账务处理的特点

标准成本法的账务处理具有以下几方面的特点。

1."生产成本""库存商品"等科目可以只登记标准成本,设置各种成本差异科目,分别核算各种差异。在标准成本法下,"生产成本""库存商品"科目,无论是借方还是贷方均登记实际产量的标准成本,至于各种差异,则可另设各个成本差异科目进行核算。

对于直接材料成本差异,应设置"材料价格差异"和"材料用量差异"两个科目;对于直接人工成本差异,应设置"直接人工工资率差异"和"直接人工效率差异"两个科目;对于变动制造费用差异,应设置"变动制造费用耗费差异"和"变动制造费用效率差异"两个科目;对于固定制造费用差异,应设置"固定制造费用耗费差异""固定制造费用能力差异"和"固定制造费用效率差异"三个科目(在两差异分析法下,只需设"固定制造费用耗费差异"和"固定制造费用能量差异"两个科目,在以下的账务处理中,我们采用三差异分析法)。各种不利差异,应分别记入有关差异科目的借方;各种有利差异,应分别记入有关差异科目的贷方。

材料价格差异的核算有两种方法。第一种方法是:在购入材料时就计算其价格差异,将材料的标准成本记入"原材料"科目,而将其价格差异记入"材料价格差异"科目。在这种情况下,"材料价格差异"科目核算的是购入材料的价格差异。第二种方法是:购入材料时将其实际成本记入"原材料"科目,生产领用材料时才计算价格差异,将领用材料的标准成本由"原材料"科目转入"生产成本"科目,而将价格差异由"原材料"科目转入"材料价格差异"科目。在这种情况下,"材料价格差异"科目核算的是领用材料的价格差异。对于材料价格差异的核算,本节采用第二种方法。

2. 会计期末对成本差异进行处理。期末分析计算各种成本差异后,要对其进行处理。成本差异的处理方法有以下两种:

第一种方法是将本期的各种成本差异,按标准成本的比例分配给期末在产品、期末库存产成品和本期已售产品。采用这种方法的理由是:本期发生的成本差异与上述三者均有关系,这样分配差异后,资产负债表中的“在产品”项目和“产成品”项目以及利润表中的本期已售产品成本均反映的是实际成本。

第二种方法是将本期发生的各种差异全部计入当期损益。在这种处理方法下,资产负债表中的“在产品”项目和“产成品”项目只反映标准成本。采用这种方法的理由是:本期发生的成本差异是本期成本控制的结果,应当全部体现在本期的损益之中,只有这样,才能使各期的利润如实地反映各期生产经营工作的全部效益,标准成本才是真正的正常成本。因此,期末资产负债表中的“在产品”项目和“产成品”项目以标准成本反映能较为如实地反映资产的价值,避免了繁杂的成本差异分配工作,使产品成本的计算大为简化。但是,如果标准成本已经陈旧,显得过高或过低,那么第二种方法则会使会计报表反映失实。这时,必须对标准成本进行修订,使其符合实际。

(二)账务处理举例

[例8-10]沿用例8-5至例8-9的资料。假设某公司“生产成本”和“库存商品”科目均无期初余额,本期投产的1 900件甲产品已全部完工,并已全部出售,每件售价为400元。

(1)领用材料及将直接人工费用、变动制造费用、固定制造费用计入产品成本的会计分录(购入材料以及实际支付以上各该项费用时的会计分录从略)。

①领用材料的会计分录。根据例8-5,投产1 900件甲产品的直接材料的有关数据如下:

直接材料标准成本:(5×15+10×10)×1 900=332 500(元)

直接材料实际成本:4.5×28 000+11×20 000=346 000(元)

直接材料价格差异:6 000元(不利差异)

直接材料用量差异:7 500元(不利差异)

根据以上数据编制会计分录如下:

a. 借:生产成本	332 500	
材料价格差异	6 000	
材料用量差异	7 500	
贷:原材料		346 000

②将直接人工费用计入产品成本的会计分录。根据例8-6,投产1 900件甲产品的直接人工费用的有关数据如下:

直接人工标准成本:8×6×1 900=91 200(元)

直接人工实际成本:86 250 元

直接人工工资率差异:-5 750 元(有利差异)

直接人工效率差异:800 元(不利差异)

根据以上数据编制会计分录如下:

b. 借:生产成本　　91 200

　　直接人工效率差异　　800

　贷:应付职工薪酬　　86 250

　　直接人工工资率差异　　5 750

③将变动制造费用计入产品成本的会计分录。根据例 8-7,变动制造费用有关数据列示如下:

标准变动制造费用:4×6×1 900=45 600(元)

实际变动制造费用:40 250 元

变动制造费用耗费差异:-5 750 元(有利差异)

变动制造费用效率差异:400 元(不利差异)

根据以上数据编制会计分录如下:

c. 借:生产成本　　45 600

　　变动制造费用效率差异　　400

　贷:变动制造费用　　40 250

　　变动制造费用耗费差异　　5 750

④将固定制造费用计入产品成本的会计分录。根据前述的例 8-8,固定制造费用的有关数据列示如下:

标准固定制造费用:7.5×6×1 900=85 500(元)

实际固定制造费用:91 800 元

固定制造费用耗费差异:1 800 元(不利差异)

固定制造费用能力差异:3 750 元(不利差异)

固定制造费用效率差异:750 元(不利差异)

根据以上数据编制会计分录如下:

d. 借:生产成本　　85 500

　　固定制造费用耗费差异　　1 800

　　固定制造费用能力差异　　3 750

　　固定制造费用效率差异　　750

　贷:固定制造费用　　91 800

(2)结转完工入库产品标准成本的会计分录。完工入库 1 900 件甲产品的标准成本为:

直接材料:332 500 元

直接人工:91 200 元

变动制造费用:45 600 元

固定制造费用:85 500 元

合计 554 800 元

会计分录为:

e. 借:库存商品 554 800

贷:生产成本 554 800

(3)销售产品的会计分录为:

f. 借:应收账款 760 000

贷:主营业务收入 760 000

销售收入 =400 ×1 900 =760 000(元)

(4)结转已售产品标准成本。

g. 借:主营业务成本 554 800

贷:库存商品 554 800

(5)结转本期各项成本差异。本期各项成本差异的汇总结果详见表 8 -5。

表 8 -5 成本差异汇总表

单位:元

科 目	不利差异	有利差异
材料价格差异	6 000	
材料用量差异	7 500	
直接人工工资率差异		5 750
直接人工效率差异	800	
变动制造费用耗费差异		5 750
变动制造费用效率差异	400	
固定制造费用耗费差异	1 800	
固定制造费用能力差异	3 750	
固定制造费用效率差异	750	
合 计	21 000	11 500
差异净额	9 500	

根据表 8 -5,编制结转各种成本差异的会计分录:

h. 借:主营业务成本 9 500

直接人工工资率差异 5 750

　　变动制造费用耗费差异　　5 750
　贷:材料价格差异　　6 000
　　　材料用量差异　　7 500
　　　直接人工效率差异　　800
　　　变动制造费用效率差异　　400
　　　固定制造费用耗费差异　　1 800
　　　固定制造费用能力差异　　3 750
　　　固定制造费用效率差异　　750

五、标准成本法与定额法的比较

标准成本与定额成本计算方法的不同,主要表现在如下几个方面。

(一)会计科目的登记方法不同

在定额成本计算法下,"生产成本"科目是按实际成本记账的,实际成本与定额成本之间的差异额反映在产品成本计算单上;而标准成本制度下,"生产成本"科目则应按标准成本记账,并且实际成本与标准成本之间的差异额要单独设立会计科目进行反映,并与复式记账密切结合起来。

(二)计算成本的方式不同

在定额成本计算法下,需要计算产品的实际成本,因而,就要求直接费用的定额差异按产品分别计算,间接费用差异要按产品分配,计算工作量比较大;标准成本制度下,不要求计算产品的实际成本,成本差异不必按产品分别计算。这样,就有可能把成本差异核算的重点转移为按各个责任中心进行核算,并分别按差异发生的原因反映出来。

(三)差异的处理方法不同

在定额成本计算法下,各种产品的成本差异若数额较大,应将其在完工产品和在产品之间进行分配。当然,若成本差异数额不大,则可不进行分配,直接列入完工产品的成本当中。"库存商品"科目是按实际成本计入,借方所反映的入库产成品按当月完工产成品实际成本记入,贷方所反映的发出销售产成品按先进先出法或加权平均法计算其实际成本。"主营业务成本"科目的借方,反映销售出去的产成品实际成本,不单独反映产成品成本差异。这样,在利润报表上就不能专门计算成本差异对利润的影响额。标准成本制度下,本期生产所发生的各种成本差异一般不在在产品、库存产品和销售产品当中进行分配,一般将其全部转入到"主营业务成本"科目,把销售产品的标准成本调整为实际成本。这样,销售成本就分为标准成本和成本差异两部分;利润报表上的产品销售利润分为产品销售成本调整前利润和调整后利润两部分。调整前利润即销售产品按标准成本计算的利润,调整后利润即销售产品按实际成本计算的利润。

第二节　质量成本会计

一、质量成本的含义与分类

（一）质量成本的含义

质量成本是指为了防止出现低质量产品而直接发生的成本以及由于出现了低质量产品而间接导致的成本。这个定义说明质量成本与控制作业和失败作业这两类作业相关。控制作业是为了预防和检查低质量产品而实施的作业，由此产生的成本叫控制成本。失败作业是为了对低质量产品作出反应而由企业或顾客实施的作业，由此产生的成本叫失败成本。

（二）质量成本的分类

1. 预防成本

预防成本是为防止出现低质量产品而发生的成本，包括质量设计工程费用、质量流程改进费用、质量培训费用、质量审计费用、供应商评估费用、预防性设备维修费用等。当预防成本增加时，预期失败成本会减少。

2. 鉴定成本

鉴定成本是为了确定产品是否符合顾客需求而发生的成本，包括流程验收费用、产品验收费用、包装检验费用、检测设备费用、外部鉴定费用等。其中，流程验收是指抽查加工中的在产品，以确定流程是否处于控制之下、是否正在生产无缺陷的产品，如果不是，就中止该流程，直到采取纠正措施为止；产品验收是指为确定产品是否达到可接受的质量水平而从成批的产品中抽样检查，如果达到了可接受质量水平，就接受这批产品。

3. 内部失败成本

内部失败成本是指由于低质量产品在送达顾客之前被发现而引起的成本，包括废品损失、返工费用、停工检验费用、重新测试费用、设计变更费用等。

4. 外部失败成本

外部失败成本是指由于低质量产品在送达顾客之后被发现而引起的成本，包括产品回收、折扣、保修、顾客投诉处理、顾客满意度下降以及丢失市场份额等而导致的费用和损失。在所有质量成本中，外部失败成本是最具破坏性的，而且最难计量。

二、质量成本核算

质量成本核算实际上是将企业的质量管理费用和质量损失，按其经济内容进行归集和分配，以综合反映生产经营过程中由于质量所引发的全部耗费。质量成本核算有助于进行

全面质量控制。目前质量成本核算尚无固定模式。企业进行质量成本核算有两种常见的形式可供选择。

(一)非独立核算形式

非独立核算形式就是将质量成本核算纳入现有的会计核算账户体系的一种核算形式。在这种形式下,企业在原有的会计科目表中增设“质量成本”一级科目,同时取消“废品损失”一级科目。“质量成本”一级科目下设“预防成本”“鉴定成本”“内部失败成本”和“外部失败成本”四个二级科目,各二级科目下还可按具体内容设置明细科目。

当期发生的全部质量耗费在“质量成本”科目的借方归集。质量预防成本从“质量成本”科目的贷方转入“管理费用”科目的借方。质量鉴定成本从“质量成本”科目的贷方转入“制造费用”科目的借方。质量内部失败成本中,废品净损失从“质量成本”科目的贷方转入“生产成本”科目中的“废品损失”成本项目;废品残值收入从“质量成本”科目的贷方转入“原材料”科目的借方;应由责任人赔偿的损失从“质量成本”科目的贷方转入“其他应收款”科目的借方;意外事故损失从“质量成本”科目的贷方转入“营业外支出”科目的借方。质量外部失败成本从“质量成本”科目的贷方转入“销售费用”科目的借方或冲减当期主营业务收入。“质量成本”科目期末如有借方余额,表示应由以后会计期间负担质量预防成本。

1. 非独立核算形式的优点

(1)有利于将质量成本管理工作纳入会计管理体系的监督和控制之中,使质量成本核算成为日常会计核算的内容之一。

(2)质量成本核算账户体系的设置与应用,有利于与责任成本体系相结合,以考核质量成本的发生情况。

2. 非独立核算形式的缺点

(1)调整了原有的会计核算程序,增加了会计核算工作量。而且由于各类企业在质量成本构成内容上差别较大,因此难以从核算制度上作出统一要求。

(2)某些性质的质量成本,如商品折价损失,既可能是质量因素引起的,也可能有滞销等其他因素,有的停工损失也可能含有非质量因素等。这类耗费在质量成本核算中难以分清原因并单列核算。

(二)独立核算形式

独立核算形式就是把质量成本的核算和正常的会计核算截然分开,单独组织质量成本的核算,形成质量成本核算的独立体系。在这种情况下,可以采用统计台账的形式,由企业内部各责任单位设置“质量成本”账户,按照质量成本的各项构成内容、发生地点、责任主体、发生数额和主要原因,逐项予以登记。质量成本发生的数额有的可直接从会计核算账户中取得,例如,废品净损失费用、停工损失费用等。有的则需要从发生的生产费用中通过分析、计算和汇总取得。各内部责任单位可以根据核算结果定期编制质量成本报告,作为考评该责任单位质量成本管理业绩的依据。

1. 独立核算形式的优点

(1)不影响现有的会计核算体系,独立完整地反映质量成本情况。

(2)能较好地适应不同企业质量成本管理的特点和要求,根据实际要求设计相应的质量成本核算体系。

2. 独立核算形式的缺点

(1)由于独立于会计核算体系之外,因此质量成本的核算脱离了会计管理的监督和控制,使原始凭证的真实性、可靠性受到影响。

(2)需设置专职的质量成本核算部门或人员,增加了管理工作量。

三、质量成本计量

质量成本按其表现形式可分为显性质量成本和隐性质量成本。显性质量成本是指企业在生产经营过程中因为产品质量而实际发生的耗费和损失,它直接给企业带来损耗。隐性质量成本主要是指由不良质量而导致的机会成本,它间接对企业造成损失。显性质量成本包含的项目很多,预防成本、鉴定成本、内部失败成本和部分外部失败成本都属于显性质量成本。隐性质量成本包含的项目较少,外部失败成本中由于顾客满意度下降、丢失市场份额等导致的损失属于隐性质量成本。

显性质量成本可以从企业的会计记录中取得。隐性质量成本虽然项目较少,但数额可能非常巨大,而且在企业的会计记录中通常不予确认,因此我们需要对其进行估计。估计隐性质量成本的常用方法有如下三种。

(一)乘数法

乘数法简单地假定全部外部失败成本是得到计量的外部失败成本的一定倍数。其计算公式为:

$$全部外部失败成本 = K \times 已计量外部失败成本$$

式中,K 为乘数因子,根据经验估计确定。隐性质量成本等于全部外部失败成本与已计量外部失败成本之差。

(二)市场调查法

市场调查法常用来判断不良质量对销售和市场份额的影响。通过对顾客的调查和对企业销售人员的访谈,可以为隐性质量成本的估计提供重要参考依据,可用于预计不良质量所带来的未来利润流失数。

(三)塔古奇损失函数法

塔古奇损失函数假定任一质量特性相对于目标值的偏离都会导致隐性质量成本的发生,而且当质量特性的实际值偏离目标值时,隐性质量成本以平方倍增加。其计算公式为:

$$L(y)=k(y-T)^2$$

式中，k 为企业外部失败成本结构的比例常数；y 为质量特性的实际值；T 为质量特性的目标值；L 为隐性质量成本。

要运用塔古奇损失函数，必须先估计 k 值。用一个极限值相对于目标值的偏离值平方去除该极限值对应的预期隐性质量成本，可得出 k 值为：

$$k=\frac{c}{d^2}$$

式中，c 为上限或下限值对应的预期隐性质量成本；d 为上限或下限值相对于目标值的偏离值。

可以借用前两种方法——乘数法和市场调查法帮助进行 c 的估计。一旦估计出了 k 值，就可以估计质量特性相对于目标值的任何水平的偏差所导致的隐性质量成本。

四、质量成本控制

进行质量成本控制，既要考虑节约开支、降低质量成本，又要处理好质量成本与产品质量的关系，通过质量成本效益分析，结合企业的具体条件，寻求质量成本的最佳值。质量成本与产品质量之间的依存关系，是控制质量成本的关键。

（一）质量成本函数：可接受质量观点

可接受质量观点认为控制成本与失败成本之间存在此消彼长的权衡关系。当控制成本增加时，失败成本就会减少。只要失败成本的减少大于控制成本的增加，企业就应该继续加强预防和鉴定方面的努力。当任何额外的预防和鉴定成本的增加都大于失败成本的相应减少时，这个点就代表最优的全面质量成本水平。该点是控制成本和失败成本的最佳平衡点，决定了可接受质量水平。

该理论观点如图 8－1 所示。图 8－1 运用了两个成本函数：控制成本函数和失败成本函数。它还假定：当预防和鉴定作业所消耗的支出减少时，缺陷率会增加；当缺陷率增加时，失败成本会增加。从全面质量成本函数来看，在质量改进到某一点之前，全面质量成本是下降的，在该点之后，全面质量成本是上升的。这样就找出了缺陷率的最优水平，企业的质量管理都朝着这个水平努力。这个可允许的缺陷率水平就是可接受的质量水平。

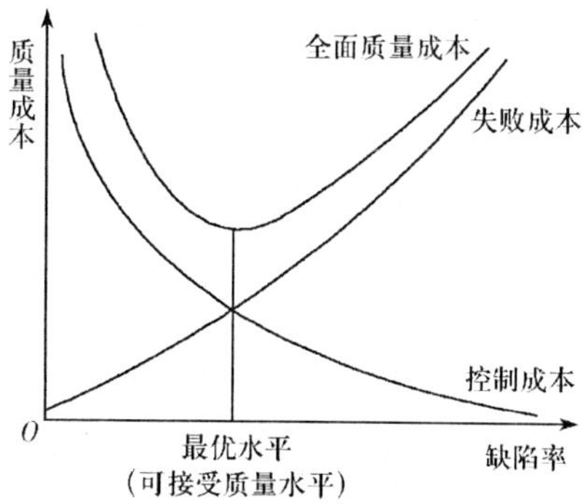

图 8－1　可接受质量成本

(二)质量成本函数:零缺陷观点

可接受质量观点允许并且实际上鼓励一定的缺陷率的存在。20 世纪 70 年代后期,可接受质量观点受到零缺陷观点的挑战。零缺陷观点最基本的主张是:把不符合质量要求的产品降为零是符合成本效益原则的。质量成本的最优水平是零缺陷。那些不符合质量要求的产品越来越少的企业,相对于那些继续采用可接受质量观点的企业,更加具有竞争力。对处于高度竞争环境中的企业来说,质量能提供重要的竞争优势。

从成本函数的角度看,如果企业增加其预防和鉴定成本从而降低失败成本,则随后预防和鉴定成本也能够得到削减。最初来看,控制成本和失败成本好像是一种此消彼长的关系,而实际情况表明质量成本可以实现永久的降低。

该理论观点如图 8 -2 所示。图 8 -2 中的质量成本函数与传统的质量成本函数有几个重大的区别。首先,当接近零缺陷状态时,控制成本并没有无限增加。其次,在接近零缺陷状态的过程中,控制成本可能先增加后降低。最后,可以努力把失败成本变为零。

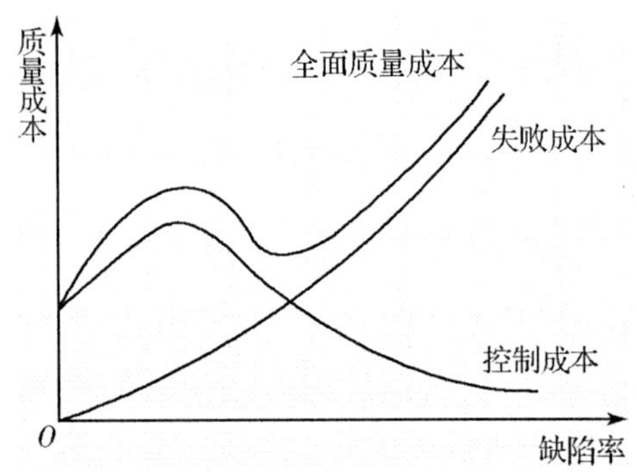

图 8 -2　零缺陷质量成本

在零缺陷观点下,降低质量成本的战略相当简单:(1)采取针对失败成本的措施,使它们逐渐降低为零;(2)投资于能带来质量改进的正确的预防作业;(3)根据已实现的质量改进降低鉴定成本;④持续评价和重新确定预防努力的方向,以获得进一步的质量改进。

上述战略是建立在如下基础之上的:(1)每一个失败都有其根本原因;(2)失败原因是可以预防的;(3)预防作业成本比其他质量相关作业成本更低。

第三节　作业成本会计

一、作业成本法的含义

作业成本法是将间接成本和辅助费用更准确地分配到产品和服务的一种成本计算方法。依据作业成本法的观念,企业的全部经营活动是由一系列相互关联的作业组成的,企业每进行一项作业都要耗用一定的资源;与此同时,产品(包括提供的服务)被一系列的作业生

产出来。产品成本是全部作业所消耗资源的总和，产品是消耗全部作业的成果。在计算产品成本时，首先按经营活动中发生的各项作业来归集成本，计算出作业成本；然后按各项作业成本与成本对象（产品或服务）之间的因果关系，将作业成本分配到成本计算对象，最终完成成本计算过程。

在作业成本法下，直接成本可以直接计入有关产品，与传统的成本计算方法并无差异，只是其直接成本的范围比传统成本计算方法的范围要广，凡是可方便地追溯到产品的材料、人工和其他成本都可以直接归属于特定产品，尽量减少不准确的分摊。不能追溯到产品的成本，则先追溯到有关作业或分配到有关作业，计算作业成本，然后将作业成本分配到有关产品。

二、作业成本法下的几个概念

作业成本法的核心是在计算产品成本时，首先将相关资源耗费归于具体的相关作业，然后利用作业与产品的关联性，将归集于作业的成本分配到相关产品。整个过程涉及几个核心概念，需要在具体核算过程加以明确。

（一）资源

资源，即“资财之源”，代表着那些可以用来创造社会财富的使用价值，对于具体组织而言，也是成本的载体或源泉。资源作为一个概念，其外延十分广泛，几乎涵盖了企业所有的价值载体。广义地说，任何可资利用的使用价值或者能够带来价值的源泉，都可以称为资源。一个企业可用于生产经营活动的各种材料、物资，都属于资源，当然也包括企业所拥有或者控制的人力资源。在会计上，资源具有二维性，即一方面资源是可以带来价值的源泉，是财富的象征；另一方面资源又是成本、费用的载体与来源，企业取得资源时所耗费的成本，一般会成为资源的入账价值，账面记录的资源通常就是取得该资源的成本的集合。所谓成本费用，基本上就是用所耗费的资源的价值来衡量的。关于资源的成本信息主要反映在会计的分类账及其相关明细账上，例如材料费、人工费、折旧费、修理费、办公费、利息费、税费等。

（二）作业

作业是指企业在生产经营过程所发生的各项具体活动。例如，产品制造过程中的产品设计、材料运输，销售部门处理顾客订单、产品运输等都可以看作是作业。一项作业可能是一项非常具体的活动，如车工作业；也可能泛指一类活动，如机加工车间的车、铣、刨、磨等所有作业可以统称为机加工作业；甚至还可以将机加工作业、产品组装作业等统称为生产作业（相对于产品研发、设主、销售等作业而言）。由若干个相互关联的具体作业所组成的作业集合，一般被称为作业中心。

“作业”是作业成本法体系中的一个最基本的概念。根据作业成本法，任何产品的形成都要消耗一定的作业，而每项作业也都是为了特定目的而消耗资源的工作事项。可见，作业是连接资源和产品的纽带，它在消耗资源的同时生产出产品。产品成本于是就表现为生产产品或提供劳务的全部作业所消耗的资源费用的总和。在一个企业内部，根据不同的生产技术要求和工艺流程，作业也是复杂多样的，少则几十种，多则上百、上千种。作业可以根据不同的标准进行分类。例如，根据重复性分类，作业可以分为重复作业和非重复作业；根据主次关系分类，作业可以分为一级或主要作业和二级或次要作业；按价值链中的作业属性分类，作业可以分为增值作业和非增值作业等。为了便于作业分析，并进行准确的作业成本计算，一般将作业按其层次分为如下几个类别。

(1)单位作业，即针对单位产品的作业，如机械加工、对于每件产品的检验等。每生产一单位产品，这类作业就要发生一次，它所消耗的资源一般随着产品数量的变化而变化，例如直接材料、直接人工等。产量增加，这类作业的成本也几乎同比例增加，有时候也被称作产量级作业。

(2)批次作业，即针对具体产品批次的作业，其特点是每生产一批产品就要作业一次，成本随着生产批次数量的变动而变动的。例如，对每批产品的订单处理、机器调试、成批采购和检验等。它们的成本取决于批次，与每批产品的数量无关。

(3)产品作业，即针对某种产品全部单位的作业，或称品种级作业。这一类作业的特点在于服务于具体某种规格、型号或样式的产品。例如，产品设计、产品生产工艺规程制定、工艺改造、产品更新等。这些作业的成本依赖于某一产品线的存在，涉及一项生产的各项投入，而不是只针对一个单位或一批产品。这种作业的成本随着产品的品种项目的变动而变动。

(4)支持作业，它是维持整个生产过程所从事的作业。这类作业用来保证整个生产系统的顺利进行，而不是专门为某一产品而发生的作业。例如，工厂管理、厂房折旧、整体维护、工厂保卫、财产保险等。这种作业的成本一般视企业的整体情况发生变动，与产品的种类和数量多少无关。一般而言，对于那些无法追溯到单位产品，并且和产品批次、产品品种无明显关系的成本，都可以认定为生产维持级别的成本。

(三)成本动因

成本动因，或称成本驱动因素，即引致成本发生与变动的原因或推动因素。例如，当产量增加时，直接材料成本就增加，那么产量是直接材料成本的驱动因素，即直接材料的成本动因；再如，检验成本随着检验次数的增加而增加，检验次数就是检验成本的驱动因素，即检验成本的成本动因；对机器设备的调试将消耗人力和物力成本，那么调试的次数或调试的时间便是人力、物力消耗的成本动因等。

成本动因是关于成本发生额与作业消耗量之间内在数量关系的决定性因素。因此，在作业成本法下，成本动因作为一个重要范畴，就成为计算作业成本的依据，可以用来解释执行作业的原因和作业消耗资源的大小。采用作业成本法来进行间接费用的分配，首先就是要对发生成本的行为有较深刻的了解，找出恰当的成本动因，以说明成本是如何通过作业的

实施进入到各个产品中的。选择合适的成本动因是作业成本法最为核心的内容，它关系到作业成本归集、分配的科学性、准确性和有效性。根据成本动因在作业成本核算程序中所处的位置，一般将其分为资源动因和作业动因。其中，资源动因是引起作业成本增加的驱动因素，用来衡量一项作业的资源消耗量；作业动因则用来衡量具体成本对象（产品或服务）需用的作业量，是产品成本增加的驱动因素。

1. 资源动因

成本的基本存在形式在于资源，没有资源就无所谓成本。这里所谓的资源动因，即资源消耗背后的驱动因素，作业消耗资源多少的计量方式，也是将资源成本分配到作业的依据，反映了某项或某类作业对于资源的消耗情况（示例见表 8－6）。例如，产品调试作业需要有调试人员、调试设备、专用场地，还会有电能、油料等能源的消耗。这里，调试作业作为成本对象，耗用了以上资源，构成了调试作业的成本。其中，调试人员的工资和调试设备、专用场地的折旧费，一般可以直接计入调试作业成本。但电力、油料等能源的消耗往往是以全厂或者是车间为单位统计的，不能直接计入成本（除非为设备专门安装电表对具体电力消耗进行记录）。一种合理做法就是根据设备额定的功率和设备开动时间进行分配。于是，“设备额定功率×设备运行时间”就成为度量调试作业耗用的资源成本的依据，也即资源动因。我们可以把它们的乘积值称做资源动因量，资源动因量越大，耗用的能源成本就越多。这样就可按照它们的乘积值作为资源的分配基础，将调试所用的能源成本分配到调试作业。

表 8－6　作业及其资源动因示例

作　业	资源（成本）动因
安装调试	安装调试小时
设备运行	设备工作小时
清　洁	平方米
材料搬运	搬运次数、搬运距离与重量
人力资源管理	雇员人数、工作天数
能源消耗	电表、流量表、装机功率和运行时间
订单制作	订单数量
客户服务	服务电话次数、服务种类数量、服务时间

2. 作业动因

作业动因反映有关作业被产品（或其他成本对象，下同）所消耗的原因和方式，是计量各种产品所消耗的作业成本多少的驱动因素。作业动因是将各有关作业成本分配到最终产品的依据和标准，也是沟通资源耗费与最终产出的中介。仍然以产品调试作业为例，把电力、油耗等资源的成本通过资源动因分配到调试作业成本（或作业成本库）后，就要确定相应的作业动因以便将有关调试作业成本分配至产品。假设企业生产多种产品，每种产品又是分批完成并进行调试的，全部产品共用同一调试资源，并假定每次调试成本都是相当的。那么调试的“次数”就成为对产品进行调试发生的相关成本的驱动因子，也即作业动因。在一定期间内，调试作业总成本除以调试的总次数，即为调试作业的成本分配率，用产品的调试次数乘以相对应的分配率即为该种产品所承担的调试成本。某种产品完工的批次越多，进行调试的“次数”就越多，所承担的调试成本也就越多。

（四）作业的认定

这是建立作业成本系统的基础，企业需要确认每一项作业完成的工作以及执行该作业耗用的资源成本。这项工作需要对每项消耗资源的作业进行定义，即需要识别每项作业在生产活动中的作用、与其他作业的区别，以及每项作业与所耗用资源间的联系。

作业认定有两种形式：一种是根据企业总的生产流程，自上而下进行分解。如，根据查看生产流程和分析工厂的布局，得知生产车间仓库与储存仓库之间有 2.5 千米的距离，必然存在原材料搬运作业，这项作业就是将产成品从生产车间运送到仓库。另一种是与员工和经理交谈，自下而上地确定他们所做的工作，并逐一认定各项作业。如，与进行搬运作业的员工交谈（如问“你是做什么的?”），也很容易得出生产过程中有这样一项搬运作业，它的主要作用是把产成品从生产车间运往仓库。在实务中，自上而下和自下而上这两种方式往往需要结合起来运用。经过这样的程序，就可以把生产过程中的全部作业一一识别出来，并加以认定。为了对认定的作业进一步分析和归类，在作业认定后，需按顺序列出作业清单。表 8－7 是一个以变速箱制造企业为背景的作业清单示例。需要说明的是，这仅仅是一个示例，实际上任何一个企业在生产过程中的作业都会比表 8－7 中所列的作业数量多，认定 100—200 项作业并非罕见。

表 8－7　某企业作业清单

作业名称	作业说明
材料订购	包括选择供应商、签订合同、明确供应方式等
材料检验	对每批购入的材料进行质量、数量检验
生产准备	每批产品投产前，进行设备调整等准备工作
发放材料	每批产品投产前，将生产所需材料发往各生产车间
材料切割	将管材、圆钢切割成适于机加工的毛坯工件
车床加工	使用车床加工零件（轴和连杆）
铣床加工	使用铣床加工零件（齿轮）
刨床加工	使用刨床加工零件（变速箱外壳）
产品组装	人工装配变速箱
产品质量检验	人工检验产品质量
包　装	用木箱将产品进行包装
车间管理	组织和管理车间生产、提供维持生产的条件

资料来源：中国注册会计师协会：《财务成本管理》，中国财政经济出版社 2010 年版，第 470 页。

三、将资源成本分配到作业

（一）建立作业“同质组”和“作业成本库”

一个企业的生产活动是很复杂的，往往涉及几十项甚至数百项作业。如果按照每项作业归集成本、计算分配率，固然可以更加精确地将成本追溯到有关产品，但是，会使会计核算工作不符合“成本—效益”原则。因此，在使用作业成本法时，要在作业分类的基础上，开展“合并同类项”的工作，即建立“同质组”和“同质成本库”从而减少作业成本和分配率的计算。这一步骤至关重要，其准确性和适当性直接影响成本核算的结果，因此，必须予以关注。

建立作业同质组就是在作业按照产出方式分类的基础上，进一步按作业动因进行分类，将具有相同作业动因的作业，按照一定的要求合并在一起。建立同质成本库就是将同质组内各项作业归集在一起，形成一个成本集合。建立同质组和相应的成本库后，即可将同质组内的各项作业视为同一项作业，使用同一作业动因，将成本库内的全部成本分配到有关产品。因此，纳入一个同质组的作业，必须同时具有以下两个条件：第一，必须属于同一类作业；第二，对于不同产品来说，有着大致相同的消耗比例。

例如，对于同属批次级作业的两项作业——“调整设备”和“发放材料”，就可以纳入一个同质组。按照企业的生产流程，在每批产品投产前都进行一次调整设备的作业，同时，还要进行一次向生产车间发放材料的作业。无论生产什么品种的产品，也无论是哪一个批次的产品，对这两项作业都有相同的消耗比例——“一次/批”，由于这两项作业符合上述两个条件，它们可以纳入一个同质组，这两项作业相应的成本可以纳入同一个成本库。在计算该成本库的作业分配率时，可以使用调整设备的次数、发放材料的次数这两项作业动因中的任何一项作为分配基础。这样，就可以在合理保证成本计算精确的前提下减少计算成本的分配，符合“成本—效益”原则的要求。

需要说明的是，对于同质组内的各项作业，只要求它们对不同产品有“大致相同”的消耗比例即可，而并不一定要求完全精确。

（二）计算作业成本分配率

在确定了作业成本之后，企业需要根据作业成本动因计算单位作业成本，再根据作业量计算成本对象应负担的作业成本。其计算公式如下：

单位作业成本＝本期作业成本库归集总成本/总作业量

建立作业同质组和成本库的过程，也可以看作作业动因的选择过程。作业动因选择的科学、合理与否，直接关系到作业成本分配的准确程度。

（三）计算产品耗用的作业成本

当我们确定了某一项作业动因作为分配基础，据以计算成本库分配率并准备向有关产品分配成本时，实际上也就是默认了一个假设前提，即执行每一次作业的成本是相等的。但是,在实际工作中,执行一次作业耗费的时间、单位时间耗费的资源完全相等的情况几乎没有,而是普遍存在差异。因此,如何将单位作业成本以一种合理的方法归集到产品成本中去就成了一个很大的问题。在实际工作中,核算人员根据执行一次作业耗费的时间、单位时间耗费的资源差异的大小,把作业分为三类:业务动因、持续动因和强度动因。下面就分别对这三种动因进行介绍。

1. **业务动因**

业务动因是以执行的次数作为动因的。作业动因假定执行每次作业的成本(包括耗用的时间和单位时间耗用的资源)相等。

分配率 = 归集期内作业成本总成本/归集期内总作业次数

某产品应分配的作业成本 = 分配率 × 该产品耗用的作业次数

2. **持续动因**

持续动因是以执行一项作业所需的时间为标准进行计算的。在不同产品所需作业量差异较大的情况下,往往需要采用这一动因进行成本计算。例如,检验不同产品所耗用的时间长短差别较大,不宜采用业务动因作为分配成本的基础,而应改用持续动因作为分配的基础,否则,会直接影响作业成本分配的准确性。持续动因得以成立的假设前提是,执行作业的单位时间内耗用的资源是相等的。以持续动因为分配基础,分配不同产品应负担的作业成本,其计算公式如下:

分配率 = 归集期内作业成本总成本/归集期内总作业时间

某产品应分配的作业成本 = 分配率 × 该产品耗用的作业时间

3. **强度动因**

强度动因是在某些特殊情况下,将作业执行中实际耗用的全部资源单独归集,并将该项单独归集的作业成本直接计入某一特定的产品。强度动因一般适用于某一特殊订单或某种新产品试制等,用产品订单或工作单记录每次执行作业时耗用的所有资源及其成本,订单或工作单记录的全部作业成本也就是应计入该订单产品的成本。

在上述三类作业动因中,业务动因的精确度最差,但其执行成本最低;强度动因的精确度最高,但其执行的成本最高;持续动因的精确度和成本则居中。

四、将作业成本追溯到产品

作业成本法的第二阶段的程序,首先是将作业成本追溯到产品,然后在完工产品与在产品之间进行分配,并计算完工产品和在产品的成本。对于可以直接追溯到产品的原材料等直接成本,其计入产品成本的方法与传统方法无异。完工产品与在产品之间的成本分配也与传统方法没有多大区别。作业成本法第二阶段计算程序的主要特点是要应用第一阶段计算得出的作业成本(成本库)分配率和各产品所耗用的作业量指标(即耗用的作业动因数量),将作业成本追溯到各产品,如图 8 - 3 所示。

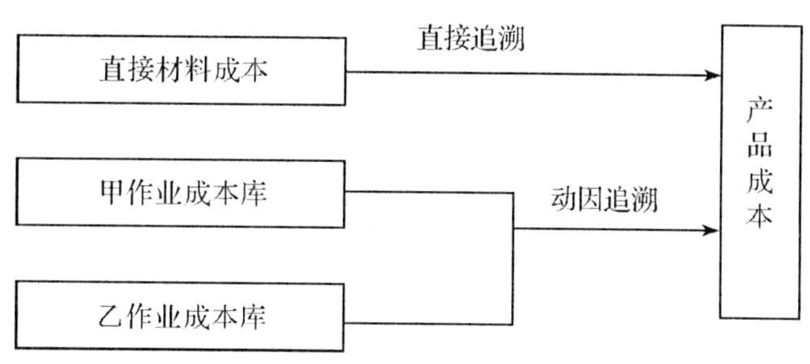

图 8-3　作业成本法第二阶段程序

五、作业成本法的账务处理

在作业成本法下使用的会计科目，从一级会计科目来看与传统成本计算方法没有差别，即“生产成本”“制造费用”（或“作业成本”）等科目。但“生产成本”和“制造费用”（或“作业成本”）科目的二级科目及明细科目的区别却十分明显。

对于“生产成本”科目，可以不再分为“基本生产成本”和“辅助生产成本”两个二级科目，这是因为辅助生产可以视为一项作业，辅助生产的成本可通过设置一个或几个成本库进行核算。辅助生产成本的核算，可以视为一项作业成本向其他作业的分配。在以产品的品种或批别作为作业成本计算对象（即按品种或批别计算成本）的企业，在“生产成本”科目下直接设置明细账，即成本计算单；以产品生产步骤为成本计算对象（即分步计算产品成本）的企业，其二级科目可以按照产品生产步骤设置，在二级科目下再设置成本计算单。成本计算单内按“直接材料”“直接人工”和“作业成本”设置专栏。当直接材料、直接人工等直接成本发生时，根据有关凭证，直接记入“生产成本”科目及其所属各明细科目（成本计算单）的“直接材料”和“直接人工”栏内。按照一定的方法进行完工产品和在产品的分配后，将完工产品成本从本科目所属各项明细科目的贷方转入“库存商品（在产品）”科目。

对于“制造费用”科目，可以改为“作业成本”科目。除了按照生产步骤计算成本的企业外，“作业成本”科目可以不按照生产部门（分厂或车间）设置二级科目，而是按照作业成本库的名称设置二级科目。按作业成本库的名称设置的二级科目，账内按作业耗用的各项资源的名称设置专栏，如机物料消耗、职工薪酬、固定资产折旧、办公费、水电费、停工损失等。专栏的名称应当尽量与会计准则及其应用指南所规定的制造费用明细项目名称相一致，以便对外提供财务报告时，将作业所耗用的各项资源成本还原为制造费用。如果会计准则及其应用指南所规定的项目不能涵盖作业所耗资源成本的内容，可以增设专栏，但是在编制其对外财务报告时，需将增设专栏下的内容归并到会计准则及其应用指南规定的有关项目中去。

当各作业成本库的成本发生时，根据有关原始凭证和会计凭证以及所耗用的资源内容，记录到“作业成本”各有关二级科目的相应专栏内。月末，将当期各二级科目中记录的作业成本发生额累计，即可得出每个作业成本库实际发生的成本。采用作业成本分配率分配作业成本的，还需根据当月作业的实际产出和作业成本二级科目累计发生额合并数，计算作业成本分配率。同时,根据各有关产品实际耗用的作业动因数量,将作业成本从本科目及所属二级科目的贷方结转到"生产成本"科目及其所属各明细科目,即成本计算单内。采用预算(正常)作业成本分配率分配作业成本的,月末首先按照预算(正常)作业成本分配率和产品耗用的作业动因数量,计算各有关产品已分配的作业成本,并按已分配作业成本的数额从本科目以及所属二级科目的贷方结转到"生产成本"科目及各成本计算单内。已分配作业成本与当期作业成本累计发生额合计之间的差额,或者直接从本科目及所属各明细科目的贷方(或借方)转入当期"营业成本"科目的借方(或贷方),或者利用这一差额计算调整率,将差额再一次分配给各有关产品。

第四节　精益成本会计

一、精益成本会计概述

(一)精益生产的含义

精益生产,也有人称之为精益制造,无论哪一种叫法,核心都是"精益"。"精"体现在效率方面,即要快速高效,质量方面要尽善尽美;"益"体现在成本方面要尽可能地节省。也就是说,精益生产着力创造一种"完善、周密、高品质、高效益"的生产模式。《改变世界的机器》一书认为,精益生产综合了大量生产与单件生产方式的最佳特征,即降低单件成本、明显改进品质、提供范围更广的产品与更具有挑战性的工作。该书指出:"我们确信精益生产方式必将在工业的各个领域里取代大量生产方式与残存的单件生产方式,成为21世纪的标准的全球生产体系。"

按照美国生产与库存管理协会(APICS)的定义,精益管理是一种在整个企业范围内降低所有生产活动中的各种资源(包括时间)的消耗,并使之最小化的管理方式。它要求在设计、生产、供应链管理及客户关系等各个方面,发现并消除所有的非增值行为。它是一门新的管理科学,着眼点是找出浪费源,消灭浪费,同时对人员、设备、材料、工作方法、生产环境、现场组织诸多方面加以界定分析,运用现代管理科学手段进行维护,最终目标是满足顾客的需求,达到节能生产的目的。在精益生产模式中,劳动力、生产占用的场地和工装投资都经过精益生产工具的分析,达到投入和产出最优化;消除浪费,用较少的时间就能开发出新的产品,其所用的工程设计工时也相应地减少;生产现场所需要的库存大大减少,不合格产品也大大减少。精益生产方式是消除无效劳动和浪费的思想和技术。精益生产要求企业在组织生产过程中以客户为出发点来确定企业从设计到生产交付的全过程,实现客户需求的最大满足,在客户的拉动下,消除过早、过量的投入,减少大量的库存和现场在制品,大大压缩提前期,减少所有消耗资源而不产生增值的活动,并且引导员工参与管理与改善,向员工授权,保持持续改进。精益生产所独创的多品种、小批量、快速应对市场系统正好迎合了用户

的需要，必然受到用户的欢迎。经过改善使企业从原材料转变成产成品，极大地提高了价值运作的流动速度，激励全体员工用价值流分析方法找出更隐蔽的浪费，进而实施进一步的改进。

（二）精益生产的原则

从理论上讲，精益生产的精髓是精益思想。精益思想包括精益生产、精益管理、精益设计等内涵。精益思想可以总结为五个原则：精确地定义特定产品的价值，识别出每种产品的价值流，使价值不间断地流动，让客户从生产者方面拉动价值，永远追求尽善尽美，即价值、价值流、流动、需求拉动和完美。具体阐述如下：

1. 价值

精益思想的根本出发点就是“价值”。对客户需求的满足就是企业制造产品的价值，并由最终客户来确定价值。每一个企业都必须重视客户所定义的价值，只有站在最终客户的立场上，才能从根本上重新思考自己所提供产品的真正价值。价值观指导着企业的行为规范，决定着企业开发什么产品的重大决策。精益思想的结论就是产品转不到客户手上就没有价值。精益思想要求沿价值流方向相互协商确定目标成本。目标成本的实现是企业奋进的标杆，正确地确定价值是扩大销售、提高企业竞争能力的关键。

2. 价值流

价值流是某个产品或服务从原材料到客户手中所经历的一切活动（包括增值的和不增值的）。只要有给客户提供的产品或者服务，就有价值流存在。价值流包括三种主要的过程：一是设计过程，即从概念设想、细节设计与工艺，到新产品投产上市发布的过程；二是制造过程，即从原材料制成产成品，到送达客户手中的物质转化过程；三是“现金—管理”过程，即从接受订单任务，到制订详细计划，再到送货和现金兑付的过程。

3. 流动

理想价值流中的活动，即按完成一项任务的基本步骤列队，或关注的对象都是稳定的、连续的流动，没有批量、排队、等待和干扰。但事实上，价值流经常是受阻的和停滞的。精益思想的“流动”原则强调价值要“流动”起来。价值流是一种物质的存在，而“流动”是“流”的状态。如何使价值流动起来呢？一是专注于实际目标，即由专门的团队解决目标问题。二是采用精益团队，即打破工种、职务、职能和企业的传统界限，去掉具体产品连续流动的障碍，形成一个精益联合体。三是重新构造具体的工作方法和工具，以便消除所有的倒流、废品和障碍，使具体产品的设计、订单和生产能够连续进行。

4. 需求拉动

需求拉动是指企业通过正确的价值观念和压缩预备期，严格地保证客户在约定的时间内得到所预定的产品。生产靠客户的需求来拉动，而不是强行推给客户不太想要的产品。

当用户有需求时,能迅速设计、制造出客户真正需要的产品,这种能力就是实现拉动。要能真正地抛开对客户需求的预测,直接根据客户的需求来进行生产就是实行适时制生产。实现适时制生产的前提就对原有的生产流程进行彻底的改造。拉动可以使产品的订货周期、开发周期和生产周期明显缩短。通过压缩提前期,正确地定义价值,让客户在要求的时间获得需要的产品:短期项目就是流畅的拉动循环,降低库存;中期项目就是按单生产,在 Web 上的快速响应;长期项目就是通过诊断和预防,稳定与客户的关系及生产状态,尽量排除需求和过程中的突发事件。

5. 完美

实现的最佳途径之一就是使在一个完整的价值流上从开始到完成的全部相关企业都做突破性的改善。它的特点是:小步快跑,持续改进,不断地朝着理想境界前进。

所以说,按照精益思想的理念,精益生产追求的不仅是成本最低、质量最高,而且是客户和企业之间共同满意,甚至是成本与质量之间的最佳配置组合和产品的最优性价比。

(三)精益生产的目的

益生产的目的是在精益生产过程中,生产率得到大幅提高,从而使得产品的质量和生产的柔性达到最佳。从精益理论以客户需求为导向的理念可以看出,在精益生产中,需求拉动式生产是其实现基本目标的基础。需求拉动式生产以适时制生产为核心,从而达到降低成本、持续改善和提高的目标。通过需求拉动式组织方式,逐步消除无效的生产,压缩库存储备,降低生产成本,更加及时、有效地满足市场需求的变化。不断地改进和完善系统的运行方式,逐步达到精益生产的要求。精益生产体系可以概括为“一个基础,七个支撑和追求七个终极目标”。一个基础是指以5S为管理手段的良好现场基础。“5S”的内容包括:①整理(seiri/sort);②整顿(seiton/set in order);③清扫(seisou/shine);④清洁(seisou/standardization);⑤素养(shitsuke/sustain)。七个支撑是指生产的快速转换与维护体系,精益品质保证和防错自动化体系,柔性化生产体系,均衡化和同步化体系,现场作业 IE 研究体系,生产设计和高效物流体系,产品开发设计体系。七个终极目标是指零切换调整、零库存、零浪费、零不良生产、零装备故障、零生产停滞、零安全事故。

(四)精益生产与传统大批量生产的区别

通过对精益生产与传统的大批量生产模式在管理思想上的对比,我们进一步发现,精益生产在杜绝浪费和满足客户需求之间达到了绝妙的平衡。两种管理思想的不同点主要有以下几点。

1. 对待库存的态度不同

传统的大批量生产方式,对于库存的管理一般认为是必需的,因为库存可以缓解很多因生产量不足或生产高峰期的产能不足,以及供应链太长而没有办法及时供应物料带来的矛盾。但在精益生产方式中,通常要求从整个生产过程来看,认为在生产过程中产生的一切库

存都是“浪费”，由价值流分析可知，任何流程及工序间的停滞和在制品的存在都是不合理的，须加以改善。过多的库存掩盖了生产系统中隐藏的问题，不能及时发现并改善，会影响生产效率，导致投入更多的成本，增加更多的人员，管理方面也面临一定的难度。精益生产追求的是零库存，要求不断进行创新改善，降低库存以消灭“浪费”。所以很多人都知道，精益生产提出的终极目标就是“零浪费”。

2. 业务控制观不同

传统的大批量生产方式业务管理中，对个别效率的追求思想比较明显，强调个人工作高效率，因而导致各业务职能的分工很细。精益生产要求员工在根据不同的部门职能分工的同时强调可以因工作需要相互合作，以达到对业务流程进行精简并消除“浪费”的目的。

3. 对质量的认识不同

传统的大批量生产方式认为正常的生产活动总会产生不良品，只不过不良品的多少有所不同而已。凭借高度精密的生产设备可以将不良品率降低到一个很小的数值，除此之外很难有比较完美的办法可以完全杜绝生产过程产生不良品。零不良生产是精益生产在质量方面的追求目标。借助一定的方法和技术可以达到不良品为零的目标。

4. 对人的态度不同

传统的大批量生产方式，在管理中对各层级的管理或生产操作人员的功能区分十分严格细致，要求员工严格完成上级下达的工作任务，定岗定位，各自岗位只需做好其本职工作，因而员工经常只是被动执行，有时甚至感觉自身就像机器一样。在精益生产管理中，则强调员工与企业之间是合作关系，员工可以对生产过程进行改善，企业将员工看作事业合作伙伴，对员工个人的考评也是基于其长期的表现，从而尽力发挥员工个人的主观能动性，鼓励创新改善，同时又互助合作。

可以说，精益生产在确保产品质量的基础上，对生产的每一个环节严格管控，充分调动员工的生产积极性，达到生产的最优。

(五)精益成本会计的含义

生产的广泛应用，也给传统假设下的会计计量和核算方法带来了挑战，寻找一种与精益生产相匹配的会计计量和核算方法无疑是实施精益生产的必要保证。

精益成本会计是以价值流为核心，以消除浪费为目标的“精益”理念。它综合运用了诸如适时生产制、约束理论方法、六西格玛理论及其他质量管理方法、价值流管理、作业管理法和目标成本法等管理方法，为精益制造企业提供了一个有效的管理框架，提升了价值流中各环节的价值创造能力。精益成本会计的含义包括以下几点。

(1)在精益成本会计体系中，财务控制职能内置于各价值流中，能及时发现价值流中存在的问题，并迅速反馈给价值流管理者，可以保证价值流的持续改进和不断完善。

(2)精益成本会计指标是以未来为导向的，与传统的以历史业绩和成本削减为导向的业绩评估体系有着根本的不同。

(3)在精益成本会计方法下,传统的年度预算也失去了意义,因为年度预算耗费很大,但是提供的信息却很少,这与精益思想是格格不入的。

(4)精益成本会计下的销售、运营及财务预算更为灵活,同时能更有效地监控企业的发展状况。

(六)精益成本会计的基本内容

精益成本会计的基本内容就是按照价值流进行成本核算、分析和管理,它的目标与精益生产一脉相承,即消除浪费及追求最小价值流成本,实现价值流效益的最大化。精益成本会计以构建为客户创造价值为前提,以价值流成本最小为目标,从而实现整个企业价值流运转最优。在价值流的各个环节中,不断地消除不为客户增值的作业,杜绝浪费,从而达到降低价值流成本,提高价值流效率的目的,最大限度地满足客户特殊化、多样化的需求,使企业的竞争力不断增强。因此,如何实现价值流成本最小,正确确认和计量价值流成本,就显得十分重要。

(七)精益会计理论与精益生产方式的关系

精益会计理论和精益生产方式是不可分割的两部分,它们互相联系、互相作用。在精益会计理论不断完善的同时,精益生产方式也在发展壮大,而精益会计作为精益生产方式持续发展实施的理论保障,也随之被越来越多的制造业企业运用到生产核算中。

具体来说,精益会计与精益生产之间的关系是:

第一,精益会计的产生起源于精益生产的产生。精益会计这种以客户为导向、以企业不断增值为目标的会计方法与精益生产的实施相匹配。我们可以说精益生产与精益会计之间存在一种因果关系,精益生产是因,精益会计则是果。

第二,反过来,精益生产也在精益会计的不断完善下得到发展。假如制造企业能够合理运用精益会计的方法管理完善企业生产,那么其竞争力必将大幅度提升。因此,精益会计是完善企业精益生产的必然选择。

二、精益成本会计的应用

在会计核算方面,精益成本会计在三大财务报表和传统的账务管理、固定资产管理、资金管理、收入支出管理等方面与传统企业相似,但是在成本管理方面明显不同。传统的成本计算体系采用标准成本计算法,而精益生产一般采用作业成本法。采用标准成本计算法的基础是认为产品中所包含的直接成本和间接成本泾渭分明,各种费用可以按照制定的直接人工标准工时计算的"生产所需的直接人工费"进行摊销。在精益生产中已经很难再区分直接成本和间接成本,所以用传统方法计算出的成本结果不能准确反映现实情况。

(一)成本会计核算

精益企业采用作业成本法,即 ABC 法。ABC 法是把企业消耗的资源按资源动因分配到

作业以及把作业收集的作业成本按作业动因分配到成本对象的核算方法。采用作业成本法应遵循两个基本原则:第一,作业消耗资源,产品消耗作业;第二,生产导致作业的发生,作业导致成本的发生。精益生产降低了库存成本,改变了生产成本的结构,扩展了直接人工成本的内容,把有关存货的费用、劣质品的加工改造费用和其他费用视为生产过程中的消耗,生产费用的归集范围小。因此,在精益生产环境下,一方面要尽量缩小间接费用的分配范围,由统一分配改为由多个"成本库"分配;另一方面要尽量做到间接费用分配标准的多样化。期间费用的分配只有根据成本发生和资源耗费的真正动因,按照产品的生产时间(加工周期)进行分配,才能保证产品成本信息的真实与完整。在作业成本计算法下,成本计算的对象是多层次的,大体上可以分为资源、作业、作业中心和制造中心这几个层次。在精益生产方式下,一个大型企业通常分设若干制造中心。从企业内部看,顾客是接受价格的"吸纳器",作业是资源的"顾客",作业中心是作业的"顾客",制造中心是作业中心的"顾客",前一个"顾客"要为后一个"顾客"服务,因此,顾客这个概念可以深化我们对作业成本计算对象的理解。

具体的成本计算程序可以这样概括:

(1)确认作业中心,把资源消耗价值归集到各作业中心;

(2)确认作业,将作业中心汇集的各资源耗费价值予以分解,并分配到各作业成本库中;

(3)将各作业成本库价值分配计入最终产品成本计算单,计算完工产品成本。

(二)成本控制

精益生产环境对成本控制提出了以下三个要求:第一,要求成本会计人员及时更新观念,将成本控制的视野扩大为从项目可行性研究到产品销售的全过程;第二,要求更加注重对产品质量的控制;第三,要求成本控制人员注重质量、原料及生产成本,并注意交货及机器工效、生产弹性等。与此相适应,成本考核的指标除了成本等财务指标外,还包括质量标准、经营弹性标准等非财务指标。定额成本控制是以产品的定额成本为基础,加减定额差异、定额变动来计算产品的实际成本。在精益生产中,传统的以差异分析为主要内容的标准(定额)成本制度并不能有效地控制成本,因为标准成本法只计算各种产品的标准成本,不计算实际成本。为了弥补这种缺陷,实现无附加价值成本的彻底消除,可以用理想标准(定额)成本来代替正常标准(定额)成本。另外,为了避免追求有利差异所带来的负面影响,可采用作业成本制度,即按照生产导致作业、产品消耗作业、作业消耗资源这一线索进行实时控制,通过作业清除、作业选择、作业减少及作业分享等作业管理手段来降低成本。

(三)财务流程的精益化

在很多方面,财务流程与生产流程大同小异。所有精益生产的概念,如连续生产流程法、成组技术和看板,也可以用于财务方面的业务流程,对改进质量,提高速度和性能都是有价值的工具。对那些不能增加价值的财务衡量指标和方法进行精益改造,保证剩下的指标都是真正有用的,而且能准确反映作业情况,简化作业流程,消除非增值活动。

三、精益成本会计的衍生

(一)精益营销

精益营销建立在顾客与企业互动的关系基础上,它不是营销的工具,而是一种理念,一种与顾客共同创造价值、而不是将现有的价值分销给顾客的全新的营销理念。精益营销认为:

(1)顾客是一种可以创造价值的资源。顾客创造出可感知的价值,营销的核心内容是在保持一种互动关系的过程中创造价值并支持价值的生成。产品只不过是价值的载体。

(2)将顾客看成生产过程的一部分。顾客与企业是一种相互信任、相互依赖、相互合作的共同体,这种互动和合作存在于价值流的各个层次。

(3)主动营销。与顾客直接接触,进行深入细致的了解以获取信息并建立顾客数据库,企业与顾客建立互动关系并长期维持这种关系。

(4)经销商数量少,相对集中,并且都是精益生产体系的一部分。

(5)经销费用低,经销过程库存量很少。

(6)营销是一种服务,提供预测是营销的任务。要在整个服务过程中建立合作关系和合作网络,并要求制造商、批发商、零售商、供应商非常了解顾客的长期需要和愿望。

(7)均衡营销。精益营销的目的是让企业、顾客、利益相关者建立起双赢的关系,而且让各方共同创造价值,它强调相关各方相互信任和企业内部协作(而不是职能分工),企业所有的员工都是营销人员,而不是仅仅将营销视为一个单独的职能。在精益营销中产品定价的方法是“市场售价减法”,而不是“生产成本加法”。

(二)精益人力资源管理

人力资源管理中体现的精益管理则可以这样理解。人力资源管理的精益模式是:在需要的时候,得到所需要的人员。它有两个基本含义:第一,企业能立即得到所需要的人员,不能有延误,以免影响工作进程;第二,企业内不能有暂时不需要的人员,更不能有根本不需要的人员,不能存在人员的闲置和浪费。

精益人力资源管理模式要顺利实施,必须具备适当的内外部环境,并做好员工培训工作。具体内容如下:

(1)精益人力资源管理的外部环境是指高度发达的人才市场,健全的社会保障体系,高度发达的职业教育体系。

(2)精益人力资源管理的内部环境包括以下内容:第一,企业必须有功能强大的人力资源管理部门。精益人力资源管理的核心是:当企业需要人才时能立即获得。要达到这个目标,需要人力资源部门有很强的规划能力,在企业尚未需要人才时,人力资源部就要根据企业的发展战略准确地预测企业人才需求的数量、类型和时间,以及人才市场的供求情况,并展开必要的搜寻工作,当企业一旦需要人才时,要能迅速将其招入,不会有延误。因为新的人员进入企业后必然有一个适应的过程,这一阶段极有可能引起企业效益的下降,甚至会出

现有些员工因为适应不了企业的文化而流失,企业被迫重新招聘,这将给企业带来重大的损失。这就要求人力资源部门在挑选员工时尽量实行以价值观为基础的雇佣原则,挑选那些能适应本企业文化的员工,而将那些不能适应者排除在外。新员工进入企业后,要立即进行培训,让他们尽快适应本企业的环境。提高企业全体员工的素质对管理体系的有效运行起着极其重要的作用。因此,企业必须重视加强全员教育培训,提高全体员工的质量意识、专业技术管理知识、操作技能水平、工作责任和积极性。这是搞好精益管理的根本保证。第二,企业文化的开放性与动态性。企业文化的核心是企业的价值观,不同企业有不同的价值观。这种文化差异是精益人力资源管理模式施行的最大困难之一,这个困难就是人员被招聘到企业后,怎样尽快地适应该企业的文化,怎样尽快地度过“磨合期”。这就要求企业文化要具有开放性和动态,使企业和人才之间有更大的兼容性。第三,人才的高度适应性。精益人力资源管理模式要求企业缺人时可以立即从外部获取。这就要求人才有高度的适应性,能很快地融入该企业的文化,很快地适应新的环境,并能立即发挥作用。适应这一人力资源管理模式的方式之一是人员的高度专业化。一个人集中于一个领域发展自己,会逐渐在理论上和实践上不断成熟、成长,从而在这一领域能够适应各种情况、解决各种问题,也就较易融入新的企业,并能较迅速地适应工作。

(3)多能工的培训方案。多能工是指训练有素且具有多种作业技能的操作人员。多能工能够根据生产节奏,按照生产加工的流程,独自完成生产任务。培养多能工的目的是使岗位人员具备的操作技能满足完成岗位任务的需求,主要通过工作岗位轮换来进行,让现场管理人员在所属各工作场所轮换,作业人员在组内轮换,有些作业岗位也可以每天数次岗位轮换。岗位定期轮换是一种较好的培训方式,其包括:定期调动、班内定期轮换、工位定期轮换、一天代理班长制等。经过这样的培训,不仅能够实现作业人员的多能化,从而使弹性增减作业人数成为可能,而且有利于安全生产,改善作业现场的人际关系,有利于知识和技能的扩大和积累,提高作业人员参与改善的积极性,同时也有利于基层干部后备力量的培养。

(三)精益生产设备管理

在生产设备管理方面,总的来讲,就是通过采用“全面生产维护”等方式,“5 个为什么”等方法,分析确定设备所存在的问题并加以持续改进,减少损失,最终得到一个满意的设备状态,只有这样才能保证“适时制生产”。全面生产维护就是以最大限度地提高设备综合效率为目标,建立贯穿设备一生(寿命周期)的体制,即从设备使用部门到设备设计、制造计划、维护保养等所有的部门,从最高领导到第一线作业者全员参与,经团队活动推动设备维护。它试图通过以设备为导向的经营管理,使现有的设备达到最高极限的运用。在精益生产的连续流动生产系统中,各道工序之间基本上没有库存。生产中只要有一台机器停止工作,整个生产系统就会被迫停止。基于可靠性(需要时即可正常使用)和经济性,操作人员和维修人员共同参与,相互协作,有针对性地结合事后保全、预防保全、改良保全、维护预防这四种生产维护方式，进行有效的设备管理，通过全面生产维护保证在生产中设备不会中断，随时都可以满足用户的需要。设备总效能是指时间开动率、性能开动率与合格品率的乘积。将设备效率从过去单一考虑使用率，改为在考虑使用率的基础上还要考虑生产符合顾客要求产品的能力和使产品增值的能力，如果设备生产出来的产品大量不合格，虽然使用率可能很高，但其总效能却非常低。TPM 为精益管理提供了基本的支持和保障。TPM 的目标是通过对设备的设计、制造、使用、保养方法的改善，减少设备故障、安装和调试、空转与暂停、低速运转、品质不良、初期未生产等六大原因造成的损失，追求零故障。在推行零故障的过程中，TPM 保证了零缺陷和适时生产，没有 TPM，精益生产就不可能实现。精益企业要求对新技术、设备和自动化的投资进行精益论证，明确是否必须购置新设备，还是可以通过对现有设备的改进来满足需要。在精益生产的设备选择中，不要考虑庞大的批量生产设备，而要考虑适合于连续生产的设备。精益企业在自动化方面的投资一般要比传统企业少 30%—40%。高精度的批量处理设备在精益企业里比较少见。复杂的机器往往能用简单的、能防错的手工操作替代。选择设备的原则是：可移动、重量轻、柔性、快速连接、无须地基固定、软导管、软导线、便宜、便于维护、可防错。

四、精益成本会计的展望

精益成本会计是成本会计领域的一个新的发展，无论在理论还是应用方面都还不太成熟。但是在国外，伴随着精益生产的广泛应用，精益成本会计已经越来越多地受到学术界和社会的普遍关注，近几年研究精益成本会计的文章也日渐增多，只是国内引入得比较晚。实践证明，中国有相当多的企业已经或正在实施精益生产，有的还取得了很大的成功。精益生产管理的发展越来越深入，成本管理无论在理论上还是实务上都要跟上时代的步伐，为管理者提供及时、准确的信息，所以对精益成本会计进行深入研究势在必行。

譬如，作为我国汽车行业龙头的第一汽车集团公司早在 20 世纪 80 年代初期，由于设备老化、生产技术、资金相继出现困境，企业运营举步维艰，公司管理层注意到日本汽车行业推行的丰田生产方式，在思维上受到冲击，先后分批派出高级管理人员到丰田汽车公司进行实地考察学习，同时还邀请大野耐一先生到一汽公司进行演讲和实地指导。但受到当时计划经济体制、国营企业机制僵化的影响，精益生产在一汽公司的推广应用受到极大阻碍。虽然当时精益生产在国内企业推行困难重重，但毕竟给国内企业提供了重要的参考价值。

可以说，相对于日本企业和欧美企业，我国公司在精益生产的推广应用方面还远远不够，仍处于模仿学习阶段，存在很大的发展空间。将来的精益成本会计一定会向着更加深入、细化的方向发展，总的来说，可以从以下三个方面考虑。

首先，从理论上说，精益成本会计应该更系统、更全面，形成一套会计管理体系，指导精益生产，为决策者提供信息，如概念、原则、核算方法、步骤、评价过程等，并形成固定的统一报表形式。

其次,精益成本会计最大的优势在于,它关注传统会计并不关注的运营与资源能力数据,使得精益改进的财务结果能很好地展示出来,促使精益企业持续改善,尤其对于管理者最为关心的问题,即释放出的资源能力的合理利用问题的处理。将来的精益成本会计会把这些更加清晰地展示出来。

最后,由于企业实施精益生产是一个漫长的过程,更是一个追求尽善尽美的过程。因此,精益成本会计或许应该更全面地考虑到向精益过渡阶段的企业,不同阶段采用不同的会计方法,也就是说,从企业开始走精益之路,直到发展为一个成熟的精益企业,精益成本会计应该全过程指导,提供决策信息,将达到一定程度时应该采用哪种会计方法尽量量化。

总之,精益生产和精益成本会计就像是精益企业的两条腿,互相依赖,互相促进,只有同时重视才会加速企业精益化的步伐,更快地实现企业价值最大化。

第五节　环境成本会计

一、环境成本的定义与分类

环境质量的理想状态是对环境的零破坏。对环境的破坏是指导致环境的直接恶化(比如向环境排放固体、液体和气体废弃物)或者环境的间接恶化(比如对原材料和能源的滥用)。环境成本可以指环境质量成本。与质量成本类似,环境成本是指为了防止恶劣环境的出现而发生的成本以及由于出现了恶劣的环境而导致的成本。在该定义下,环境成本可以分为环境保护成本、环境检测成本、环境内部失败成本和环境外部失败成本。而环境外部失败成本又可细分为已支付的外部失败成本和未支付的外部失败成本。

(一)环境保护成本

环境保护成本是指为了防止污染物的产生和对环境有破坏性的废弃物的产生而执行的作业所带来的成本。环境保护作业包括:为了控制污染而评价和挑选供应商、为了控制污染而评价和挑选设备、为了降低或消除污染而设计流程和产品、为了降低或消除污染而培训员工、开展环境研究、建立环境管理系统、审查环境风险、回收利用产品等。

(二)环境检测成本

环境检测成本是指为了检测企业的产品、流程或其他作业是否符合恰当的环境标准而发生的成本。环境标准包括如下三个方面:(1)政府的监管法规;(2)国际标准化组织制定的非强制性标准(ISO 14000);(3)企业管理层制定的环境政策。环境检测作业包括:审查环境作业、检查产品和流程、制定环境业绩指标、开展污染测试、测量污染程度等。

(三)环境内部失败成本

环境内部失败成本是指由于已经产生但尚未排放到环境中去的污染物和废弃物所导致

的成本,是为了消除和治理已经产生的污染物和废弃物而发生的成本。环境内部失败作业有以下目标:(1)确保产生的污染物和废弃物不会被排放到环境中去;(2)降低产生污染物和废弃物对环境的破坏,使其符合环境标准的要求。环境内部失败作业包括:操作污染治理设备、维护污染治理设备、处置和处理有毒废弃物、回收废料等。

(四)环境外部失败成本

环境外部失败成本是指污染物和废弃物被排放到环境中去以后而导致的成本。已支付的外部失败成本是企业已经支付的由于排放污染物和废弃物而产生的成本。未支付的外部失败成本又叫社会成本,是由于企业排放污染物和废弃物给外部机构和人员造成的损失。涉及已支付外部失败成本的作业的例子有:清理被污染的河湖,清理泄漏的石油,清理被污染的土壤,将土地恢复至原来的自然状态,处理环境破坏引起的人身和财产索赔,由于恶劣的环境声誉而造成销售损失。涉及社会成本的例子有:人们由于空气污染而生病并接受治疗,湖泊环境恶化使得湖泊丧失多种功能,乱抛固体废弃物而损害生态系统。在四类环境成本中,环境外部失败成本最具破坏性。

二、环境成本核算

(一)环境成本的核算形式

与质量成本类似,环境成本的归集也可以采用非独立核算形式或独立核算形式。非独立核算形式就是在原有的会计科目表中增设"环境成本"一级科目,并下设"保护成本""检测成本""内部失败成本"和"外部失败成本"四个二级科目,各二级科目下还可按具体内容设置明细科目,从而把环境成本的核算与正常的会计核算结合在一起。独立核算形式就是把环境成本的核算和正常的会计核算截然分开,单独设置环境成本的账外记录,由各环境成本控制网点进行核算。

(二)环境成本的分配

1. 环境产品成本

流程和产品都是环境成本的来源。生产产品的流程可能产生排放到环境中去的固体、液体、气体污染物与废弃物,这些污染物和废弃物可能破坏环境。产品本身也可能成为环境成本的来源。在产品销售后,顾客对产品的使用和处置可能造成环境破坏,这属于环境购后成本。在大部分情况下,环境购后成本是由社会承担的,属于社会成本。有时环境购后成本也会转变为已支付的外部失败成本。产品的包装物也是产生环境成本的原因。

生产、销售和交付产品的流程所产生的环境成本以及使用和处置产品所产生的环境购后成本都属于环境产品成本。完全环境成本法将包括内部和外部所有的环境成本都分配到产品中去。完全内部成本法只将企业内部的环境成本分配到产品中去。

将环境成本分配到产品可以产生有价值的管理信息。例如,它可以揭示某种产品是否

比其他产品更应该对有毒废弃物负责。这个信息可以促使企业提出新的产品设计方案,或者将生产该产品的流程设计得更有效率,对环境更有利。又如,它可以揭示当环境成本被恰当分配后,产品是否还可以盈利。这个信息可以帮助企业判断是否应该停止生产某种产品,以显著地改进其环境业绩和经济效益。

2. 职能基础的环境成本分配

在大部分会计核算系统中,环境成本是隐藏于间接费用之中的。要分配环境成本,首先必须将环境成本分离出来,单独放进一个环境成本库中。职能基础的成本系统将环境成本库中的环境成本通过产量基础动因(比如直接人工工时和机器工时)分配到各种产品中。这种分配方法在产品相似时非常有效,在产品种类繁多、对环境影响的差异较大时容易造成成本歪曲。

3. 作业基础的环境成本分配

将环境成本追溯到应为环境成本负责的产品是一个健全的环境会计核算系统的最基本要求。作业基础的成本系统将依据因果关系来分配环境成本。首先,将全部环境成本按照资源动因分配给所有与环境相关的作业。其次,用某项环境作业的成本除以该作业的作业动因总量,计算出环境作业的作业分配率。最后,根据作业分配率以及每种产品消耗的作业动因数量,将环境作业成本分配给每种产品。

三、环境成本管理

环境产品成本可以揭示一个企业改进产品环境效应管理的必要性。产品环境效应管理是为了减少对环境的负面影响而对产品进行设计、制造、维护和回收利用的措施。生命周期评价是改进产品环境效应管理的一种方式。生命周期评价明确了一种产品在其整个产品生命周期所产生的环境后果,然后寻找获得环境方面改进的机会。

如图 8 -4 所示,产品生命周期的不同阶段可以由不同的主体控制。生命周期结合了供应商、生产商和顾客的观点,因此内部和外部环节都对评价不同产品和流程的环境后果具有重要意义。

生命周期评价由三个阶段组成:存货分析、效应分析和改进分析。

(一)存货分析

存货分析详细说明所需的原材料和能源投入以及由此产生的固体、液体、气体污染物和废弃物的种类与数量。它贯穿整个生命周期,在生命周期的每一个阶段都存在着如下特定的关键问题:

(1)每种产品都需要什么原材料?

(2)生产每种产品的能源需求是多少?

(3)生产每种产品会排放出什么污染物和废弃物?

(4)废弃物是否有回收利用的可能?

(5)最终处置产品需要什么资源?

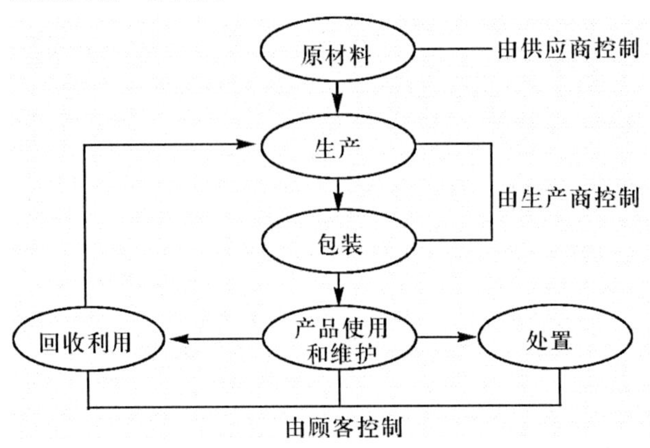

图 8-4　产品生命周期阶段

对这些问题的回答就构成了存货分析。在存货分析阶段,确定相应的环境成本有助于后面的效应分析。

(二)效应分析

效应分析在存货分析所提供信息的基础上,对不同产品的环境效应进行评价。效应分析应该具体到成本评价,即确定不同产品的环境影响的财务后果。原材料成本可以直接追溯而得。能源成本和环境排放物成本可通过动因追溯得到。对于现有产品,只需确认相关的环境作业和环境作业成本,计算作业分配率,并根据作业分配率将这些成本分配到相关产品上去即可。如果一些能源的消耗和环境污染物的排放与产品购买后的使用有关,在采用完全环境成本法时需要将其包含在内。计算出每种产品的生命周期单位环境成本,有助于进行后续的改进分析。

(三)改进分析

改进分析的目标是减少由存货分析和效应分析所揭示的环境影响。通过经营和财务指标来评价环境影响,以便在降低环境影响的各种备选方案中进行选择。这一阶段与组织的控制系统联系起来。改进现有产品和流程的环境业绩是环境控制系统的总体目标。

第六节　人力资源成本会计

一、人力资源成本会计概述

(一)人力资源成本会计的概念

人力资源成本会计是企业为取得、开发、重置作为组织的资源的人所引起的成本的确认、计量、记录和报告。人力资源成本会计是从人力资源投入的角度出发,对企业人力资源

进行的事后核算,以后的研究者们突破了人力资源成本框架,将人力资源的工资部分作为使用成本也纳入了人力资源成本的范围。

(二)人力资源成本会计的职能

人力资源成本会计兼有财务会计和管理会计的特点,因此人力资源成本会计的职能也兼有财务会计和管理会计的职能。

(1)作为财务会计,人力资源成本会计具有核算和监督的职能。核算职能主要表现在用货币尺度对人力资源成本进行确认、计量、记录和报告。监督职能主要表现在监督人力资源投资的安全性和完整性,对人力资源投资进行事前、事中、事后控制,并监督其使用效果。

(2)作为管理会计,人力资源成本会计具有预测、分析和决策职能。预测职能是在制定人力资源管理和投资决策之前,通过预测人力资本市场的供给和需求,服务于经营管理决策。分析职能是根据人力资源供给和需求的预测、生产发展规划等信息,对人力资源投资进行效益分析,确定投资方案,并对人力资源投资结果和利用效益进行评价。决策职能是在人力资源投资预测和人力资源投资效益分析的基础上,根据人力资源状况,制定人力资源投资决策和经营管理决策。

(三)人力资源成本会计的作用

人力资源成本会计主要有四个方面的作用。

(1)正确反映企业各项收益。在企业会计核算中,如果忽视了人力资源数据的鉴别与核算,会导致企业财务报表中的收益数据失真,进而影响会计信息使用者决策的科学性。

(2)抑制管理人员的短期行为。现代企业所有权与经营权分离,所有者只能通过会计部门提供的信息来监督、控制经营者。经营者在其任期内为了达到提高经营业绩的目的,可能采取减少对员工的教育、培训方面的开支等损害企业长期利益的短期行为来达到减少支出、增加利润的目的。进行人力资源成本会计核算,能够通过企业在人力资源投资方面的信息了解管理者是否有类似的损害企业长远利益的短期行为。

(3)提高企业经营决策的科学性。进行人力资源成本会计核算,能够促使经营者从有利于企业长远发展的角度来考虑问题,重视对人力资源的投资,实现人力资源的优化配置,有利于企业优化员工的组合以发挥人力资源的群体效益。

(4)有利于国家有关部门进行宏观调控。企业人力资源成本会计核算所提供的信息,是社会人力资源成本会计核算所需信息的重要组成部分。社会人力资源成本会计提供的信息,能够使政府有关部门全面了解社会的人力资源维护与开发运用情况,从而制定行之有效的措施,加强对人力资源的开发与管理工作,提高全社会的人力资源素质。

二、人力资源成本的确认

人力资源成本的确认实质上是对人力资源成本项目的确认,即确定有关人力资源投资成本的每个项目的范围,而人力资源成本项目应该按照人力资源从进入企业到退出企业生产经营的过程进行分类,即按照人力资源投入企业、在企业工作发展、最后退出企业的过程进行成本项目的分类。按照人们赋予人力资源会计的任务,凡是涉及人力资源的取得、开发、使用、保障和离职等投入成本的都应予以反映。因此,人力资源成本项目应该包括取得成本、开发成本、使用成本、保障成本和离职成本五大类。那么,人力资源成本的确认就是对这五个项目具体内容的确认。

(一)人力资源的取得成本

人力资源取得成本是指企业为了满足现在和将来的人力资源需求,在人力资源取得过程中所支付的费用。人力资源的取得成本包括招募成本、选拔成本、录用成本和安置成本。

(1)招募成本。招募成本是指确定某个企业内外的人力资源的可能来源而发生的成本。招募成本既包括在企业内外进行人员招聘的费用,也包括广告费、培养费、委托人才交流中心或其他中介机构进行招聘的代理费等,一般由招募人员的薪金和津贴,广告费,中介机构的手续费和代理费,因招工而发生的差旅费、招待费及管理费用等组成。

(2)选拔成本。选拔成本是对应聘候选人进行鉴别选拔时支付的费用,选拔成本的高低取决于雇佣人员的类型及招募方式等因素,一般由面试时支出的费用、体检费、从事招聘工作的人员的工资和奖金等组成。

(3)录用成本。录用成本是企业为取得已确定聘任职工的合法使用权而发生的费用,包括录取手续费、调动补偿费、搬迁费等由录用引起的有关费用。但是从企业内部录用职工仅是工作调动,一般不会再发生录用成本。录用成本一般是直接成本。

(4)安置成本。安置成本是企业将所录用的工作人员安排到确定的工作岗位上时所发生的各种费用。包括企业为安置录用人员发生的相关行政管理费用、临时生活费用、交通费用、向某些特殊人才支付的一次性补贴等。

(二)人力资源的开发成本

人力资源的开发成本是企业为了使新聘用的人员熟悉企业、达到具体工作岗位所要求的业务水平或为了提高在岗人员素质而开展教育培训所发生的支出。人力资源的开发,有助于职工技能的提高和知识的增长,因此,从本质上来看,人力资源的开发成本是企业对人力资源进行的投资,是真正意义上的人力资源投资。人力资源的开发成本主要包括岗前培训成本、在职培训成本和脱产培训成本。

(1)岗前培训成本。岗前培训成本是指为了使职工具备完成特定工作所需要的技能,适应特定工作岗位的要求而发生的各项支出,如见习费用、培训费用等。

(2)在职培训成本。在职培训成本是指在不脱离工作岗位的情况下对在职人员进行培训所发生的支出。它包括受训人员的工资和培训人员的工资、培训工作中所消耗的材料费和受训人员参加业余学习的图书资料费、学费等。

在职培训往往会涉及机会成本问题,它是指由于开展在职培训而使有关部门或人员受到影响,导致工作效率下降从而给企业带来的损失。

(3)脱产培训成本。脱产培训成本是指为提高员工素质,使之能适应新工作的要求,对员工进行正式培训所发生的成本。脱产培训成本一般由教员工资、学员培训期间应发的工资、材料费、差旅费、住宿费、学费等组成。

开发成本在管理成本中起统率作用,居核心地位,随着企业产品科技含量的不断提高和智力开发力度的不断加大,开发成本应当逐渐成为人力资源管理成本的主体部分。

(三)人力资源的使用成本

人力资源的使用成本是指企业为补偿或恢复作为企业人力资源载体的员工在从事劳动的过程中体力、脑力的消耗而直接或间接地向其支付的费用。使用成本不包括企业向与取得和开发人力资源有关的人员支付的这类费用,因为它们都已分别计入人力资源的取得成本和开发成本中。从本质上看,人力资源的使用成本是人力资源的产权主体因企业使用了其人力资源的使用权而从企业获得的补偿,是人力资源交换价值的体现。就企业而言,人力资源的使用成本属于收益性支出,应在发生的当期直接费用化。人力资源的使用成本主要包括维持成本、奖励成本和调剂成本。

(1)维持成本。维持成本是为保证人力资源维持其劳动力生产和再生产所需的费用,包括职工的计时或计件工资、各种劳动津贴和福利费等。

(2)奖励成本。奖励成本是企业为激励职工使其更好地发挥主动性、积极性和创造性而对员工做出的特别贡献所支付的奖金。它是对人力资源主体所拥有能力的超常发挥做出的补偿。

(3)调剂成本。调剂成本是企业为了调剂职工的生活和工作、满足职工精神生活上的需求、稳定职工队伍,进而影响和吸引外部人员进入企业所发生的支出。调剂成本包括职工疗养费用、职工娱乐及文体活动费用、职工业余社团开支、职工定期休假费用等。

(四)人力资源的保障成本

人力资源的保障成本是保障人力资源在暂时或长期丧失使用价值时的生存权而必须支付的费用,包括劳动事故保障、健康保障、退休养老保障、失业保障等费用。这些费用往往以企业基金、社会保险或集体保险的形式出现。这种成本既不能提高人力资源的价值又不能保持其价值,其作用只是保障人力资源丧失使用价值时的生存权。这种成本是人力资源发挥其使用价值时,社会保障机构、企业对职工的一种人道主义的保护。人力资源的保障成本主要包括劳动事故保障成本、健康保障成本、退休养老保障成本和失业保障成本。

(1)劳动事故保障成本,是企业承担的职工因工伤事故应给予的经济补偿费用,包括企业承担的工伤职工的工资、医药费、残废补贴、丧葬费、遗属补贴、缺勤损失等。

(2)健康保障成本,是企业承担的职工因工作外的原因(如疾病、伤害、生育、死亡等)而引起的健康欠佳,不能坚持工作而需给予的经济补偿费用,包括医药费、缺勤工资、产假工资及补贴、丧葬费等。

(3)退休养老保障成本,是社会、企业及职工个人承担的保证退休工人老有所养和酬谢其辛勤劳动而应给予的退休金和其他费用,包括养老金、养老医疗保险金、丧葬补贴、遗属补偿金等。

(4)失业保障成本,是企业对有工作能力但因客观原因造成暂时失去其有保障工作的职工所给予的补偿费用,主要包括一定时期的失业救济金。这部分费用是为了保障职工在重新就业前的基本生活需求。

(五)人力资源的离职成本

人力资源的离职成本是由于职工离开企业而产生的成本,包括离职补偿成本、离职低效成本、空职成本等。

(1)离职补偿成本,是企业辞退职工或职工自动离职时,企业所应补偿给职工的费用,包括至离职时间为止应付职工的工资、一次性付给职工的离职金、必要的离职人员安置费等支出。

(2)离职低效成本,是职工因即将离开企业导致的工作或生产效率下降而对企业造成的损失。这种成本不是表现为支出的形式,而是表现为其使用价值降低而造成企业收益的减少。

(3)空职成本,是由于职工离职而造成职位空缺所产生的损失费用。由于某职位空缺可能会造成某项工作或任务的完成受到不良影响,会给企业造成损失。这种成本是一种间接成本,与离职前低效率成本相同,是一种隐性成本。

需要说明的是,这里所确认的成本项目只是人力资源成本的一些项目,是能够比较有根据地用货币计量的项目部分。随着人力资源成本会计的发展、计量手段的提高,能够计量的人力资源成本项目会进一步充实。人力资源成本项目的确认是人力资源成本会计核算的基础,是人力资源计量的价值尺度,是进行人力资源管理的资料分类依据。

三、人力资源成本的计量

人力资源成本会计计量的方法包括一般方法和具体方法。一般方法是各种人力资源成本项目都可以采用的普遍方法,具体方法是每一种人力资源成本项目计量的特定方法。

(一)人力资源成本计量的一般方法

人力资源成本会计计量的一般方法包括历史成本法、重置成本法和机会成本法。

(1)历史成本法。历史成本法以取得开发使用人力资源时发生的实际支出为计量依据,用于确定人力资源取得成本、开发成本、使用成本等,适用于账簿核算,其优点表现为:①具有客观性、可验证性和可操作性;②可作为编制预算或设立标准成本的依据。其缺点表现为:①无法表现人力资源的真实价值;②在决定摊销年限时具有主观性。

(2)重置成本法。人力资源成本核算的重置成本法,就是在现实的物价水平下,企业要重新得到目前所拥有或控制的已达到一定水平的某一员工或部分员工或全体员工,所必须发生的所有支出作为企业目前相应的人力资源成本的一种核算方法。它反映的是企业为取

得或开发日前所拥有或控制的部分或全部人力资源而发生的实际成本和现时价值，即将人力资源成本中的资本性支出部分资产化而形成的资产的现时价值。

重置成本法的不足之处在于：它增加了会计核算的工作量，核算时，要按重置成本调整人力资源投资的账面余额，将重置成本与原账面余额的差额作为人力资源投资损益计入当期利润总额，同时对以后会计期间分摊的人力资源投资的数额也要进行相应的调整，这些都会导致提供的会计信息失真。另外，重置成本的确定带有很大的主观性，脱离了实际成本原则，使人们难以接受。但是，重置成本法提供的信息可以为企业管理者做出人力资源取得决策和开发决策提供参考。

（3）机会成本法。机会成本法是以职工离职或离岗使单位因该岗位空缺而蒙受的经济损失作为人力资产损失费用的计量依据。这种方法的优点是机会成本更近似于人力资源的经济价值，便于正确估价人力资源的成本，而且数据比较容易获得。但这种方法也有其缺陷，即脱离传统会计模式，核算工作量也较大。如果这种方法和历史成本法结合起来用于人力资源的成本核算，效果会更好。

（二）人力资源成本计量的具体方法

人力资源成本计量的具体方法可以从人力资源历史成本的计量、人力资源保障成本的计量、人力资源离职成本的计量三方面进行具体分析。

1. 人力资源历史成本的计量

人力资源历史成本的一部分是直接成本，另一部分是间接成本。具体构成为：人力资源历史成本 = 取得成本 + 开发成本 + 使用成本，其中：

（1）取得成本 = 招募成本 + 选拔成本 + 录用成本 + 安置成本。招募成本 = 直接劳务费 + 直接业务费 + 间接管理费 + 预付费用；选拔成本 = 选拔者面谈的时间费 + 汇总申请资料费 + 考试费用 + 测试评审费用 + 体检费用；录用成本 = 录取手续费用 + 调动补偿费用 + 搬迁费 + 旅途补助费；安置成本 = 各种安置行政管理费 + 必要装备费用 + 安置人员时间损失成本。

（2）开发成本 = 上岗前教育成本 + 岗位培训成本 + 脱产培训成本。上岗前教育成本 =（负责指导工作者平均工资 × 指导工作者人数 + 新职工的工资率 × 职工人数）× 培训天数 + 教育管理费 + 资料费 + 教育设备折旧费；岗位培训成本 = 上岗培训直接成本 + 上岗培训间接成本 + 再培训成本；脱产培训成本 = 委托外单位培训成本 + 企业自行组织培训成本。

（3）使用成本 = 维持成本 + 奖励成本 + 调剂成本。维持成本 = 职工计时或计件工资 + 劳动报酬性津贴 + 各种福利费用 + 年终劳动分红等；奖励成本 = 各种超产奖励 + 革新奖励 + 建议奖励 + 其他表彰支出；调剂成本 = 职工人数 × 调剂成本率。

2. 人力资源保障成本的计量

人力资源保障成本 = 劳动事故保障成本 + 健康保障成本 + 退休养老保障成本 + 失业保

障成本。其中:劳动事故保障成本 = ∑职工劳动事故人员工资等级 × 事故补贴率;健康保障成本 = ∑职工病假人员工资等级 × 病假补贴率;退休养老保障成本 = ∑退休养老人员工资等级 × 养老补贴率;失业保障成本 = ∑失业人员工资等级 × 失业救济率。

3. 人力资源离职成本的计量

人力资源离职成本主要包括支付给离职人员的工资和离职补偿金、离职管理费、离职前的效率损失和空职成本,具体构成为:人力资源离职成本 = 支付给离职人员的工资和离职补偿金 + 离职管理费 + 离职前的效率损失 + 空职成本。

需要指出的是,目前有关人力资源成本的确认只是对能够比较有根据地用货币计量的项目的确认,计量也着重于货币计量。随着人力资源会计的发展,计量手段会进一步提高,能够计量的人力资源成本项目也会进一步充实。

四、人力资源成本会计核算

(一)"人力资产"账户

"人力资产"账户总括反映人力资产的增减变动情况,其借方反映人力资产的增加,贷方反映人力资产的减少,余额一般在借方,反映现有人力资产的取得成本或重置成本。由于劳动有简单劳动和复杂劳动、体力劳动和脑力劳动之分,为了反映人力资产的质量,该账户还应按劳动的"等级"设置明细分类账。

(二)"人力资源取得成本"账户

"人力资源取得成本"账户核算企业在人力资源的取得方面投资支出总额的增加、减少及其余额。账户借方发生额反映企业在取得人力资源时,对其人力资源投资的增加额,贷方发生额反映转入"人力资产"账户的人力资源取得成本,期末该账户借方余额反映还未转入"人力资产"账户的人力资源取得成本。"人力资源取得成本"账户一般使用多栏式账簿,按人力资源招聘成本、选拔成本、录用成本和安置成本,设置明细专栏。该账户可按人力资源的类别设置明细账户。因为人力资源取得成本业务大都在借方,所以设置的专栏只反映借方金额。结转时登记的人力资源取得成本的贷方金额可用红字在借方栏内登记。

(三)"人力资源开发成本"账户

"人力资源开发成本"账户核算企业对人力资源的开发方面投资支出总额的增加、减少及其余额。该账户借方发生额反映企业在开发人力资源时,对其人力资源的增加额,贷方发生额反映转入"人力资产"账户的人力资源开发成本,期末该账户借方余额反映还未转入"人力资产"账户的人力资源开发利用成本。"人力资源开发成本"账户也采用多栏式账簿,分设上岗教育成本、岗位培训成本、脱产培训成本三个明细专栏。该账户按人力资源的类别设置了明细账户。因为人力资源开发成本业务大都在借方,所以设置的专栏只反映借方金额。结转时登记的人力资源开发成本的贷方金额可用红字在借方栏内登记。

(四)“人力资产费用”账户

“人力资产费用”账户借方发生额反映企业当期应该计入生产经营成本的人力资产费用,期末该账户无余额。该账户按照各类人力资产设置明细专栏,如开设总经理、副总经理、部门经理、高级技术人员、中级技术人员、初级技术人员、学徒工等专栏。

(五)“人力资产摊销”账户

“人力资产摊销”账户是“人力资产”账户的备抵账户,其贷方反映企业当期应该计入生产经营成本的人力资产费用,借方反映因退休、离职等原因退出企业的职工累计摊销额的转出数,余额表示现有人力资产的累计摊销额,该账户应按照对应的人力资产账户设立相应的明细账户。

(六)“人力资产损益”账户

“人力资产损益”账户借方发生额反映当人力资产退出企业或消失时,转销的人力资产成本的未摊销额,账户贷方发生额反映当人力资产退出企业或消失时,转销的人力资产成本的多摊销额。如果期末该账户的借方发生额大于贷方发生额,将其差额从该账户的贷方转入“本年利润”账户的借方,冲减本年利润;如果期末该账户的贷方发生额大于借方发生额,将其差额从该账户借方转入“本年利润”账户的贷方,增加本年利润,结转之后该账户期末无余额。

思考题

1. 标准成本有几种类型?
2. 变动成本差异与固定成本差异的制定方法有哪些不同?
3. 怎样进行直接资料成本差异的分析?
4. 简述质量成本法的含义及其构成。
5. 如何估算隐形质量成本?
6. 质量成本控制的方法有哪些?
7. 试分析企业成本核算的方法。
8. 精益思想的五原则是什么?
9. 简述精益生产体系。
10. 什么是环境成本? 环境成本有哪些分类方法?
11. 如何确认人力资源成本?
12. 人力资源成本的确认、计量特点分别是什么?

第九章 成本报表

学习目标

1. 理解成本报表的作用、种类和特点；
2. 掌握主要成本报表的一般结构和编制方法；
3. 掌握费用报表的一般结构和编制方法；
4. 了解常见的其他成本报表。

第一节 成本报表概述

为了反映、监督和考核企业生产费用和产品成本计划的执行情况及其结果，使日常成本核算取得的各种资料得到充分有效的利用，企业有必要编制成本报表，以便更系统、直观地反映企业的成本情况，有利于采取科学合理的方法对成本水平及其构成的变动情况进行进一步的分析，便于更好地进行成本的管理与控制。

一、成本报表的含义与特点

成本报表是根据企业的日常成本核算资料以及其他有关资料编制的，用于反映企业在一定时期内的产品成本费用水平及其构成情况的会计报表。

成本报表是一种内部管理报表，用于向企业内部管理者提供成本费用信息。通过成本报表的编制和分析，可以考核企业成本计划和费用预算的执行情况，为正确进行成本决策提供资料。因此，编制成本报表是企业成本管理的一项重要工作，也是成本会计的重要任务之一。

相对于企业的财务报表，成本报表的特点主要体现在：

(1)成本报表是为企业内部经营管理的需要而编制的。不同于对外报告的财务报表，成本报表主要服务于内部管理者的经营管理需要。由于商业竞争的存在，企业对于自己的具体生产经营状况、资金耗费、产品成本费用水平及其构成情况通常采取保密的态度，也就是把这些信息视为商业秘密，不会对外报送和公开。而在企业内部，有关成本费用水平及其构成等资料信息是非常重要的，对于企业内部经营管理起到不可或缺的作用。

(2)成本报表反映的是企业生产、技术、经营和管理工作的综合质量。成本报表提供的信息可以综合反映企业经营管理工作的质量。例如,企业产品产量的多少,产品质量的高低,原材料、燃料以及动力消耗的节约与浪费,人工生产效率与人力资本的高低,固定资产利用效率,废品率的高低等,都会直接或间接地反映到费用和成本指标上去,因此成本指标也就成为可以综合反映企业生产、技术、经营和管理工作水平的质量指标之一。

(3)成本报表的种类、格式和内容都比较自由,可由企业自行决定。企业的成本信息与其生产组织特点、生产工艺技术,以及成本管理的要求等因素密不可分,因此不同的企业在获取成本信息方面的要求也有所不同。国家虽然统一规定了企业对外财务报表的种类和格式,却赋予了对内报告的成本报表极大的自由和灵活性,企业可以根据自身需要自行确定成本报表的种类、格式和内容,这也是成本报表区别于财务报表的一个重要的不同点。

二、成本报表的作用

编制成本报表是企业成本会计信息系统的一项重要内容,它对加强成本管理、提高企业整体的经营管理水平具有重要的作用,主要体现在以下几个方面。

(1)成本报表可以提供综合的、全面的产品成本信息。根据成本报表,管理者可以全面地了解到企业各种产品、部门和特定管理范围内的成本、费用的发生情况及其变动情况,全面掌握成本计划、费用预算以及相关成本管理标准的执行情况,对于制定企业的整体经营战略具有重要意义。

(2)成本报表可以作为评价和考核各责任单位成本管理业绩的依据。通过成本报表所反映的产品成本费用的实际水平与其成本计划和费用预算进行对比分析,可以从中看出各有关部门和人员执行成本计划和费用预算的具体情况,评估所取得的成绩和发现存在的问题,据此进行相关责任单位的业绩评价与考核。

(3)成本报表可以为制定新的成本计划提供依据。通过上年成本报表所反映出的报告期内产品成本的实际水平,可以让企业管理者在制定新的成本计划和费用预算时有所参考,以便明确努力的方向,并且将各种具有针对性的改进措施融入新的成本计划中,使企业的成本管理水平不断提高。

三、成本报表的编制原则和要求

虽然成本报表的种类、格式和内容以及报表的编制时间、编制方法和报送对象等都可以由企业自行决定,不需要遵循国家统一会计制度的规定,但是企业在编制成本报表时,也需要遵循内部管理会计报表的一般原则和要求。

成本报表的编制首先要遵循实用性和针对性的原则。实用性是指成本报表的指标设计要适应企业内部成本管理的需要;针对性是指成本报表的格式设计应针对某一具体业务的特点及其存在问题,重点突出,简明扼要。

此外,成本报表的编制必须符合数字真实、计算准确、内容完整、报送及时等要求。

(1)数字真实是编制成本报表的基本要求,只有真实可靠的数字才能如实反映企业成本费用的水平和构成，才能正确地为企业管理者进行成本分析和成本决策提供参考。

(2)计算准确是指成本报表中的各项数据指标必须按照企业在设置成本报表时规定的计算方法进行计算，报表上的各种相关数据之间的勾稽关系也应核对相符。

(3)内容完整是指企业成本报表的种类要能全面反映企业各种成本费用的水平以及构成情况，同一报表的各个项目也应填报完全，充分满足企业管理者对于成本信息的需求。

(4)报送及时是指企业必须及时编制和报送成本报表，以充分发挥成本报表在企业生产经营中的指导作用，企业可以根据不同项目的特点设置不同的编报区间。

第二节　成本报表的编制

一、全部产品生产成本报表的编制

全部产品生产成本报表是反映企业在报告期内所生产的全部产品总成本的一种成本报表，它可以从两个不同角度进行编制和分析。

一是按产品种类编制全部产品生产成本表，反映企业在报告期所生产全部产品的总成本和各种主要产品(含可比产品和不可比产品)单位成本及总成本。利用此表可以定期、总括地考核和分析企业全部产品成本计划的完成情况和可比产品成本降低计划的完成情况，对企业产品成本工作从总体上进行评价，并为进一步分析指明方向。

二是按成本项目编制全部产品生产成本表，汇总反映企业在报告期发生的全部生产费用(按成本项目反映)和全部产品总成本。利用此表可以定期、总括地考核和分析企业全部生产费用和全部产品总成本计划的完成情况，对企业成本工作从总体上进行评价，并为进一步分析指明方向。

下面举例说明按上述两个不同角度编制全部产品生产成本报表的方法。

(一)全部产品生产成本表(按产品种类反映)的编制

[例9-1]某企业某年12月份的全部产品生产成本表(按产品种类反映)见表9-1。

此表分为基本报表和补充资料两部分。基本报表部分应按可比产品和不可比产品分别填列。可比产品是指企业过去曾经正式生产过，有完整的成本资料可以进行比较的产品；不可比产品是指企业本年度初次生产的新产品，或虽非初次生产，但以前仅属试制而未正式投产的产品，缺乏可比的成本资料。在成本计划中，对不可比产品只规定本年的计划成本，而对可比产品不仅规定计划成本指标，而且规定成本降低计划指标，即本年度可比产品计划成本比上年度(或以前年度)实际成本的降低额和降低率。

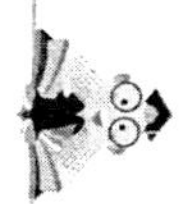

表 9-1　全部产品生产成本表(按产品种类反映)

编制单位:××工厂　　20××年 12 月　　金额单位:元

产品名称	计量单位	实际产量		单位成本				本月总成本			本年累计总成本		
		本月	本年累计	上年实际平均	本年计划	本月实际	本年累计实际平均	按上年实际平均单位成本计算	按本年计划单位成本计算	本期实际	按上年实际平均单位成本计算	按本年计划单位或本计算	本年实际
		①	②	③	④	⑤=⑨÷①	⑥=⑫÷②	⑦=①×③	⑧=①×④	⑨	⑩=②×③	⑪=②×④	⑫
可比产品合计								19 400	19 100	18 850	270 000	266 000	269 400
其中：甲	件	50	500	84	82	83	81	4 200	4 100	4 150	42 000	41 000	40 500
乙	件	20	300	760	750	735	763	15 200	15 000	14 700	228 000	225 000	228 900
不可比产品合计									2 110	2 119		23 550	23 780
其中：丙	件	8	70		125	128	126		1 000	1 024		8 750	8 820
丁	件	3	40		370	365	374		1 110	1 095		14 800	14 960
全部产品									21 210	20 969		289 550	293 180

补充资料(本年累计实际数):

1. 可比产品成本降低额 600 元(本年计划降低额为 2 800 元)。
2. 可比产品成本降低率 0.222 2%(本年计划降低率为 1.508 6%)。
3. 按现行价格计算的商品产值 921 300 元。
4. 产值成本率 31.82 元/百元(本年计划产值成本率为 31 元/百元)。

产品生产成本表的基本报表部分,应反映各种可比和不可比产品本月及本年累计的实际产量、实际单位成本和实际总成本。以上项目的本月数,应根据本月产品成本明细账中的有关记录填列;本年累计实际产量(第②栏)和累计实际总成本(第⑥栏)应根据本月数加上上月本表的累计数计算填列;累计实际平均单位成本(第⑥栏)应根据累计实际总成本(第⑥栏)除以累计实际产量(第②栏)计算填列。

为了反映企业当年全部产品成本计划完成情况,基本报表部分还应反映各种可比和不可比产品本月和本年累计按计划单位成本(第④栏)计算的总成本(第⑧、⑩栏)。计划单位成本应根据本年成本计划填列,本月和本年累计计划总成本应根据计划单位成本分别乘以本月实际产量和本年累计实际产量计算填列。

为了计算可比产品成本降低额和降低率,基本报表部分还应反映可比产品本月和本年按上年实际平均单位成本(第③栏)计算的总成本(第⑦、⑩栏)。上年实际平均单位成本应根据上年度12月份本表全年累计实际平均单位成本(第⑥栏)填列,本月和本年累计实际总成本应根据上年实际平均单位成本分别乘以本月实际产量和本年累计实际产量计算填列。不可比产品由于过去没有正式生产过,没有成本资料可以比较,因而不必填列第③、⑦、⑧栏。

补充资料部分只填列本年累计实际数。其中:

(1)可比产品成本降低额。即可比产品累计实际总成本比按上年实际平均单位成本计算的累计总成本降低的数额,超支额用负数表示。其计算公式为:

$$\begin{matrix}\text{可比产品}\\\text{成本降低额}\end{matrix}=\begin{matrix}\text{可比产品按上年}\\\text{实际平均单位}\\\text{成本计算的总成本}\end{matrix}-\begin{matrix}\text{可比产品本年}\\\text{累计实际总成本}\end{matrix}$$

以表9-1中的资料为例计算如下:

$$\frac{\text{可比产品}}{\text{成本降低额}}=270\,000-269\,400=600(\text{元})$$

(2)可比产品成本降低率。即可比产品本年累计实际总成本比按上年实际平均单位成本计算的累计总成本降低的比率,超支率用负数表示。其计算公式为:

$$\begin{matrix}\text{可比产品}\\\text{成本降低率}\end{matrix}=\frac{\text{可比产品成本降低额}}{\begin{matrix}\text{可比产品按上年实际平均}\\\text{单位成本计算的总成本}\end{matrix}}\times 100\%$$

以表9-1中的资料为例计算如下:

$$\frac{\text{可比产品}}{\text{成本降低率}}=\frac{600}{270\,000}\times 100\%=0.222\,2\%$$

本年度可比产品成本计划降低率为1.508 6%、计划降低额为2 800元,根据可比产品成本降低计划填列。

(3)按现行价格计算的商品产值。根据有关的统计资料填列。

(4)产值成本率。即产品总成本与商品产值的比率,通常以每百元商品产值总成本表

示。其计算公式为：

$$\frac{\text{产值成本率}}{(\text{元/百元})}=\frac{\text{产品总成本}}{\text{商品产值}}\times 100$$

以表9－1中的资料为例计算如下：

$$\text{产值成本率}=\frac{293\ 180}{921\ 300}\times 100=31.82(\text{元/百元})$$

（二）全部产品生产成本表（按成本项目反映）的编制

[例9－2]某企业某年12月份的全部产品生产成本表（按成本项目反映）见表9－2。

表9－2 全部产品生产成本表（按成本项目反映）

编制单位：××工厂　　20××年12月　　单位：元

项　目	本年计划数	本月实际数	本年累计实际数
生产费用：			
直接材料	122 000	9 490	131 770
直接人工	63 158	4 036	61 110
制造费用	91 871	6 623	93 120
生产费用合计	277 029	20 149	286 000
加：在产品、自制半成品期初余额	14 610	12 980	19 340
减：在产品、自制半成品期末余额	12 150	12 160	12 160
产品成本合计	279 489	20 96	293 180

表9－2是按成本项目汇总反映企业在报告期内发生的全部生产费用以及产品成本合计数的报表。

表9－2分为生产费用和产品成本两部分。生产费用部分按成本项目反映；产品成本部分是在生产费用合计数的基础上，加减期初、期末在产品和自制半成品余额计算的产品成本合计数。生产费用和产品成本可以按本年计划数、本月实际数和本年累计实际数分栏反映，以便于分析利用。如果可比产品单列，还可以增设上年实际数栏。

表内各项目的填列方法：由于全部产品包括可比产品和不可比产品，此表只设本年计划数、本月实际数和本年累计实际数三栏，而不设上年实际数栏。本年计划数应根据成本计划有关资料填列；本月实际数填列按成本项目反映的各种生产费用数，应根据各种产品成本明细账所记本月生产费用合计数，按成本项目分别汇总填列；本年累计实际数应根据本月实际数，加上上月本表的本年累计实际数计算填列。期初、期末在产品和自制半成品余额，应根据各种产品成本明细账的期初、期末在产品成本和各种自制半成品明细账的期初、期末余额，分别汇总填列。以生产费用合计数加上在产品、自制半成品期初余额，减去在产品、自制半成品期末余额，即可计算出产品成本合计数。

二、主要产品单位成本表的编制

主要产品是指企业经常生产、在企业全部产品中所占比重较大、能概括反映企业生产经营面貌的那些产品。主要产品单位成本表是反映企业在报告期内生产的各种主要产品单位成本水平和构成情况的一种成本报表。该表应按主要产品分别编制,是对全部产品生产成本表所列各种主要产品成本的补充说明。利用此表,可以按照成本项目分析和考核主要产品单位成本计划的执行情况;可以按照成本项目将本月实际和本年累计实际平均单位成本,与上年实际平均单位成本和历史先进水平进行对比,了解单位成本的变动情况;可以分析和考核各种主要产品的主要技术经济指标的执行情况,进而查明主要产品单位成本升降的具体原因。

主要产品单位成本表可分设产量、单位成本和主要技术经济指标三部分。

[例 9-3] 某企业乙产品单位成本表的格式和内容详见表 9-3。

表 9-3 主要产品单位成本表

20××年 12 月

本月计划产量:18 件

本月实际产量:20 件

产品名称:乙　　计量单位:件　　本年累计计划产量:200 件

产品规格:××　　销售单价:860 元　　本年累计实际产量:300 件

	历史先进水平 19××年	上年实际平均	本年计划	本月实际	本年累计实际平均
单位成本项目					
直接材料(元)	470	480	480	475	482
直接燃料和动力(元)	37	52	48	40	53
直接人工(元)	81	86	82	75	78
制造费用(元)	140	142	140	145	150
产品单位成本(元)	728	760	750	735	763
主要技术经济指标					
A 材料(千克)	19	21	20	18	18
B 材料(千克)	32	33	32	30	34

表中各项数字填列方法如下:

(1)产量。本月及本年累计计划产量应根据生产计划填列;本月及本年累计实际产量应根据产品成本明细账或产成品成本汇总表填列;销售单价应根据产品定价表填列。

(2)单位成本。历史先进水平,应根据历史上该种产品成本最低年度成本表的实际平均单位成本填列;上年实际平均单位成本,应根据上年度主要产品单位成本表累计实际平均单

位成本填列;本年计划单位成本,应根据本年度成本计划填列;本月实际单位成本,应根据产品成本明细账或产成品成本汇总表填列;本年累计实际平均单位成本,应根据该种产品成本明细账所记自年初至报告期末完工入库产品实际总成本除以累计实际产量计算填列。

表9-3中,上年实际平均、本年计划、本月实际和本年累计实际平均的单位成本,应与全部产品生产成本表(按产品种类反映)中该种产品相应的单位成本相符。

(3)主要技术经济指标。即该种产品主要原材料的耗用量,应根据业务技术核算资料填列。

三、各种费用报表的编制

各种费用是指企业在生产经营过程中,各个车间、部门为进行产品生产、组织和管理生产经营活动所发生的制造费用、销售费用、管理费用和财务费用。第一种费用属于产品成本的组成部分,后三种费用属于期间费用。编制上述四种费用报表的作用在于反映各项费用计划的执行情况,分析各种费用变动的原因以及对产品成本和当期损益的影响。

(一)制造费用明细表的结构和编制方法

[例9-4]某企业20××年12月份制造费用明细表的格式见表9-4。

表9-4 制造费用明细表

20××年12月

单位:元

项 目	本年计划数	上年同期实际数	本月实际数	本年累计实际数
职工薪酬	280 000	24 500	26 000	290 000
机物料消耗	45 000	4 000	4 200	48 000
低值易耗品摊销	36 000	2 700	2 500	32 000
劳动保护费	12 000	1 000	1 200	13 000
水 费	3 000	240	250	32 00
电 费	32 000	2 700	2 800	35 000
运输费	40 000	3 000	2 700	34 000
折旧费	48 000	3900	4 200	50 000
办公费	24 000	1 850	1 650	22 000
其 他	24 200	2 100	1 900	24 000
合 计	544 200	45 990	47 400	551 200

此表按制造费用项目分别反映各项费用的本年计划数、上年同期实际数、本月实际数和本年累计实际数。其中,本年计划数应根据成本计划中的制造费用计划填列;上年同期实际数应根据上年同期制造费用明细表的本月实际数填列;本月实际数应根据制造费用总账所

属各基本生产车间制造费用明细账的本月合计数汇总计算填列；本年累计实际数应根据这些制造费用明细账的本月末累计数汇总计算填列。

(二)销售费用明细表的结构和编制方法

[例9-5]某企业20××年12月份销售费用明细表的格式见表9-5。

此表按销售费用项目分别反映各项费用的本年计划数、上年同期实际数、本月实际数和本年累计实际数。其中，本年计划数应根据本年销售费用计划填列；上年同期实际数应根据上年同期销售费用明细表的本月实际数填列；本月实际数应根据销售费用明细账的本月合计数填列；本年累计实际数应根据销售费用明细账的本月末累计数计算填列。

表9-5 销售费用明细表

20××年12月　　单位:元

项　目	本年计划数	上年同期实际数	本月实际数	本年累计实际数
职工薪酬	150 000	13 000	13 500	165 000
业务费	85 000	6 500	6 000	72 000
运输费	36 000	11 000	13 000	38 000
装卸费	24 000	2 000	18 000	23 500
包装费	42 000	3 600	4 000	41 000
保险费	30 000	2 200	2 400	32 000
展览费	40 000	3 000	3 200	42 000
广告费	40 000	3 000	3 000	36 000
产品质量保证费	32 000	2 000	3 000	31 000
折旧费	45 000	3 500	3 600	44 000
低值易耗品摊销	24 000	1 800	2 000	24 000
办公费	21 000	2 000	1 800	20 000
其　他	30 000	3 000	2 000	28 000
合　计	599 000	56 600	75 500	596 500

(三)管理费用明细表的结构和编制方法

[例9-6]某企业20××年12月份管理费用明细表的格式见表9-6。

表9-6 管理费用明细表

20××年12月　　单位:元

项　目	本年计划数	上年同期实际数	本月实际数	本年累计实际数
职工薪酬	420 000	32 000	36 000	450 000
物料消耗	36 000	2 500	3 600	48 000

续　表

项目	本年计划数	上年同期实际数	本月实际数	本年累计实际数
办公费	80 000	6 000	7 000	85 000
差旅费	40 000	3 000	3 000	37 000
会议费	60 000	6 000	4 000	48 000
中介机构费	50 000	4 000	4 000	50 000
业务招待费	40 000	3 000	5 000	60 000
税金	30 000	2 000	2 500	29 000
研究费	120 000	8 000	12 000	125 000
修理费	80 000	6 500	6 000	78 000
折旧费	45 000	4 000	4 000	44 000
低值易耗品摊销	24 000	2 100	1 800	23 000
专利转让费	36 000	2 800	3 000	36 000
其他	45 000	4 000	3 600	44 000
合计	1 106 000	85 900	95 500	1 157 000

此表按管理费用项目分别反映各项费用的本年计划数、上年同期实际数、本月实际数和本年累计实际数。其中,本年计划数应根据公司(总厂)或企业行政管理部门的管理费用计划填列;上年同期实际数应根据上年同期管理费用明细表的本月实际数填列;本月实际数应根据管理费用明细账的本月合计数填列;本年累计实际数应根据管理费用明细账的本月末的累计数计算填列。

(四)财务费用明细表的结构和编制方法

[例9－7]某企业20××年12月份财务费用明细表的格式见表9－7。

表9－7　财务费用明细表

20××年12月

单位:元

项　目	本年计划数	上年同期实际数	本月实际数	本年累计实际数
利息支出(减利息收入)	17 000	1 500	1 300	16 500
汇兑损失(减汇兑收益)	6 000	600	700	7 745
金融机构手续费	1 000	100	200	1 200
其他筹资费用	1 200	120	110	1 300
合　计	25 200	2 320	2 310	26 745

此表按财务费用项目分别反映各项费用的本年计划数、上年同期实际数、本月实际数和本年累计实际数。其中,本年计划数应根据本年财务费用计划填列;上年同期实际数应根据上年同期财务费用明细表的本月实际数填列;本月实际数应根据财务费用明细账的本月合计数填列;本年累计实际数应根据财务费用明细账本月末的累计数计算填列。

四、其他常见的成本报表的编制

常见的其他成本报表包括责任成本报表、材料耗用成本表、材料价格差异分析表以及损失报告表等。由于其他成本报表视企业具体情况而编制,因而形式繁多,即使反映相同的内容,在不同企业可能也有不同的表格设计。下面介绍几种常见的其他成本报表的基本格式(见表9－8至表9－12),仅供参考。

表9－8　责任成本报表

编制单位:××车间　　　　20××年×月　　　　单位:元

项　目	预算①	责任预算②	实际③	业务量差异 ④＝②－①	耗费、效率差异 ⑤＝③－②
直接材料 材料耗用量差异 材料价格差异					
直接工资 效率差异 工资率差异					
变动制造费用 效率差异 费用率差异					
变动成本合计					
可控固定成本					
车间成本合计					
实物数据					

表9－9　材料耗用成本表

材料名称:　　　　20××年×月　　　　单位:元

部　门	实际成本 (实际用量×计划单价)	定额成本 (定额用量×计划单价)	差异数	差异率

表 9－10　材料价格差异分析表

20××年×月

采购单编号	供货单位	材料名称	计量单位	采购数量	实际成本		计划成本		差　异		
					单位成本	总成本	单位成本	总成本	单位成本	总成本	差异率

表 9－11　损失报告表

20××年×月

项目		原因	数量	工时	修复费用				报废净损失						备注
					材料	人工	制造费用	小计	生产成本				回收残料	净损失	
									料费	工费	制造费用	小计			
废品损失	可修复														
	不可修复														
	合计														
停工损失		职工薪酬			办公费		折旧费		水电费		其他		合计		

表 9－12　人工成本考核表

20××年×月

工号或工人姓名	实际人工费用			定额人工费用			差　异		
	实际工时	实际小时工资	实际人工费用	定额工时	定额小时工资	定额人工费用	工时差异	工资率差异	人工费用差异

思考题

1. 成本报表的作用有哪些？
2. 成本报表的编制需要遵循什么原则和要求？
3. 主要产品单位成本表的作用有哪些？
4. 简述其他成本报表的特点。
5. 列举常见的其他成本报表。

第十章 成本分析

学习目标

1. 理解成本分析的含义、任务；
2. 掌握成本分析的原则和评价标准；
3. 掌握成本分析的一般方法和程序；
4. 掌握产品成本分析的主要内容；
5. 掌握成本预测分析的意义和方法。

第一节 成本分析概述

一、成本分析的含义和任务

(一)成本分析的含义

成本分析是指利用成本核算及其他相关资料，对成本水平与构成的变动情况进行分析评价，以揭示影响成本升降的各种因素及其变动的原因，寻找降低成本的潜力。成本分析是成本会计的重要组成部分，是成本管理工作的重要环节。通过成本分析，首先可以正确认识和掌握成本变动的规律性，有利于实现降低成本的目标；其次可以对成本计划的执行情况进行有效的控制，对执行结果进行正确的评价；最后可以为编制成本计划和制定经营决策提供重要依据，给未来的成本管理工作提出努力的方向。

(二)成本分析的任务

1. 为选择最优方案和正确编制成本计划提供依据

成本决策和成本计划离不开成本分析。通过成本分析，对各方案有关成本的各种因素及其变化趋势做出科学的估计，把技术的先进性、市场的可靠性和经济的合理性统一起来进行研究，为企业领导、决策人员的决策提供客观依据。成本分析为编制成本计划提供依据。成本计划的编制既要预计上年成本计划执行的情况，查明成本变动的原因，又要预测计划年度可能出现影响成本变动的各种因素。所以，只有在成本分析的基础上制定出的成本计划，才是高质量的成本计划，才能保证企业经济活动按既定的成本目标进行。

2. 揭示成本差异原因，实施成本控制分析

成本计划在执行过程中受到多种因素的影响，包括技术因素和经济因素、宏观因素和微观因素、人的因素和物的因素。企业必须进行有效的过程控制分析，及时掌握实际脱离计划的偏差，从而逐步认识和掌握成本变动的规律，找出造成不合理差异的相关责任人员，制定相应的措施，促进成本计划的实现。

3. 合理评价成本计划本身及其完成情况，正确考核成本责任单位的工作业绩

成本分析应通过系统地、全面地分析成本计划完成和没有完成的原因，对成本计划本身及其执行情况进行合理的评价，总结本期实施成本计划的经验教训，以便今后更好地完成计划任务。同时，通过分析，还要有根据地评价成本责任单位的成绩或不足，分析进步或落后的原因。正确考核成本责任单位工作业绩，从而调动各责任单位和职工提高成本效益的积极性和主动性。

4. 挖掘降低成本的潜力，不断提高企业经济效益

成本分析的根本任务是挖掘降低成本潜力，促进企业以较少的劳动消耗生产出更多更好的使用价值，实现更快的价值增值。因而，成本分析的核心就是认识未充分利用的劳动和物质资源，发现进一步提高成本效益的可能性，以便从各方面揭露矛盾，制定措施，使企业经济效益越来越好。

二、成本分析的原则和评价标准

(一)成本分析的原则

1. 全面分析与重点分析相结合的原则

全面分析是指成本分析内容具有全局性、广泛性，成本分析要着眼于整体，要有大局观念，切忌片面性与狭隘性，必须将企业成本效益与社会效益结合起来进行分析。要运用一分为二的观点，以产品成本形成的全过程为对象，结合生产经营各阶段的不同性质和特点，做到事前进行预测分析、事中进行控制分析、事后进行核查分析。然而，全面分析并不意味着要对成本及其影响因素进行事无巨细、面面俱到的分析，而应该按照例外管理原则抓住主要矛盾，找出关键性问题进行分析，即对那些差异较大、持续时间长、影响企业长期盈利能力的问题进行重点剖析，并将评价结果及时反馈给有关责任单位，以便迅速采取措施扩大有利差异，消除不利差异。

2. 纵向分析与横向分析相结合的原则

纵向分析是指企业内部的纵向对比分析，包括本期实际指标同上期指标相比较，同历史最高水平相比较，同有关典型意义的时期指标相比较等。通过纵向比较，可以清晰地观察到企业成本的变化趋势。为了应对激烈的市场竞争，企业还要进行横向分析，加强与国内外同

行业先进水平的对比，找出差距，取长补短，并激发企业的赶超精神，充分发挥潜力，达到或超过先进水平。

3. 定性分析与定量分析相结合的原则

定性分析是对成本变动性质的分析，其目的在于揭示影响成本费用各种因素的性质、内部联系及其变动趋势。定量分析是对成本变动数量的分析，其目的在于确定成本指标变动幅度及其各因素的影响程度。两者有着密切的联系：定性分析是定量分析的基础，定量分析是定性分析的深入。仅有定性分析说明而无定量分析资料作依据，或仅有定量分析结果而无定性分析说明，都不可能发挥成本分析应有的作用。

4. 技术分析与经济分析相结合的原则

成本的高低既受经济因素影响，又受技术因素影响，在一定程度上，技术因素起决定作用。所以，成本分析如果只停留在经济指标的层面，而不深入技术层面，结合技术指标进行分析，就不能达到其目的。为此，必须要求分析人员了解一些技术知识，并注意鼓励技术人员参与成本分析，把经济分析与技术分析结合起来。通过经济分析为技术分析提供课题，增强技术分析的目的性，通过技术分析反过来提高经济分析的深度，并通过改进技术来降低产品成本。只有这样，才能防止分析的片面性，以便全面改进成本管理工作，提高经济效益。

5. 专业分析与群众分析相结合的原则

成本分析涉及企业所有部门及全体职工的工作业绩，为了使成本分析经常化、有效化，真正达到成本分析的目的，就必须发动群众参加，将分析化为广大职工群众的自觉性行动。这就要求成本分析上下结合，专群结合，充分发挥每个部门和广大职工群众分析成本、挖掘降低成本潜力的积极性，把专业分析建立在群众分析的基础上。成本的形成涉及企业生产经营过程的各个环节，涉及从事生产经营活动的全部员工，因此，为了降低成本，发动群众分析成本不仅是必要的，而且是十分重要的。

6. 成本核算数据与调查研究相结合

根据成本核算资料，用科学的方法进行分析，这是完全必要的，但是要真正地搞清问题的实质，提出恰当的改进措施，仅凭核算数据是不够的。只有深入实际，有针对性地开展一些调查研究，了解实际情况，才能提高分析的质量。

(二)成本分析的评价标准

确立成本分析的评价标准是成本分析的一个基本步骤，也是成本分析的一项重要内容。确定企业成本效益评价标准，应当从全局利益出发，力求有充分的科学依据。不同的成本分析评价标准，会对同一分析对象得出不同的分析结论。正确选择和确定评价标准，对发现问题、找出差距、正确评价成本分析对象有重大意义。成本分析的评价标准主要有历史标准、行业标准、计划标准等。

1. 历史标准

历史标准，是以企业过去一段时间的实际业绩为标准。历史标准对于评价企业自身成本状况和经营状况是否改善是非常有益的。历史标准可以选择企业历史上最好的成本水平，也可选择企业正常经营条件下的成本水平。如果现在比过去情况有所改变，则应根据已发生的变化来调整过去的历史标准，以便正确地进行比较。运用历史标准，要求做到资料真实可靠、可比性强。其不足之处在于：一是历史标准比较保守，因为现实要求与历史要求可能不同；二是历史标准的适用范围较小，只能说明企业自身的发展变化，不能全面评价企业在同行业中的地位和水平。

2. 行业标准

行业标准，是按行业制定的反映行业成本状况的基本水平，是成本分析中广泛采用的标准。一般情况下，大多数企业经过努力可以达到这一标准。根据这一指标，企业可以了解自己在同行业中所处的水平，看清自身是超过同行业平均水平，还是未达到同行业平均水平，从而可以促使企业采取措施，努力提高自身的竞争力。

3. 计划标准

计划标准，又称预算标准、目标标准，是指企业预先规定的在计划期内产品生产耗费和各种产品的成本水平。该标准对一些新企业、新产品或特殊业务很有用。对于一般企业而言，运用计划标准也是有益的，它可用来作为企业某些方面经营活动的奋斗目标。计划标准还可将行业标准与历史标准相结合，比较全面地反映企业的状况。尤其对于企业内部成本分析，计划标准更具有其优越性，可用于考核与评价各级、各部门经营者的经营业绩，以及其对企业总体目标实现的影响。根据计划标准，企业可以分析其实际生产消耗水平与预算之间的差异，通过分析差异产生的原因，使其在以后的经营管理中，力争成本消耗不突破计划，使成本水平不断降低，从而增加企业的经济效益。但是，计划标准对于外部成本分析的作用不明显，也受人为因素的影响，缺乏客观依据。

第二节　成本分析的程序和方法

一、成本分析的程序

（一）准备阶段

成本分析的准备阶段分为三个步骤。①明确成本分析的目的。进行成本分析，必须明确为什么要进行成本分析，是要评价企业的经营业绩还是要制订未来的经营计划。成本分析的主要目的是全面分析成本水平与构成的变动情况，研究影响成本升降的各种因素及其变动原因，以便挖掘降低成本的潜力，控制成本，提高经济效益。只有明确了成本分析的目的,才能正确地搜集和整理资料,选择正确的分析方法,得出正确的结论。②确立成本分析的标准。不同的分析目的,其分析评价标准是不同的。有的可用绝对指标,有的可用相对指标;有的可用历史标准,有的则可用计划标准等。进行成本分析,通常情况下是以企业制定的成本计划指标作为成本分析标准。③收集整理成本分析资料。在进行成本分析时,必须收集内容真实、数据正确的资料。收集资料要注意日常积累,才能对企业工作逐步形成概念,收集时还必须实事求是,进行必要的去粗取精,去伪存真的整理工作,以筛选真实反映经营状况的资料,这样才有可能得出正确的结论,提出切实可行的建议。

(二)实施阶段

成本分析的实施阶段主要应做好以下三个方面的分析,一是报表整体分析。主要指运用水平分析法、垂直分析法及趋势分析法等对各主要成本费用会计报表进行全面分析,以揭示企业的成本状况。二是成本指标分析。成本指标分析可分为绝对指标分析和相对指标分析两种,也可称为指标对比分析法和比率分析法。通过指标分析,一方面可以明确必须进行深入的分析的问题,寻找产生问题的原因;另一方面,又为挖掘潜力指出方向和途径。三是基本因素分析。基本因素分析就是要在报表整体分析和成本指标分析的基础上,从影响因素的角度,对一些主要指标的完成情况进行深入的定量分析,确定各因素对其影响的方向和程度,为企业正确进行成本分析提供最基本的依据。

(三)报告阶段

成本报告阶段的主要任务是:在各级、各部门成本分析活动的基础上,由负责成本分析部门写成文字报告。成本分析报告是成本分析结果的反映,其主要内容如下。

(1)情况反映。用企业成本和相关经济指标完成情况来说明企业分析期成本管理的概况,并作出分析评价。

(2)成绩说明。实事求是地把企业成本工作所取得的成绩反映出来,总结成功经验。

(3)问题分析。客观地把企业成本管理中尚存的问题暴露出来,并进行原因分析。

(4)提出建议。结合经验和存在的问题,提出改进企业成本工作、挖掘成本效益潜力的措施和建议,以及下一期企业成本工作的要求和目标。

二、成本分析的方法

成本分析的方法多种多样。在实际工作中,要根据分析的目的、分析对象的特点、所掌握的计划资料和核算资料的性质和内容来决定成本分析方法。通常采用的分析方法有指标对比分析法、比率分析法和因素分析法等几种。

(一)指标对比分析法

指标对比分析法,也称比较法,是指通过成本指标在不同时期或不同情况下的对比,来揭示它们之间的差异,以便揭露矛盾、评价业绩和不足的一种成本分析方法。根据分析的目的与要求不同,主要有以下几种形式。

1. 实际成本指标与预期成本指标相对比

具体进行成本分析时,将实际成本与预期成本进行比较,通过对比说明计划完成的程度,为进一步分析指明方向。

2. 实际成本指标与历史成本水平相对比

通过对比,观察企业成本的动态和变化趋势,有助于吸取历史经验,改善企业的经营管理状况。

3. 实际成本指标与同类企业同种产品成本水平相对比

通过对比,可以反映本企业与同类企业之间水平的差距,以便扬长避短,努力挖掘降低成本的潜力,不断提高企业的经济效益。

应该指出的是,采用指标对比分析法时,必须注意对比指标采用的计量单位、计价标准、时间单位、指标内容等都应具有可比的基础和条件。在同类型企业进行成本指标对比分析时,还要考虑其客观条件是否基本接近,技术上、经济上是否具有可比性等。

(二)比率分析法

比率分析法是指通过计算和对比有关指标的相对数即比率,来进行数量分析的一种方法。采用这一方法,要先求出比率,再进行对比分析。由于成本分析的目的和分析的角度不同,比率分析法有以下几种表现形式。

1. 相关比率分析法

相关比率分析法将某个指标和其他性质不同但又相关的指标对比求出比率,然后与实际数和计划数或前期实际数进行对比分析,以便在经济活动的客观联系中,更深入地认识某方面的生产经营状况。如成本利润率等就属于相关比率。相关比率分析法是比率分析法中最重要的分析方法,在成本效益分析中被广泛采用。

2. 趋势比率分析法

趋势比率分析法将不同时期同类指标的数值进行对比以求出比率,进行动态比较,据以分析该项指标的增减速度和发展趋势,判断企业某方面业务的变化趋势,并从其变化中发现企业在经营方面所取得的成果或不足。趋势比率分析法既可用于评价经营业绩,又可用于成本预测。

3. 构成比率分析法

构成比率分析法是通过确定某一成本指标的各个组成部分占总体的比重,观察其构成内容及其变化,以掌握该项成本的特点和变化趋势。例如计算各成本项目在成本总额中所占的比重,并与各种标准进行比较,可据以了解成本结构的变化,明确进一步降低成本的重点。

(三)因素分析法

因素分析法是依据分析指标与其影响因素之间的关系,按照一定的程序和方法,分别计算、分析各个因素影响程度的方法。企业产品成本指标是一个综合性指标,受多方面因素的影响,只有把成本指标分解为若干影响因素,才能确定成本指标完成好坏的原因与责任。

因素分析法是成本分析中的重要方法之一,一般分为四个步骤:①确定分析对象,即确定需要分析的成本指标,将其实际数额与标准数额(如上年实际数额)进行比较,并计算两者的差额;②确定该成本指标的驱动因素,即根据该成本指标的形成过程,建立成本指标与各驱动因素之间的函数关系模型;③确定驱动因素的替代顺序,即根据各驱动因素的重要性进行排序;④按顺序计算各驱动因素脱离标准的差异对成本指标的影响。

第三节　成本分析的主要内容

一、产品成本分析

(一)全部商品产品成本计划完成情况的分析

全部商品产品成本计划完成情况的分析,可以分为按产品类别分析和按成本项目分析两类。

1. 按产品类别分析

按产品类别进行分析,就是根据企业全部商品产品成本表和相关资料,分别计算全部商品产品、可比产品和不可比产品成本的降低额和降低率。成本降低额和降低率的计算公式如下:

成本降低额 = 计划总成本 - 实际总成本

成本降低率 = 成本降低额 ÷ 计划总成本

实际成本 = 实际数量 × 实际单位成本

计划成本 = 实际数量 × 计划单位成本

[例 10-1]某企业本年商品产品成本表见表 10-1。请分析产品成本计划完成情况。

表 10-1　商品产品成本表

编制单位:　　　　20××年度　　　　单位:元

产品名称	规格	计量单位	本年实际商品产量	单位成本			总成本		
				上年实际平均	本年计划	本年实际	按上年实际平均单位成本计算	按本年计划单位成本计算	本年实际
可比产品:									
A 产品			150	800	720	740	120 000	108 000	111 000
B 产品			180	1 000	850	780	180 000	153 000	140 400
可比产品合计							300 000	261 000	251 400

续　表

产品名称	规格	计量单位	本年这产际商品产量	单位成本			总成本		
				上年实际平均	本年计划	本年实际	按上年实际平均单位成本计算	按本年计划单位成本计算	本年实际
不可比产品： C 产品 不可比产品合计			30		400	410		12 000 12 000	12 300 12 300
全部商品产品成本							300 000	273 000	263 700

根据表 10－1 及有关成本计划资料，可按产品类别编制全部商品产品成本计划完成情况分析表，见表 10－2。

表 10－2　全部商品产品成本计划完成情况分析表

20××年度

金额单位：元

商品产品	本年实际产量的总成本		实际比计划	
	计划总成本	实际总成本	升降额	升降率（%）
可比产品：				
A 产品	108 000	111 000	+3 000	+2.78
B 产品	153 000	140 400	－12 600	－ 8.24
可比产品合计	261 000	251 400	－9 600	－ 5.46
不可比产品：				
C 产品	12 000	12 300	+300	+2.50
全部商品产品成本	273 000	263 700	－9 300	－2.96

从表 10－2 的分析结果可以看出，该厂全部商品产品完成了成本计划，但分别从可比产品、不可比产品来考察，就暴露出了矛盾，虽然可比产品总的成本计划完成了，但其中 A 产品及不可比产品成本计划均发生了超支。这说明该厂并未全面完成成本计划，应进一步分析产品 A、产品 C 成本超支的原因。

2. **按成本项目分析**

按成本项目进行分析，就是将全部商品产品的总成本按项目进行对比分析，即将实际总成本与计划总成本进行对比，然后确定每个成本项目的降低额和降低率。

［例 10－2］某企业根据成本计划和本年有关成本核算资料，按成本项目进行全部商品产品成本计划完成情况的分析，见表 10－3。

表 10－3　全部商品产品成本分析表

20××年度　　　　金额单位:元

成本项目	本年实际产量的总成本		实际比计划		各成本项目差异对总成本的影响程度
	计划总成本	实际总成本	差异额	差异率	
直接材料	50 000	48 000	－2 000	－4%	－2%
直接人工	30 000	33 000	＋3 000	＋10%	＋3%
制造费用	20 000	16 000	－4 000	－20%	－4%
商品产品成本	100 000	97 000	－3 000	－3%	－3%

从表 10－3 可以看出,本年全部商品产品实际总成本比计划降低 3 000 元,降低率为 3%。但从成本项目来看,则有升有降,其中,直接材料降低率为 4%,制造费用降低率为 20%,直接人工则增加幅度较大,达到 10%。因此,应该对这些成本项目升降的原因做进一步分析,以便采取相应措施,扩大有利差异,消除不利差异。

如果企业生产的产品全部是可比产品,则按成本项目进行全部商品产品成本分析时,还可将本年实际与上年实际相比较,以便从总体上了解各成本项目的差异。

(二)主要产品单位成本的分析

产品成本的分析,除了对全部商品产品成本计划完成情况进行总括分析外,还应对企业主要产品的成本进行具体分析。这样才能将成本分析工作从总括的、一般的分析逐步引向比较具体的、深入细致的分析,揭示各种产品单位成本和它包括的各个成本项目的变动情况,确定产品结构、工艺和操作方法的改变,查明单位产品成本升降的具体原因。

主要产品单位成本完成情况的分析,可以先对产品成本进行一般的分析,然后进一步分项目进行具体分析,查明造成单位成本升降的具体原因。

1. 主要产品单位成本的一般分析

主要产品单位成本的一般分析,可根据主要产品单位成本表中的有关资料进行。

[例 10－3]某企业某年度 A 产品单位成本表见表 10－4。请分析 A 产品的单位成本。

表 10－4　主要产品单位成本表

编报单位:　　　　20××年度　　　　金额单位:元

产品名称	A 产品	计量单位吨	计划产量 50
			实际产量 40
成本项目	上年实际平均单位成本	本年计划单位成本	本年实际平均单位成本
直接材料	482	403	450

续　表

产品名称		A 产品		计量单位吨		计划产量 50 实际产量 40	
成本项目		上年实际平均单位成本		本年计划单位成本		本年实际平均单位成本	
直接人工		330		325		350	
制造费用		188		172		160	
合计		1 000		900		960	
明细项目	单位	上年数		计划数		实际数	
		单位用量	金额	单位用量	金额	单位用量	金额
原材料:							
甲材料	千克	25	200	20	180	22	187
乙材料	千克	15	240	10	150	12	186
工时		220		200		210	

根据表 10－4 提供的资料可以编制 A 产品单位成本分析表(见表 10－5),从中可以了解 A 产品成本升降的具体情况和一般原因。

表 10－5　A 产品单位成本分析表

20××年度

金额单位:元

成本项目	计划成本	实际成本	降低(－)或超支(＋)		各项目升降对单位成本的影响程度(%)
			金额	差异率(%)	
直接材料	403	450	＋47	＋11.66	＋5.22
直接人工	325	350	＋25	＋7.69	＋2.78
制造费用	172	160	－12	－6.98	－1.33
合计	900	960	＋60	＋6.67	＋6.67

由表 10－5 可见,A 产品的实际单位成本比计划超支 60 元,超支率为 6.67%,成本超支主要是由于直接材料和直接人工费用的升高引起的,至于升高的具体原因还需要进一步分析。

2. 主要产品单位成本表各项目的分析

为了进一步查明主要产品单位成本发生变动的具体原因,还应在对主要产品单位成本计划完成情况进行一般分析的基础上,对各成本项目进行具体分析。

(1)直接材料项目的分析。在分析材料项目变动情况时,首先将各种主要材料的实际成本与计划成本相比较，查明哪一些材料成本的降幅较大；然后分析材料成本下降的原因，一般来说，单位产品成本中直接材料费用的影响因素，是单位产品材料耗用量和材料单价。它们的变动对材料成本影响的计算方法如下：

$$材料耗用量差异的影响 = \left(\begin{matrix}实际单位\\耗用量\end{matrix} - \begin{matrix}计划单位\\耗用量\end{matrix}\right) \times \begin{matrix}材料的\\计划单价\end{matrix}$$

材料价格差异的影响 =（材料实际单价 − 材料计划单价）× 实际单位耗用量

[例 10－4] 沿用例 10－3 的资料。请分析 A 产品的直接材料成本。

经整理后编制的 A 产品所耗直接材料成本分析表如表 10－6 所示。

表 10－6　直接材料成本分析表

20××年度　　金额单位：元

材料名称	计量单位	耗用量		材料单价		材料成本		差异分析	
		计划	实际	计划	实际	计划	实际	数量	价格
甲	千克	20	22	9	8.5	180	187	+18	−11
乙	千克	10	12	15	15.5	150	156	+30	+6
合计						330	343	+48	−5

表 10－6 中：

材料耗用量差异的影响 =（22－20）×9 +（12－10）×15 = 48（千克）

材料价格差异的影响 =（8.5－9）×22 +（15.5－15）×12 = −5（元）

A 产品直接材料成本超支，主要是材料消耗量上升的结果，另外，因材料单价降低，使直接材料成本超支数由 48 下降到 43。在上述分析的基础上，应进一步分析材料消耗量、材料价格差异的原因，以找出降低原材料成本的具体途径。

（2）直接人工项目的分析。直接人工成本包括企业直接从事产品生产人员的工资、奖金、津贴、补贴及职工福利费等。如果企业生产多种产品，直接人工成本一般应按生产工时消耗分配计入各种产品成本。所以，直接人工成本取决于单位产品的生产工时（效率指标）和小时工资率（分配率指标）两个因素，即：

单位产品直接人工成本 = 单位产品生产工时 × 小时工资率

式中，小时工资率 = 直接人工成本总额 ÷ 生产工时消耗总额。

采用因素分析法，上述两个因素对工资成本的影响程度可按下列公式计算：

$$生产工时差异的影响 = \left(\begin{matrix}实际单位产品\\生产工时\end{matrix} - \begin{matrix}计划单位产品\\生产工时\end{matrix}\right) \times \begin{matrix}计划小时\\工资率\end{matrix}$$

$$工资分配率差异的影响 = \begin{matrix}实际单位产品\\生产工时\end{matrix} \times \left(\begin{matrix}实际小时\\工资率\end{matrix} - \begin{matrix}计划小时\\工资率\end{matrix}\right)$$

[例 10－5] 沿用例 10－3 的资料。请分析 A 产品的直接人工成本。

直接人工成本的分析结果如表 10－7 所示。

表 10-7　直接人工成本分析表

20××年度　　金额单位:元

项　目	计划数	实际数	差　异
单位产品的生产工时	200	210	+10
小时工资率	1.625	1.67	+0.04
单位产品的直接人工成本	325	350	+25

由表 10-7 中的数据可知:

生产工时差异的影响 = (210 - 200) × 1.625 = 16.25(元)

小时工资率差异的影响 = (1.67 - 1.625) × 210 = 9.45(元)

(3)制造费用项目的分析。制造费用是指企业各生产单位为组织和管理生产所发生的各项费用,以及企业各生产单位所发生的固定资产折旧费和维护费等。制造费用项目的分析类似于单位产品人工费用的分析,其计算公式如下:

单位产品的制造费用 = 单位产品生产工时 × 小时费用率

式中,小时费用率 = 制造费用总额 ÷ 生产工时消耗总额。

采用因素分析法,上述两个因素对制造费用的影响程度,可按下列公式计算:

$$\text{生产工时差异的影响} = \left(\begin{matrix}\text{实际单位产品}\\\text{生产工时}\end{matrix} - \begin{matrix}\text{计划单位产品}\\\text{生产工时}\end{matrix}\right) \times \begin{matrix}\text{计划小时}\\\text{费用率}\end{matrix}$$

$$\text{费用分配率差异的影响} = \begin{matrix}\text{实际单位产品}\\\text{生产工时}\end{matrix} \times \left(\begin{matrix}\text{实际小时}\\\text{费用率}\end{matrix} - \begin{matrix}\text{计划小时}\\\text{费用率}\end{matrix}\right)$$

[例 10-6]沿用例 10-3 的资料。请分析 A 产品的单位制造费用。

A 产品单位制造费用的分析结果见表 10-8。

表 10-8　制造费用分析表

20××年度　　金额单位:元

项　目	计划数	实际数	差　异
单位产品的生产工时	200	210	+10
小时费用率	0.86	0.761 9	-0.098
单位产品的制造费用	172	160	-12

由表 10-8 的数据可知:

生产工时差异的影响 = +10 × 0.86 = 8.6(元)

小时费用率差异的影响 = -0.098 × 210 = -20.6(元)

为了进一步了解制造费用变动的原因,提出改进措施,降低单位产品成本,还应按制造费用项目进行逐项分析,并在此基础上,结合生产环节的具体资料,联系责任单位和责任人,具体查明各项制造费用超支或节约的原因。

二、成本效益分析

产品成本是综合反映企业工作质量的重要经济指标,但它只表明企业在一定时期内所发生的各种劳动耗费,至于这种耗费的效益如何,却不是产品成本指标本身所能反映出来的。所以,成本分析还应包括成本效益分析。

从成本会计的角度看,成本效益分析是对成本与生产经营成果的关系进行分析,查明企业是否以尽可能少的劳动耗费取得最多的生产经营成果。企业生产经营成果有生产成果、销售成果和财务成果,这些成果从价值形式来考察,主要有总产值、商品产品产值、产品销售收入和利润。与这些生产经营成果相对应的成本有总产值生产费用、商品产品成本、销售成本与期间费用。因此,成本效益分析有产值成本率的分析、销售成本率的分析和成本费用利润率的分析。

(一)产值成本率的分析

产品成本是产品价值的一部分。在商品产品出厂价格不变的情况下,产品成本的降低,就会相应地增加盈利的数额。为了把生产耗费和生产成果这两方面的因素联系起来,综合地反映企业生产经营活动中所取得劳动效益的大小,就应计算和分析产值成本率这一指标,即一定时期生产一定数量产品的生产成本与商品总产值的比率。其计算公式如下:

$$产值成本率=(产品生产总成本\div商品总产值)\times100\%$$

上式中,产值一般是按现行出厂价格计算的,但在进行动态分析时,为了消除不同时期价格变动的影响,也可以按不变价格来计算。

一定时期的产值成本率反映该时期生产耗费的经济效果,产值成本率越小,说明成本效益越大;反之,则表明成本效益越小。故企业通过将该指标的实际数与计划数、上期数以及同行业数进行比较,可以确定完成计划的程度如何,分析其动态变化,也可以反映出在同行业中的成本效益如何。

[**例 10-7**]已知某商品产值、成本计算资料表见表 10-9。请分析该商品的产值成本率。

表 10-9　商品产值、成本计算资料表

20××年度　　　　金额单位:元

产品	产量(件)		单价		单位成本		产值		成本	
	计划	实际	计划	实际	计划	实际	计划	实际	计划	实际
A	50	80	8	8	6	5	400	640	300	400
B	60	40	7	7.5	5	4.5	420	300	300	180
合计							820	940	600	580

根据表 10-9 提供的资料,求得产值成本率如表 10-10 所示。

表 10－10　产值成本率表

20××年度　（%）

产品	计划	实际	比较
A	75	62.5	
B	71.4	60	
合计	73.17	61.7	－11.47

从表 10－10 可以看出，该企业百元产值成本实际数比计划数降低了 11.47 元，这表明企业在生产过程中取得的成本效益有了提高。但须指出，由于这一指标还受到其他一系列因素的影响，要想作出确切的结论，还应对此指标作进一步的深入分析。

产值成本率指标可以分解为产值材料成本率、人工成本率和制造费用率三个分析指标。将这三个分指标的实际数与计划数或上期数进行比较，可以进一步了解成本增减是由哪些成本项目变动引起的。

在进行产值成本率分析时，应注意的主要影响因素有以下几点：

（1）产品品种构成的变动。一个企业如果生产多种产品，由于各种产品的单位成本水平和单位产品产值均不同，即使产品总产量不变，当某种产品占全部产品的比重发生变化时，也会引起产值成本率的改变。

（2）产品单位成本的变动。由于产值成本率指标中的产品制造成本是以各产品的单位成本为基础计算的，如果产品单位成本的实际数与计划数相比发生了变化，产值成本率指标也会发生相应的变化。

（3）产品出厂价格的变化。由于产值成本率指标中的产品产值是以各种产品的单价为基础来计算的。当单价的实际数比计划数有所提高时，就会引起百元产值成本的实际数比计划数有所降低；反之，则会使这一指标的数值相应地提高。

（二）销售成本率的分析

销售成本率是指企业一定时期内产品销售成本与产品销售收入的比率。该指标表明每取得百元产品销售收入所需补偿的销售成本。其计算公式如下：

销售成本率＝产品销售成本÷产品销售收入×100%

一定时期的销售成本率反映了该时期实现产品价值的经济效果。企业产品适销，销售成本低，销售成本率也相应降低，意味着销售盈利率高，经济效益好；反之，则经济效益差。显然，这一指标全面反映了企业生产经营过程中各种劳动耗费的经济效益。

影响销售成本率变动的主要因素有以下几点。

（1）产品销售价格水平的变动。产品销售价格直接影响产品销售收入，从而引起销售成本率的变动。产品销售价格在生产等级品的情况下，受到产品等级率和产品定价两个因素的影响，在其他条件不变时，提高产品等级率和产品售价，销售成本率必定下降。

(2)产品销售成本水平的变动。产品销售成本是影响销售成本率的直接因素。本期生产的产品在本期不一定会全部实现销售,在一定的计价方式下,产品销售成本取决于期初库存产品成本和本期生产完工入库产品生产成本两个方面。在其他条件不变的情况下,销售成本率随产品销售成本水平的变动而变动。

(3)销售产品结构的变动。在生产和销售多种产品的企业里,各种产品的单位销售成本水平和单位产品售价各不相同。在以各种产品总销售成本和产品总销售收入计算销售成本率时,如果总销售量不变,而某种产品占全部销售产品的比重发生变动,也会导致销售成本率的改变。

(三)成本费用利润率的分析

成本费用利润率是企业一定时期的成本费用与利润的比率,其计算公式一般有以下几种:

成本费用销售利润率 = 产品销售利润 ÷ 成本及费用 ×100%

成本费用营业利润率 = 营业利润 ÷ 成本及费用 ×100%

成本费用利润率 = 利润总额 ÷ 成本及费用 ×100%

上式中,成本及费用的数据,可用“产品销售成本”,也可用“产品销售成本 + 销售费用”,还可用“产品销售成本 + 销售费用 + 管理费用 + 财务费用”。具体根据企业实际需要而定。

以上各种成本费用利润率反映企业投入产出水平,即所得与所费的比率,体现了增加利润是以降低成本及费用为基础。这些指标的数值越高,表明生产和销售产品的每百元成本及费用取得的利润越多,劳动耗费的成本越低。所以,成本费用利润率是综合反映企业成本效益的重要指标。

影响成本费用利润率的因素有许多,主要有产品销售成本及各项期间费用水平的变动、销售产品的结构变动、销售价格的变动、产品销售数量、产品销售税金及其他销售收支和营业外收支等情况的变化。其中,产品销售成本的变化不仅影响该指标的分母,也影响该指标的分子,且影响的性质相反,因而该指标对于企业成本水平变化的影响十分明显。由于企业生产的连续性以及产销平衡关系的稳定性、协调性,本期销售的产品并不一定全部是本期的劳动成果,本期获得的利润总额也不一定完全是本期生产经营的经济效果,同样,本期产品销售成本也不完全等同于本期发生的资金耗费。所以,该指标的变动不一定完全等于本期资金耗费。

三、成本预测分析

(一)成本预测分析的意义

成本预测分析是根据成本的性态及其与各种技术经济因素的依存关系,并结合发展的前景和采用各种措施,利用大量观察所得的有关数据,采用科学的方法,对未来产品成本水

平及其变化趋势作出科学的推测。

搞好成本预测分析，对于充分发挥成本分析的作用具有十分重要的意义。

第一，成本预测分析是保证完成成本计划的重要手段。企业在已达到的实际成本水平基础上，通过预测分析，就能测算出本期产品成本水平。

第二，成本预测分析是调动广大员工生产积极性的重要工具。通过成本预测分析，就可以知道成本的可能实现数，从而明确奋斗目标；同时，通过预测数可以计量出因为脱离计划的偏差将给员工利益带来的影响数，这将增强广大员工的主人翁责任感，充分调动他们的生产积极性。

第三，成本预测分析是改善企业经营管理的重要措施。通过成本预测分析，可以帮助企业面向未来，以便及早把影响成本效益的不利因素消灭在萌芽状态，也有利于挖掘降低成本和提高成本效益的潜力，从而加强预测性管理。

（二）产品投产前的成本预测分析

产品投产前的成本预测分析，主要是对产品设计、生产工艺等可能采取的各种方案，从经济效益上进行反复对比分析，从中选择最优的方案。

1. 产品设计阶段的成本预测分析

（1）在新产品开发或老产品革新设计之前，采用一定的方法，测定产品设计的目标成本。

（2）根据产品设计方案采用直线法或概算法等方法测算产品的设计成本。

（3）产品设计成本测算出来后，应与目标成本进行比较。当设计成本超过目标成本时，应进行成本功能分析，进一步挖掘降低成本的潜力，直至有了可靠的措施，才能批准设计方案，以避免先天性的损失和浪费。

2. 确定工艺方案阶段的成本预测分析

产品设计完成以后，要按照设计要求确定工艺方案，亦即研究用什么方法进行加工制造。生产工艺成本的预测分析，就是在技术评价的基础上从经济的角度对各种方案进行比较，确定哪一种方案工艺成本最低，从中选择最优方案。

3. 工艺方案成本分析的方法

（1）成本直接比较法。成本直接比较法主要适用于产量确定情况下的工艺成本分析，它是通过计算不同方案工艺总成本，并进行比较，选择成本低的工艺方案。

[**例 10－8**]生产 A 产品 20 件，第一种方案是采用半机械化生产方式，固定成本为 120 元，单位变动成本为 5 元；第二种方案是采用自动化程度高的生产方式，固定成本为 200 元，单位变动成本为 3 元。请用成本直接比较法确定合适的方案。

两种方案的工艺总成本预测结果如下：

$Y_1 = 120 + 20 \times 5 = 220$（元）

$Y_2 = 200 + 20 \times 3 = 260$（元）

由此可见，生产A产品应选用第一种工艺方案。

（2）成本重合点法。成本重合点法主要适用于产量不确定情况下的工艺成本分析。成本重合点产量是指两个比较方案成本相等时的产量。成本重合点产量的计算公式如下：

$a_1 + b_1X_0 = a_2 + b_2X_0$

求得 $X_0 = (a_1 - a_2) \div (b_1 - b_2)$

X_0 为两个工艺方案成本相等的产量，这就是成本重合点产量，也称成本超降分离点产量。

［例10－9］沿用例10－8的资料。请用成本重合点法确定合适的方案。

$X_0 = (200 - 120) \div (5 - 3) = 40$（件）

设C为成本节约额，则：

$C_1 = (5 - 3) \times (40 - 35) = 10$（元）

$C_2 = (5 - 3) \times (50 - 40) = 20$（元）

由此可见，当产量小于40件时，应采用第一种方案；当产量超过40件时，应采用第二种方案。假如本年预计产量为35件，采用第一种方案可节约成本10元；如预计产量为50件，采用第二种方案可降低成本20元。

（三）产品成本发展趋势的预测分析

产品成本发展趋势的预测一般是根据产品成本的历史资料，按照成本的性态运用数理统计的方法，预测计划期内产量变化条件下的总成本和单位变动成本。值得注意的是，作为预测依据的历史资料的时间不宜太长，也不宜过短。历史资料时间过长，则会失去资料的可比性；历史资料时间过短，则又不能完全反映出成本变动的趋势。此外，在运用历史资料时，应注意剔除资料中某些部分的偶然因素，以免结论偏离实际太大。产品成本发展趋势的预测方法主要有以下两种。

1. 高低点法

高低点方法是以企业历史成本数据中的产品产量最高和最低两个月份的成本数据为代表，测算成本中的固定成本和变动成本数额。其计算步骤如下：

第一步，求出变动成本率。

$$变动成本率(b) = \frac{最高产量的成本 - 最低产量的成本}{最高产量 - 最低产量}$$

第二步，将变动成本率乘上最高产量与最低产量，确定这些产量的变动成本。

第三步，将最高产量或最低产量的成本总额减去其变动成本，其余额就是固定成本。

［例10－10］某企业在一年中10月的产量最高，为2 000件，成本是800千元；3月的产量最低，为1 200件，成本是600千元。请用高低点法预测企业成本。

将这两个月份的产量和成本数据进行比较，计算如下：

(1)计算变动成本率。

变动成本率(b) = (800 - 600) ÷ (2 000 - 1 200) = 0.25(千元)

(2)计算变动成本。

10 月变动成本 = 0.25 × 2 000 = 500(千元)

3 月变动成本 = 0.25 × 1 200 = 300(千元)

(3)计算固定成本。

固定成本 = 800 - 500 = 300(千元)

或固定成本 = 600 - 300 = 300(千元)

假设计划年度产量为 15 000 件,则产品总成本(以 Y 表示)和单位成本(以 C 表示)预计为:

Y = 12 × 300 + 15 000 × 0.25 = 7 350(千元)

C = 7 350 ÷ 15 000 = 0.49(千元)

以上方法求得的成本,就是在计划期内产量变化的情况下,如果未采取任何新的降低成本的措施,所预计达到的成本水平。

2. 最小平方法

最小平方法也称最小二乘法,是根据历史上各期的产量和成本资料,运用数学上的最小平方法求得 a 和 b 的值。利用此法在坐标图上描绘出一条平均费用线(或称"回归线")后,图上的各点(各时期不同产量的成本)与回归线之间的偏差平方和应较各点与其他任何一条线之间的偏差平方和小。这也就是此法名为"最小平方法"的由来。

用最小平方法计算 a,b 的公式如下:

$a = (n\sum xy - \sum x\sum y) \div [n\sum x^2 - (\sum x)^2]$

$b = \overline{y} - \overline{ax}$

[例 10 - 11] 某企业 1 - 6 月 A 产品的产量与成本资料见表 10 - 11。请用最小平方法预测企业成本。

表 10 - 11　A 产品的产量与成本资料

月份	产量(件)	成本(千元)
1	120	100
2	110	95
3	100	90
4	120	100
5	130	105
6	140	110

根据上述资料,用最小平方法计算,见表10-12。

将有关数字代入公式,得:

$b=(6\times72\ 500-720\times600)\div(6\times87\ 400-720\times720)=0.5$

$a=(600-0.5\times720)\div6=40$

表10-12　最小平方法计算过程

月　份	产量 x	成本 y	xy	x^2
1	120	100	12 000	14 400
2	110	95	10 450	12 100
3	100	90	9 000	10 000
4	120	100	12 000	14 400
5	130	105	13 650	16 900
6	140	110	15 400	19 600
合　计	720	600	72 500	87 400

根据 a,b 值,若下半年 A 产品预测产量为900件,则预测其总成本应为:

$y=6\times40+900\times0.5=690$(千元)

以上方法根据一个时期中各月产量和成本数据来计算,可以相互抵消个别月份的意外因素,从而反映了产量同成本之间的正常关系,所得到的 a,b 数值是较为准确的。

(四)产品成本降低幅度的预测分析

在成本计划执行过程中,必须分析前一阶段成本计划的完成情况,并考虑下一阶段生产技术经济措施的预计效果,以预测产品成本降低的幅度,查明与计划成本的差距,采取措施,保证完成和超额完成成本计划。

产品成本降低幅度的预测可以按月、季、年进行。通常月度的成本降低幅度预测在中旬进行,季度预测在第二个月月末进行,年度预测在第三季度末进行,企业可根据其具体情况灵活掌握。

产品成本降低幅度预测的步骤如下:

第一,搜集和分析历史数据。成本预测分析是在已达到成本水平的基础上进行测算的。根据基期成本资料,分析影响基期成本的升降因素,并检查这些因素对预计期产品成本的影响程度,作为考虑预计期成本的重要数据。

第二,掌握预计期的企业各项生产、成本和技术及组织计划资料,并且深入生产实际,调查研究预计期中生产手段、劳动组织、供应渠道、专业化分工、技术改进和其他因素变化对产量、消耗定额、价格、工资和费用水平等方面的影响程度。

第三，根据以上预测数据，利用因素测算公式分成本项目测算预计期产品成本比基期产品成本降低的幅度。

第四，根据预计期成本比基期成本的降低率，推算预计期成本比计划、比上年的降低率。

第五，测算年度预计成本比计划（或比上年）降低的百分比。

根据上述步骤，可以预测企业成本计划的完成情况，如果达不到产品成本计划指标的要求，财会部门必须会同有关部门共同研究讨论，进一步发动职工群众挖掘降低成本的潜力，采取有效措施，发扬有利因素，克服不利因素，以保证成本计划的完成。

思考题

1. 什么叫成本分析？成本分析有哪些任务？
2. 成本分析应遵循哪些原则？如何对成本分析进行评价？
3. 成本分析的方法是什么？各种方法是如何进行成本分析的？
4. 如何对主要产品单位成本进行分项目的分析？
5. 成本效益分析包括哪些内容？
6. 成本预测分析包括哪些内容？

参考文献

[1]万寿义,任月君. 成本会计[M].3 版. 大连:东北财经大学出版社,2015.

[2]耿玮. 成本会计[M].2 版. 北京:经济科学出版社,2015.

[3]唐婉虹. 成本会计[M].2 版. 北京:北京交通大学出版社,2014.

[4]于冬梅. 成本会计[M]. 上海:上海财经大学出版社,2013.

[5]李道刚,周洋. 成本会计[M].3 版. 北京:中国财政经济出版社,2011.

[6]潘素琼. 成本会计[M]. 北京:北京大学出版社,2013.

[7]于富生,黎来芳,张敏. 成本会计学[M].7 版. 北京:中国人民大学出版社,2015.

[8]贺志东. 企业成本会计操作指南[M]. 北京:电子工业出版社,2014.

[9]徐哲. 成本会计实训教程[M].2 版. 大连:东北财经大学出版社,2015.

[10]罗绍德,张珊. 成本会计[M].3 版. 广州:暨南大学出版社,2014.

[11]冯巧根,冯圆. 成本会计[M]. 北京:中国人民大学出版社,2013.

[12]冯浩,付治平,田泉. 成本会计[M]. 武汉:华中科技大学出版社,2013.

[13]陈良华,韩静. 成本会计[M].2 版. 大连:东北财经大学出版社,2012.

[14]杨洛新,欧阳歆,陈秀芳. 成本会计[M]. 北京:北京大学出版社,2012.